Helmut Breuer · Maria Weuffen

Lernschwierigkeiten am Schulanfang

Schuleingangsdiagnostik zur Früherkennung und Frühförderung

Erweiterte Neuausgabe

BELTZ
Taschenbuch

Besuchen Sie uns im Internet:
www.beltz.de

Beltz Taschenbuch 79
Erweiterte Neuausgabe

4 5 03 02

Umschlaggestaltung: Federico Luci, Köln
Umschlagillustration: © Tony Stone Bilderwelten
Satz: Satz- und Reprotechnik GmbH, Hemsbach
Druck und Bindung: Druckhaus Beltz, Hemsbach
Printed in Germany

ISBN 3 407 22079 0

Inhaltsverzeichnis

Vorwort

In diesem Buch stehen aus pädagogischer Sicht zwei Aspekte der Sprache des Vorschulkindes und Schulanfängers im Mittelpunkt. Der eine betrifft das Wahrnehmen von Sprache, der andere lautsprachliche Grundfertigkeiten. Das Wissens- und Kommunikationspotenzial eines Kindes, seine intellektuellen Fähigkeiten und seine soziale Kompetenz sind in diesen sprachlichen Grundlagen verwurzelt. Von ihnen hängt auch der Erfolg beim Schreiben- und Lesenlernen maßgeblich ab.

Hauptanliegen des Buches ist es, den für die Entwicklung der Kinder im Vorschulalter und im frühen Schulalter Verantwortlichen zu helfen, Defizite in den genannten sprachlichen Grundlagen rechtzeitig zu erkennen, weil sonst große Chancen einer gezielten Förderung verloren gehen.

Die vorgestellten Verfahren ermöglichen es, das individuelle Sprachwahrnehmungsniveau und das Niveau der Lautsprache bei Kindern zwischen vier und acht Jahren mit altersentsprechenden Leistungen zu vergleichen. In der Regel ist es der zuständige Pädagoge, der die Konsequenzen aus den Diagnosebefunden praktisch zu realisieren hat. Deshalb wurde bei der Entwicklung der Verfahren von den beruflichen Kompetenzen und Möglichkeiten der Pädagogen und Therapeuten ausgegangen. Es geht den Verfassern darum, mit den Diagnosebefunden gleichzeitig möglichst konkrete pädagogische Zugriffsstellen und Möglichkeiten für eine Frühförderung aufzuzeigen. Mit dieser Zielstellung wurden die hier angebotenen Screenings als förderdiagnostische Verfahren entwickelt. Die mit ihrer Hilfe gewonnenen Informationen dienen der Entscheidungshilfe für Pädagogen. »Solche diagnostischen Prozesse spielen sich nicht im Testzimmer des Psychologen ab, sondern sind untrennbar verknüpft mit jeder Handlung des Lehrers, Erziehers oder Therapeuten.« (Straßer 1997, S. 14)

Der Nutzen einer prophylaktisch-förderdiagnostischen Strategie konnte durch internationale Vergleichsuntersuchungen bestätigt werden. Dazu wurden die Verfahren für Kinder mit anderer Muttersprache adaptiert. Auf diese Weise ließ sich die grundsätzliche Bedeutung der ausgewählten sprachlichen Parameter, auch für andere Sprachen und ihre relative zeitliche Unabhängigkeit nachweisen.

Am Zustandekommen dieses Buches waren viele Lehrer, Kindergärtnerinnen, Wissenschaftler, Vertreter von Schulamtsbehörden und technische Mitarbeiter beteiligt. Sie alle haben maßgeblichen Anteil daran, dass so breit angelegte und umfangreiche Untersuchungen kontinuierlich über viele Jahre hinweg ablaufen und interdisziplinär begleitet werden konnten. Wir danken besonders den Mitgliedern der Forschunggruppe »Prophylaktische Einschränkungen von Lernschwierigkeiten im Anfangsunterricht«, die von 1975 bis 1990 an der Ernst-Moritz-Arndt-Universität Greifswald gearbeitet hat, ebenso den Fachberaterinnen für den Anfangsunterricht und Herrn OSTR. H.-F. Rahn vom Schulamt Greifswald.

Frau Dr. Waltraud Lehmann danken wir für die Durchsicht des Manuskipts, Pierre und Jan Pané-Farré für die Hilfe bei der technischen Realisierung des Manuskripts.

An Hinweisen, Erfahrungen und kritischen Einwänden sind die Autoren sehr interessiert.

Helmut Breuer und Maria Weuffen

Februar 2000

1. Lernschwierigkeiten im Anfangsunterricht und lautsprachliche Voraussetzungen des Schulanfängers

Wer das erste Knopfloch verfehlt,
kommt mit dem Zuknöpfen nicht zurecht.
(Goethe)

Wenn das Kind beginnt, schreiben und lesen zu lernen, kann es normalerweise bereits gut sprechen. Um das gesprochene bzw. gehörte Wort in ein geschriebenes umzuwandeln, muss das Kind in der Lage sein, die Lautstruktur des Wortes zu analysieren. Ein unverzichtbarer Ausgangspunkt dafür ist ein intaktes phonematisches Gehör. Um die einzelnen Elemente der Lautstruktur zu unterscheiden, ist eine saubere Artikulation erforderlich (Luria 1970, 1982). Sie bildet die motorische Komponente für die Lautanalyse und besitzt für den Erfolg beim Schreiben- und Lesenlernen große Bedeutung. Das kommt beim ABC-Schützen auch darin zum Ausdruck, dass er beim Schreiben und stillen Lesen nicht nur die Augen, Ohren und Hände arbeiten lässt, sondern dass er dabei auch vor sich hinspricht (Piaget 1969).

Gleichzeitig mit der Lautanalyse und der Analyse der Lautfolge muss sich das Kind die graphomotorischen Entsprechungen für die Laute, also die Buchstaben aneignen. Nur wenn die Analyse der phonematischen und optischen Ausgangsdaten präzise erfolgt, ist eine flüssige Synthese möglich, d.h., das Schreiben und Lesen läuft immer geschmeidiger und automatisierter ab. Intakte Sprachwahrnehmungen bilden das unersetzbare Fundament für die Ausformung sowohl der lautsprachlichen als auch der schriftsprachlichen Grundfertigkeiten. Beim Lesen ist die Graphemstruktur in eine Artikulationsstruktur bzw. in eine Phonemstruktur umzuwandeln. Das optische Schriftbild bietet dafür die Orientierung.

Zu Problemen beim Schreiben- und Lesenlernen kommt es oft, weil bereits auf der ersten Stufe der Informationsverarbeitung (Radigk 1986), dem Sprachwahrnehmungslernen, die sinnlich wahrnehmbaren Merkmale der Sprache ungenau oder unvollständig erfasst werden. Darauf aufbauende Analyse- und Syntheseprozesse können dann zwangsläufig nicht fehlerfrei ablaufen. Dieser Ausgangspunkt für Schreib- und Leselernschwierigkeiten bleibt in der Lerntherapie oft unbeachtet, weil die Ursachen fast immer nur in Analyse- und Syntheseschwierigkeiten vermutet werden. In der Lerntherapie wird der zweite Schritt vor dem ersten getan. Dabei wird vermutet, dass das Kind Analyse- und Syntheseschwächen durch ein entsprechendes Training bald überwinden wird. Wenn aber die primären Ursachen für diese Schwächen nicht überwunden werden, können Fördererfolge ganz ausbleiben.

Wenn im Anfangsunterricht unerwartet Lernschwierigkeiten auftreten, setzt gegenwärtig eine spezielle Förderung der betreffenden Kinder leider immer erst dann ein, wenn sich die Symptome des drohenden Versagens verdichten und über einen längeren Zeitraum hinweg unübersehbar zu erkennen geben. Das Kind muss praktisch immer erst in den Brunnen gefallen sein, ehe man ihm aus seiner misslichen Lage herauszuhelfen versucht. Dabei geht viel Zeit verloren.

Dieses abwartende Verhalten begünstigt den Verlust der am Schulanfang auch bei diesen Kindern ausgeprägten optimistischen Lernmotivation und widerspricht in fataler Weise der Erkenntnis, dass jedes Entwicklungsereignis – auch das der unerwarteten Lernschwierigkeiten am Schulanfang – eine Vorgeschichte hat, also in vorhergehenden Etappen der Entwicklung verwurzelt ist. Und »... die beste Zeit, ein Problem zu lösen, ist die Zeit vor seiner Entstehung« (R. Freimann). Wenn nur das Problem betrachtet wird, aber nicht seine Ursachen, bleiben alle Versuche es zu lösen, mehr oder weniger vom Zufall abhängig.

Die Ablehnung einer gezielten prophylaktischen Förderung noch verborgener, sich erst allmählich auswirkender Entwicklungsdefizite wird u.a. wie folgt begründet: Eine gezielte Förderung im Vorschulalter bzw. bald nach Schulbeginn würde den Kindern die Unbeschwertheit nehmen. Es wird dabei übersehen, dass zu diesem Zeitpunkt dem Kind das Erlebnis des Versagens nicht bewusst ist und dass Förderung natürlich den Charakter eines lustbetonten Spiels haben kann. Förderung will spätere Enttäuschungen abwenden und nicht vorverlagern.

Ein anderes Argument gegen eine vor- bzw. frühschulische Förderung lautet, sie würde zur Stigmatisierung der Kinder und ihrer Eltern führen. Tatsächlich geht es einer prophylaktischen Einschränkung von Lernschwierigkeiten aber darum, die mit dem schulischen Versagen zwangsläufig verbundene Stigmatisierung zu vermeiden. Auch die lapidare Feststellung, »... vorschulische Einflussnahme (i.S. einer präventiven Förderung, die Verf.) ist aufgrund der Trennung von Kindergarten und Schule durch die geltenden schulischen Gesetze nicht möglich« (Behrndt, Steffen, Becker 1996), widerspricht letztlich den Interessen der vom Schulversagen bedrohten Kinder. Chancen vor allem zur Freisetzung ihrer sprachlichen Entwicklungspotenzen bleiben dadurch ungenutzt. Darauf weist Franke (1997) besonders im Zusammenhang mit der Therapie von Sprachstörungen nachdrücklich hin. Sie bedauert, dass das Thema *Prävention* bei der Ausbildung von Logopäden eher ausnahmsweise eine Rolle spielt.

Es ist nicht zu verstehen, dass bei der Durchsetzung des gesetzlich verbürgten Rechts auf einen Kindergartenplatz vorwiegend finanzielle Aspekte diskutiert werden. Die Möglichkeiten, auf diesem Wege künftigen Lernschwächen vorzubeugen, bleiben meist unbeachtet. Über entsprechende neue pädagogische Konzepte wird ebenfalls kaum reflektiert. Obwohl die außergewöhnliche Lernfähigkeit der Kinder in den ersten Lebensjahren außer Zweifel steht, lässt man wichtige Abschnitte des Vorschulalters pädagogisch praktisch brachliegen. Verborgene Defizite in der Entwicklung bleiben dadurch unerkannt. In der Schule muss man sich aber mit ihren Folgen auseinander setzen. Nachteile entstehen daraus besonders jenen Kindern, die durch geeignete Anregungen für Spielinhalte, für kommunikative Kompetenz usw. ihre Startvoraussetzungen für die Schule wesentlich verbessern könnten. Eine solche Förderung im Vorschulalter hat absolut nichts mit der Vorverlagerung von Schule in den Kindergarten zu tun. Ihr Sinn ist es, möglichst allen Kindern einen guten Schulstart zu sichern. Diesem Anliegen soll das Buch dienen.

Die positiven Auswirkungen einer guten vorschulischen und frühschulischen Betreuung und Förderung auf den weiteren Bildungsweg sind national (Behrndt, Steffen, Becker 1999; Kossow 1996; Hoffmann und Koschay 1996) und international unstrittig und empirisch belegt. Der Anteil von Kindern mit defizitären lautsprachlichen Grundlagen und Grundfertigkeiten zeigt im internationalen Vergleich eine hohe Übereinstimmung (Ruoho 1990 a, 1997; Kemenyné-Gyimes 1989). Das hängt damit zusammen, dass sich die Reifung der neurophysiologischen Grundlagen der Sprache im Verlaufe der ersten fünf bis sechs Lebensjahre bei allen Kindern insgesamt unabhängig von der jeweiligen Muttersprache im Wechselspiel mit dem sprachlichen Entfaltungsangebot der Umwelt vollzieht (Spitz 2000). Spezifische Eigenarten, wie sie u.a. in intonatorisch-rhythmischen und sprechmotorischen Besonderheiten der jeweiligen Lautsprache oder in optisch-graphomotorischen Nuancen der Schriftsprache zum Ausdruck kommen, zeigen im internationalen Vergleich im Sprachwahrnehmungsprofil fünf- bis sechsjähriger Kinder nur geringfügige tendenzielle Unterschiede. Das von einem Schulanfänger erreichte Sprachwahrnehmungsniveau (s. Abschnitt 2) drückt sich – unabhängig von der jeweiligen Muttersprache – im Erfolg beim Erwerb der schriftsprachlichen Kompetenz deutlich aus. Diese allgemein gültige Beziehung wiederholt sich beim Erwerb einer Fremdsprache in diesem Alter (Ruoho 1990; Kemenyné-Gyimes 1989).

Nachfolgend werden in Auswertung langjähriger Verlaufsuntersuchungen in Großpopulationen durch die Forschungsgruppe »Prophylaktische Diagnostik« einige Aspekte besprochen, die die Notwendigkeit und die Möglichkeiten prophylaktischer (vorschulischer und frühschulischer) Förderstrategien zur Vermeidung bzw. Einschränkung unerwarteter Lernschwierigkeiten im Anfangsunterricht belegen. (Behm 1982; Behrndt 1985; Bombowski 1983; Berndt 1984; Breuer/Weuffen 1990; Breuer/Petschaelis 1982; Eder 1976; Feller 1982; Gentes 1988; Große-Thie 1977; Haby 1989; Lehmann 1982; Ruoho 1997; Schaal 1982; Steffen 1985; Thewalt 1991; Wurm-Dinse 1994).

1.1 Lernerfolge sind für den ABC-Schützen Lebenserfolge

Fragt man künftige ABC-Schützen, ob sie sich auf die Schule freuen oder ob sie lieber noch ein Jahr zu Hause bzw. im Kindergarten bleiben möchten, fällt ihre Antwort fast immer zugunsten der Schule aus. Sie wollen endlich ein Schulkind sein! Dafür nennen sie auch Gründe: »In der Schule lerne ich lesen, schreiben und rechnen, dann bin ich kein kleines Kind mehr und kann schon etwas, was die Großen können.« Sie wissen aber auch von älteren Geschwistern, von ihren Eltern, von Spielgefährten und vom Fernsehen her, dass manche Schüler gut, andere weniger gut lernen. Daraus entsteht eine gewisse Unsicherheit, da jeder ein guten Schüler sein möchte. Kaum ein Kind rechnet mit größeren Misserfolgen in der Schule. Auch seine Eltern nicht.

Während sich für die Mehrzahl der Kinder die optimistischen Erwartungen an das Lernen in der Schule erfüllen, gelingt es einigen nicht, mit dem Gros der Klasse beim Lernen Schritt zu halten. Das wird ihnen bald bewusst. Sie registrieren unterschiedliche Reaktionen der Lehrer. Am meisten jedoch trifft es sie, wenn sie spüren, dass sie die Erwartungen ihrer Eltern enttäuschen. Auch deshalb kommt es bei Kindern mit unerwarteten Lernschwierigkeiten auf eine vertrauensvolle Zusammenarbeit des Lehrers mit den Eltern des Schülers besonders an. Nur unter dieser Voraussetzung gelingt es, dem Kind wirklich zu helfen (Firnhaber 1990). Wenn die Eltern von der Fürsorge des Lehrers für ihr Kind überzeugt sind, werden sie auch gern seine Ratschläge befolgen. Sie unterstützen damit nicht nur die Entwicklung ihres Kindes, sondern auch die Arbeit des Lehrers. (Hinweise zur Zusammenarbeit von Elternhaus und Lehrer s. S. 120 ff.)

Die größten Sorgen hat der Lehrer eigentlich mit jenen Eltern, die der schulischen Entwicklung ihres Kindes gleichgültig gegenüberstehen oder die eine Zusammenarbeit mit der Schule und den Lehrern ablehnen. Ihrer Einstellung liegen entweder einseitig verallgemeinerte schlechte Erfahrungen aus der eigenen Schulzeit zugrunde, oder das Bildungsniveau der Eltern reicht nicht aus, um den Nutzen dieser Zusammenarbeit zu erkennen. In einigen Fällen wird das Angebot des Lehrers zur Zusammenarbeit abgelehnt, weil damit eine Einmischung in die Intimsphäre der Familie befürchtet wird.

Selbstverständlich erlebt jedes Kind bereits vor Schuleintritt Enttäuschungen. Wünsche blieben unerfüllt, unangenehme Forderungen mussten befolgt werden, es gab Streit mit Spielgefährten, es gab Niederlagen oder das Kind hat sich durch Unachtsamkeit Schmerzen zugeführt. Auch in der Schule gibt es für alle Schüler gelegentlich Ärger. Diese gelegentlichen unangenehmen Erlebnisse unterscheiden sich aber prinzipiell von permanenten Lernschwierigkeiten im Anfangsunterricht. Während erstere mehr oder weniger episodisch auftreten und durch nachfolgende positive Erlebnisse schnell vergessen werden, wirken beständige schulische Misserfolge frustrierend. In diese Situation geraten in jedem Einschulungsjahrgang fast 15% aller Schüler (s. Tab. 2, S. 18).

Bei Kindern mit Sinnesschäden (Sehschwache und Blinde, Schwerhörige und

Gehörlose), Kindern mit einer hochgradig verzögerten Sprachentwicklung oder bei geistig Behinderten sind die Eltern zumeist auf mögliche Lernschwierigkeiten und die Notwendigkeit spezieller Lernhilfen vorbereitet. Ob in einem solchen Fall die Förderung in einer Regelschule oder in einer Sonderschule erfolgen soll, wird von Fall zu Fall sorgfältig zu prüfen sein. Die wichtigste Orientierung bei jeder Schullaufbahnentscheidung ist das Wohl des Kindes in Gegenwart und Zukunft. Hier darf nur das fundierte Urteil von Experten den Ausschlag geben.

Anders ist die Situation bei jenen Kindern, die vor Schuleintritt unauffällig waren und sich bisher altersentprechend verhielten. Weder in der Sinnestätigkeit noch in intellektueller Hinsicht, weder im Sozialverhalten noch in der Motorik haben sich bei diesen Kindern spätere Lernschwierigkeiten deutlich angekündigt.

Für die Eltern kommt es völlig überraschend, wenn bei ihrem Kind in der Schule plötzlich Lernprobleme auftreten. Für die Lehrer sind solche Situationen nicht neu, sie sind darauf vorbereitet. Die Eltern aber fragen sich, warum ihr Kind mit den anderen Kindern nicht Schritt halten kann. Dummheit oder Faulheit des Kindes schließen sie aufgrund bisheriger Erfahrungen aus. Andere Ursachen sind ihnen nicht bekannt. Es liegt nahe, dass es deshalb zu ungerechtfertigten Schuldzuweisungen an den Lehrer kommt. Die Eltern argumentieren: Wenn die Entwicklung des Kindes bisher problemlos verlaufen ist, dann können die jetzigen Schwierigkeiten nur mit der Schule zusammenhängen. Und die Schule ist für sie der Lehrer. Diese Auffassung kann zum Ausgangspunkt für Konflikte zwischen Eltern und Lehrer werden.

Aus Untersuchungen zur emotionalen Befindlichkeit von Schülern in den ersten beiden Schuljahren geht hervor, dass ihre Einstellung zum Lernen und zur Schule anfangs eindeutig positiv ist (s. Tab. 1). Sie wird zunächst nicht von den Lernergebnissen beeinflusst. Entscheidend ist, wie sich der Schüler vom Lehrer angenommen fühlt. Etwa ab der dritten Klasse, wenn die Lernergebnisse mit Zensuren bewertet und von den Schülern untereinander zunehmend konkurrierend verglichen werden, bestimmt der Lernerfolg immer eindeutiger das schulbezogene Selbstbild (Krause 1990, 1997). Von ihm hängen das Wohlbefinden und die Eigenaktivität des Kindes beim Lernen ab.

Befragungen in zwei Anfängerklassen wenige Tage nach Schuleintritt, dann ein halbes Jahr später und (in der Frage abgewandelt) einige Tage nach Beginn des zweiten Schuljahres bestätigen dies. Die Kinder wurden von einer ihnen vertrauten Person gefragt, wo es ihnen besser gefällt, im Kindergarten oder in der Schule, in der ersten oder zweiten Klasse.

Alle befragten Kinder hatten einen Kindergarten besucht, sie sprachen von ihren Erzieherinnen mit spürbarer Zuneigung. Warum dennoch diese eindeutige Entscheidung für die Schule? Darin zeigt sich ihre Vorfreude auf das Lesen-, Schreiben- und Rechnenlernen und den damit verbundenen neuen Sozialstatus. Die Schule hat für alle Kinder zu diesem Zeitpunkt etwas Faszinierendes.

Tab. 1: Emotionale Beziehungen von Schulanfängern (n = 48) gegenüber der Schule (Angaben in %)

	1. Befragung	2. Befragung	3. Befragung	4. Befragung
Schule wird erlebt	1. Schulwoche in der 1. Kl.	Nach dem 1. Schulhalbjahr	Ende Klasse 1	1. Schulwoche in der 2. Kl.
☺	97,5	75,0	50,0	80,0
😐	2,5	25,0	30,0	8,0
☹	–	–	20,0	12,0

(Nach Breuer/Kasten 1985)

Mit ihrer Entscheidung lehnen sie den Kindergarten nicht ab. Sie ist eindeutig als Seismograph für die durch Kindergarten und Elternhaus erfolgte positive Einstimmung der Kinder auf die Schule zu werten. So wie sich ein Vorschulkind darauf freut, ein Schulkind zu werden, freut sich der Schulabgänger auf seine Berufsausbildung, der Abiturient auf das Studium, der Student auf die berufliche Bewährung. Dieses Zukunftsstreben ist ein großer Vorzug, ein Wesensmerkmal der Jugend. Daraus entsteht die Bereitschaft, sich neuen Herausforderungen zu stellen.

Im Unterschied zur ersten entscheiden sich bei der dritten Befragung am Ende der ersten Klasse deutlich weniger Kinder für die Schule. Die einschränkungslos positive Beziehung ist inzwischen verloren gegangen. Fast jeder dritte Schüler äußert ambivalente Gefühle, jeder fünfte ein deutliches Unbehagen.

In der vierten Befragung, die kurz nach den großen Schulferien zu Beginn der zweiten Klasse durchgeführt wurde, sind überraschend 80% aller Schüler der Meinung, in der zweiten Klasse würde es besser sein als in der ersten. Diese optimistische Erwartung nach den großen Schulferien drückt Hoffnung aus und kommt einem Vertrauensvorschuss gleich. Die einen erwarten auch künftig Lernerfolge. Weniger erfolgreiche Schüler hoffen in der zweiten Klasse auf bessere Ergebnisse als in der ersten. Einige Schüler (12%) haben offensichtlich den Mut schon verloren.

Mit diesen unterschiedlichen Befindlichkeiten hat der Lehrer bei seinen Schülern zu rechnen. Befragungen in nachfolgenden Schuljahren zeigen leider eine zunehmende Polarisierung in der Einstellung zur Schule. Während erfolgreiche Schüler fast immer gern zur Schule gehen, breiten sich bei Schülern mit geringen Lernerfolgen verstärkt Schulunlust, Gleichgültigkeit, Resignation oder auch Aggressivität aus.

Solche Veränderungen im psychischen Erleben der Schüler zeigen sich nicht immer in spektakulären Symptomen, doch sie vollziehen sich stetig. Sucht man z.B. bei Schülern, die in den oberen Klassen sitzen bleiben oder andere Lernprobleme haben, anamnestisch nach ersten Anzeichen für ihre schulischen Schwierigkeiten, so lassen sich bei mehr als 90% von ihnen schon im Anfangsunterricht Signale dafür erkennen. Fast immer gehören diese Schüler zu jenen, die bereits beim Schreiben-, Lesen- und Rechnenlernen auf eine besondere Hilfe angewiesen waren. Sie konnten von Klasse zu Klasse oft nur mit Bedenken versetzt werden. Ihre schriftsprachlichen Mängel »schleppten« sie gewissermaßen von einer Klassenstufe zur anderen mit. Das erschwerte es ihnen, sich solide Kenntnisse in den darauf aufbauenden Fächern anzueignen.

Jeder Lehrer weiß, dass eine Klassenwiederholung in den oberen Schuljahren meist mehr Konflikte bei den betreffenden Schülern entstehen lässt, als damit gelöst werden sollen. Der Schüler erlebt in diesem Alter das Sitzenbleiben fast immer als eine soziale Degradierung, die er nur schwer verwinden kann. In unteren Klassen stellt eine Klassenwiederholung in der Regel einen kurzzeitigen Schmerz dar. Er wird überwunden, wenn der Schüler dadurch in den Grundfertigkeiten Lesen, Schreiben und Rechnen sicherer wird. Das wirkt sich langzeitlich positiver aus.

1.2 Lernschwierigkeiten treten relativ häufig und unerwartet auf – die LRS schon in der Zuckertüte?

Die Frage, wie viele der eingeschulten Kinder es im Anfangsunterricht unerwartet mit Lernschwierigkeiten zu tun bekommen, ist deshalb von großer Bedeutung, weil damit neben der persönlichen Tragweite auch die gesellschaftliche Dimension dieses Problems berührt wird. Würden Lernschwierigkeiten nur selten und sporadisch auftreten, wäre eine spezielle Betreuung der Kinder, auch aus finanziellen Gründen, eher möglich. Tatsächlich handelt es sich aber nicht um Einzelschicksale. Die Angaben zu ihrer Häufigkeit schwanken zwischen 12 und 25%. Diese Differenzen ergeben sich aus den unterschiedlichen Maßstäben und Kriterien sowie daraus, wie lange die Lernprobleme anhalten.

Manche Lernschwierigkeiten kann der Lehrer mit Unterstützung der Eltern bald überwinden. Bei anderen dagegen stößt er an die Grenzen seiner beruflichen Kompetenz. Die Schwierigkeiten erweisen sich als hartnäckig und beständig. Tabelle 2 gibt die Ergebnisse von zwei umfangreichen Befragungen wieder, die dazu durchgeführt wurden. In der Befragung A gaben 925 Lehrer, die in den beiden Anfangsklassen 23 454 Schüler unterrichteten, den Anteil von Schülern mit Lernschwierigkeiten an. Es blieb den Lehrern überlassen, an welchen Kriterien sie sich dabei orientierten. In einer anderen Befragung B wurden 40 Lehrer, die 1.059 Schüler in den ersten beiden Klassen unterrichteten, aufgefordert den Anteil von Kindern zu nennen, die trotz intensiver Förderung kaum Fortschritte machen.

Aus beiden Befragungen geht eindeutig die gesellschaftliche Tragweite der unerwarteten Lernschwierigkeiten im Anfangsunterricht hervor. Wenn man bedenkt, dass in Deutschland jedes Jahr fast 1 Million Kinder eingeschult werden, dann bedeutet das, dass alljährlich bei weit über 100 000 Kindern und ihren Eltern mit der Einschulung eine Zeit der Sorgen und Enttäuschungen beginnt. Die Auswirkungen dieses Problems werden fast ausschließlich aus der Sicht persönlicher Betroffenheit diskutiert. Die gesellschaftliche Tragweite, schulpolitische und pädagogische Konsequenzen bleiben leider fast unbeachtet.

Tab. 2: Anteil von Kindern mit Schwierigkeiten beim Schreiben- und Lesenlernen im Anfangsunterricht

Befragung A	
Von 23 454 Schülern der Klassen 1 und 2 hatten Lernprobleme (unterschiedlicher Intensität)	**26,5%**
davon sind Mädchen	39,0%
davon sind Jungen	61,0%
Befragung B	
Von 1 059 Schülern der Klassen 1 und 2 hatten lang andauernde, intensive Lernprobleme	**14,2%**
davon sind Mädchen	38,0%
davon sind Jungen	62,0%

Neben der großen Zahl der betroffenen Schüler ist die Überrepräsentation der Jungen unter ihnen auffällig. Das entspricht tendenziell auch dem Anteil der Jungen in anderen Risikogruppen (Lernbehinderungen, Sprachstörungen, Verhaltensauffälligkeiten usw.). Dafür sind biologische, aber auch soziokulturelle Faktoren verantwortlich, die z.B. aus der geschlechtsspezifisch unterschiedlichen Rollenzuteilung häuslicher Aufgaben bereits im Vorschulalter resultieren. Mädchen werden z.B. im Durchschnitt pro Woche um etwa eine halbe Stunde länger zur Erledigung kleiner häuslicher Pflichten herangezogen. Die dabei erlebten positiven Sanktionen fördern die Bereitschaft, Aufgaben auch bei Schwierigkeiten fleißig und ordentlich zu erledigen. (Schmidt-Kollmer und R. Neubert 1975)

1.3 Lernschwierigkeiten im Anfangsunterricht haben oft eine negative Langzeitwirkung

Wenn Schüler der Anfangsklassen ihre Lernschwierigkeiten trotz spezieller Förderung nicht wie gewünscht überwinden, belasten diese ihre gesamte Schullaufbahn (s. Tab. 3). Viele Schüler erleben Tag für Tag, Woche für Woche, von Zeugnis zu Zeugnis unvorstellbare Drangsale durch unerfüllte Ansprüche, durch Enttäuschungen, Misserfolge und damit zusammenhängende Demütigungen.

Dieser Teufelskreis nimmt im Anfangsunterricht seinen Ausgang. Er kann sich in den nachfolgenden Schuljahren immer mehr verstärken und treibt viele Kinder ins psychosoziale Abseits, denn nicht jedem Kind stehen in dieser schwierigen Situation verständnisvolle und engagierte Eltern und Lehrer zur Seite.

Die negative Langzeitwirkung von Lernschwierigkeiten am Schulanfang kann außerdem durch gut gemeinte Vertröstungen in Gang gesetzt werden. Auch Fachleute äußern gegenüber den Eltern leider häufig die Meinung, die Schwierigkeiten würden sich bald »auswachsen« und ganz von allein im Verlaufe der Zeit verschwinden. Geduld sei angezeigt.

Die Realität beweist, dass damit falschen Hoffnungen das Wort geredet wird.

In vielen Fällen kommt es zur Verschärfung des Konflikts. Tatsächlich verbessern sich nämlich nur wenige Schüler (etwa 8%) während des Anfangsunterrichts in den Grundlagenfächern. 68% der Schüler halten ihren Leistungsstand, aber etwa 25% der Schüler verschlechtern sich mehr oder minder nach der ersten Klasse. Bei ihnen besteht die Gefahr, dass sie ihre anfangs positve Lernmotivation verlieren (Soremba 1995).

Besonders deutlich wird die negative Langzeitwirkung eines schwachen Schulstarts, wenn man den Schulerfolg von Schülern in den Anfangsklassen mit ihrem Schulerfolg am Ausgang der Schulzeit vergleicht. In Tabelle 3 werden aus einer Gesamtpopulation von 648 Schülern nach Klasse 10 die Schulabschlüsse von Schülern verglichen, die im Anfangsunterricht ausschließlich gute (n = 34) bzw. besonders schwache Lernergebnisse (n = 56) erreicht hatten.

Zwischen dem Schulerfolg im Anfangsunterricht und den Ergebnissen der Schullaufbahn liegen also annähernd 10 Jahre. In dieser langen Zeit sind die Kinder den verschiedensten Einflüssen ausgesetzt. Das betrifft die Unterstützung und Lernmotivierung durch das Elternhaus, die fachliche und berufsethi-

Tab. 3: Schulabschlüsse nach 10-jährigem Schulbesuch bei Schülern mit guten bzw. schwachen Lernergebnissen im Anfangsunterricht

	Lernergebnisse im Anfangsunterricht	
Abschlussergebnis nach Klasse 10	gut (n = 34)	schwach (n = 56)
ausgezeichnet	8,8%	–
sehr gut	17,6%	5,4%
gut	58,8%	16,1%
befriedigend	11,8%	21,5%
bestanden	3,0%	17,9%
nicht bestanden bzw. »Ausreißer«	–	39,1%

sche Qualifikation ihrer Lehrer, ihre Freundschaften und Rivalitäten im Klassenverband, ihre gesundheitliche Stabilität u.v.a.m. All das kann das Lernverhalten und die Lernergebnisse beeinflussen.

Während *alle* Schüler mit guten Lernergebnissen im Anfangsunterricht – unabhängig von den genannten individuellen Lernbedingungen – planmäßig den Abschluss der Klasse 10 erreichten, 85% von ihnen mit guten und sehr guten Ergebnissen, verloren fast 40% der Schüler mit Lernschwierigkeiten am Schulanfang später den Anschluss an die Schullaufbahn ihrer Altersgefährten. Sie blieben entweder mindestens einmal sitzen, wechselten in die Schule für Lernbehinderte, verließen vorzeitig die Schule usw. Dieser Vergleich nach 10 (!) Jahren zeigt, wie folgenschwer insgesamt der Schulstart eines Kindes für seine gesamte Schullaufbahn ist.

Welche praktischen Schlussfolgerungen lassen sich aus diesen zweifelsfreien Zusammenhängen zwischen Schulstart und Schullaufbahn ziehen? Anliegen der Pädagogik muss sein, jedem Kind den bestmöglichen Schulstart zu sichern. Dazu ist es notwendig, die Voraussetzungen zu kennen, die für erfolgreiches Lernen am Schulanfang unbedingt benötigt werden. Zwei Ausgangspunkte sind praktisch für jede Art erfolgreichen Lernens verantwortlich:

Einmal kommt es darauf an, dass man lernen *will*, also auf die Lernmotivation.

Zum anderen darauf, dass man lernfähig ist und lernen *kann*, also auf die Kognition.

Was bedeuten Wollen und Können für einen Schulanfänger? Hinsichtlich des Wollens, also der Lernmotivation, erfüllen praktisch alle Schulanfänger die notwendigen Voraussetzungen (s. Tab. 1). Die pädagogische Zugriffsstelle für eine Förderung muss demnach im Können des Kindes gesucht werden. Weshalb dabei den sprachlichen Lernvoraussetzungen eine Schlüsselstellung zukommt, wird im nächsten Abschnitt behandelt.

1.4 Die Schriftsprache baut auf der Lautsprache auf

Es ist sicherlich kein Zufall, dass praktisch alle Kinder der Welt zwischen dem fünften und siebenten Lebensjahr damit beginnen, die schriftliche Form ihrer Muttersprache, also das Lesen und Schreiben zu erlernen. Dieser Zeitpunkt ist deshalb optimal, weil nun die reifungsbedingten neurophysiologischen und sensomotorischen Grundlagen für das Sprechen ausgeformt sind und für das Lesen- und Schreibenlernen eine sichere Grundlage bilden (Becker und Sovak 1975; Behrndt 1985; Berndt 1984; Feller 1982; Lehmann 1982; Steffen 1985; Grimm 1997; Zimmer 1988 u.a.). Außerdem beherrscht das Kind zu diesem Zeitpunkt die mündliche Form seiner Muttersprache auf der Laut-, Wort- und Satzebene. (s. Abschnitt 3).

Je sicherer das Kind am Schulanfang die Lautsprache beherrscht, desto leichter fällt ihm das Schreiben- und Lesenlernen. Kinder mit schwacher lautsprachlicher Kompetenz, mit einer verzögerten Sprachentwicklung oder mit Sprachstörungen bzw. mit leichten, unbemerkten Sinnesschäden machen das Gros unter den Kindern mit Lernschwierigkeiten aus. Das trifft auch dann zu, wenn die lautsprachlichen Defizite, etwa das Stammeln, durch sprachtherapeutische Maßnahmen bis zum Schuleintritt symptomatisch überwunden werden konnten. Restdefizite in basalen Funktionen bleiben trotz Sprachtherapie oft bestehen. Beim Übergang in die nachfolgende Ebene des hierarchisch gegliederten Systems der Sprache – in die Schriftsprache – wirken sich diese Defizite wieder aus.

Im lautsprachlichen Niveau drückt sich der erreichte Entwicklungsstand eines Kindes besonders sensibel aus. Sprachliche Förderung gehört deshalb zur Basisförderung bei fast allen Arten einer Behinderung und bei Risikokindern. Nur aus dem Bezug zur jeweiligen Altersnorm können sachliche Wertungen des Entwicklungsstandes und Förderkonsequenzen formuliert werden. Weil Eltern und oft auch Fachleuten auf diesem Gebiet der Bezug zur Altersnorm fehlt, kommt es immer wieder zu Fehleinschätzungen.

Die Qualität der Lautsprache eines Schulanfängers drückt sich – vereinfacht dargestellt – in zwei Merkmalen aus. Zum Ersten darin, wie das Kind am Ende des Vorschulalters die Lautsprache und später die Schriftsprache in ihrer realen Daseinsweise, d.h. in ihren sinnlich-wahrnehmbaren Modalitäten zum Zwecke der Kodierung und Dekodierung, zu erfassen und zu imitieren vermag. Diese Fähigkeiten hat der Mensch im Ergebnis seiner Anthropogenese immer weiter vervollkommnet. In der LRS-Diskussion wird leider oft übersehen (von Suchodoletz 1999), dass es sich dabei um ein *Ensemble* sprachbezogener Wahrnehmungen handelt. Meist werden einseitig visuelle oder phonologisch-auditive Funktionen als Ursachen für Schreib-Lese-Lernschwierigkeiten betont. Von auditiv-rhythmischen, auditiv-melodischen oder kinästetisch-sprechmotorischen Basisfunktionen ist kaum die Rede. Sprache lässt sich nur nutzen, wenn man die Fähigkeit besitzt, sie umfassend, den historisch entstandenen Konventionen gemäß sensomotorisch zu verarbeiten. Dieses Ensemble basaler verbo-sensomotorischer Fähigkeiten wird im Abschnitt 2 in seiner pädagogischen Relevanz unter dem Aspekt der Früherkennung und Frühförderung behandelt.

Das zweite Merkmal des lautsprachlichen Niveaus eines Schulanfängers zeigt sich darin, ob er die lautsprachlichen Grundfertigkeiten altersentsprechend beherrscht. Um Lautsprache in Schriftsprache und umgekehrt umsetzen zu können, muss er fähig sein, normgerecht zu artikulieren. Er muss außerdem über einen altersentsprechenden Wortschatz und ein normales Sprachgedächtnis verfügen sowie ausreichend Satzbildungsregeln beherrschen, um Gedanken verstehen und kommunikationsgerecht formulieren zu können. Diese lautsprachlichen Voraussetzungen für schulisches Lernen, ihre Diagnose und Förderung werden im Abschnitt 3 behandelt.

2. Sprachwahrnehmungen – Basis für Laut- und Schriftsprache, ihre Diagnose und Förderung

2.1 Auf welche Sprachwahrnehmungsleistungen ist das Sprechen-, Lesen- und Schreibenlernen angewiesen?

Sprache ist aus dem Bedürfnis der Menschen heraus entstanden, untereinander Gedanken auszutauschen, sich Fragen, Erlebnisse und Erfahrungen mitzuteilen. Im Rahmen ihrer Möglichkeiten schufen sie sich ein System von Zeichen, mit dessen Hilfe sie ihre Gedanken mitteilungsfähig machten. Das geschah mittels sinnlich-wahrnehmbarer Modalitäten, die sie selbst herstellten und wahrnehmen konnten. Informationen wurden so kodiert und dekodierbar.

Aus dem Arsenal ihrer sensomotorischen Fähigkeiten eigneten sich für die Sicherung von kommunikativen Fernkontakten am besten Laute. Im Verlauf der menschlichen Entwicklung wurden diese immer mehr verfeinert und vervollkommnet. Aus Lautmodalitäten entstanden schließlich Wörter. Durch bestimmte Anordnungen von Wörtern war es dann möglich, entfaltete Gedanken sprachlich auszudrücken.

Auch beim Entstehen der Schriftsprache bediente sich der Mensch seiner sensomotorischen Voraussetzungen (Ayres 1984). In diesem Falle übernahmen optisch wahrnehmbare und motorisch herzustellende Zeichen die Funktion von Kodeträgern für Gedanken, sodass die Menschen von aktuell-realen Sinneseindrücken für konkretes Handeln immer unabhängiger wurden.

Wenn ein Kind sprechen lernt, wiederholt es in gewisser Weise diesen Ablauf in der Anthropogenese (Arnold 1970). Es benötigt Sinnesleistungen, die das modalitätsgerechte Wahrnehmen und Realisieren von Sprache ermöglichen.

Sprache ist nur zu verstehen, wenn ihre sinnlich-wahrnehmbare Struktur, also ihre äußere Hülle mit den Sinnen exakt wahrgenommen wird. Zwischen Wahrnehmen und Verstehen von Sprache besteht ein untrennbarer Zusammenhang.

Anzahl, Abfolge und Art sinnlich wahrnehmbarer Modalitäten verschiedener Laute repräsentieren im Ergebnis historisch entstandener Konventionen bestimmte begriffliche Inhalte.

Die Herausbildung präziser Sprachwahrnehmungsleistungen hängt sowohl von den vitalen Herausforderungen in der Interaktion zwischen Kind und Umwelt ab als auch von Reifungsprozessen im Zentralnervensystem und von der Entwicklung der Sinnesorgane.

Beide Determinanten sind wechselseitig miteinander verbunden. Ein gehörloses Kind z.B. kann ohne spezielle sonderpädagogische Hilfe das Sprechen nicht erlernen, weil es die sinnlich-wahrnehmbaren akustisch-phonematischen Signale nicht hört. Wer akustisch-phonematische Unterschiede nur diffus erfasst, lernt je nach dem Grad seiner Schwerhörigkeit verspätet und ungenau Wörter und Sätze bilden.

Varianten in der Artikulation, in der Betonung und Stimmführung, in den Sprechpausen, in der Gliederung von Lauten im Wort und der Wörter im Satz usw. sind es, an denen sich der Zuhörer orientiert, um das Gesprochene inhaltlich zu erfassen. Diese sinnlich wahrzunehmenden Merkmale des Gesprochenen muss der Gesprächspartner differenzieren und integrieren, mit im Gedächtnis gespeicherten Laut- und Wortklangbildern bzw. Satzschemata in Beziehung setzen, um den Bedeutungsinhalt identifizieren zu können. Dazu gehört ein feines phonematisches Gehör, um die oft sehr subtilen akustischen Unterschiede zu erfassen. Mundbewegungen, Mimik und Gestik des Sprechens liefern optische Informationen, die das Dekodieren erleichtern.

Ein Neugeborenes ist zu diesen Reiz-Differenzierungen noch nicht imstande. Aber schon nach einem Jahr sind die meisten Kinder in der Lage, akustische, optische, motorische und andere Signale als Bedeutungsträger zu verstehen. So entsteht Kommunikation mit der Umwelt. Das Kind versucht, seinerseits Signale zu geben. Stimulierende Reaktionen aus der Umwelt wirken dabei als zusätzlicher Antrieb für das Kind. Es macht schließlich mit eigenen sprachlichen Leistungen auf sich aufmerksam.

Alle diese Fortschritte beim Sprechenlernen sind nur möglich, wenn die dafür zuständigen sprachbezogenen Wahrnehmungsleistungen die Perfektion erreicht haben, sehr feine akustische, melodisch-rhythmische, sprechmotorische und andere Unterschiede innerhalb des Redeflusses herauszuhören und selbst zu vollziehen. Schon frühzeitig kann z.B. ein Säugling die Stimme der Mutter von einer anderen Person unterscheiden, ohne sie zu sehen. Sein entwickeltes Gehör erlaubt ihm die bedeutungsunterscheidende, inhaltliche Identifikation sinnlich-wahrnehmbarer Modalitäten in der Sprache.

Die Vorbereitung auf das Lesen- und Schreibenlernen beginnt also bereits mit der Entwicklung exakter Wahrnehmungen lange vor Schulbeginn. Treten bei einem Kind Schwierigkeiten beim Sprechenlernen auf oder hat es Schwierigkeiten beim Schreiben- und Lesenlernen, ist immer auch die Ebene der Sprachwahrnehmungsleistungen als möglicher Ausgangspunkt dieser Schwierigkeiten zu analysieren.

Nachfolgend werden jene Sprachwahrnehmungsleistungen behandelt, die als unersetzbare Grundlage für das Sprechen-, Schreiben -und Lesenlernen anzusehen sind.

Im Ergebnis langjähriger interdisziplinärer Untersuchungen, in die mehr als 10 000 Kinder und Jugendliche, teilweise vom 4. bis zum 17. Lebensjahr einbezogen waren, ließ sich die Bedeutung sprachbezogener Wahrnehmungsbereiche nachweisen.

Es sind dies die
- optisch-graphomotorische,
- die phonematisch-akustische,
- die kinästhetisch-artikulatorische,
- die melodisch-intonatorische,
- die rhythmisch-strukturierende

Differenzierungsfähigkeit (Breuer/Weuffen 1990).

2.1.1 Die Fähigkeit zur optisch-graphomotorischen Differenzierung

Unsere Schrift ist eine Buchstabenschrift. Die optische Differenzierungsfähigkeit gilt deshalb als Voraussetzung vor allem für das Schreiben- und Lesenlernen (Frostig/Müller 1981). Zusätzlich erfordert das Schreiben graphomotorische Leistungen. Beim Lesen geht es um die Sinnentnahme aus einem Text, der mit Hilfe von 26 Schriftzeichen unseres Alphabets auskommen muss. Ohne differenzierte Erfassung der Struktur der einzelnen Zeichen wäre eine Sinnentnahme nicht möglich. Das Übertragen akustischer Zeichenreihen in optische Zeichenreihen und umgekehrt erfordert eine präzise visuelle Selektion der Laute in einem Wort. Für die Sinnentnahme aus der Lautsprache dagegen ist das Niveau der optischen Differenzierung weit weniger wichtig als etwa die phonematische. Damit hängt sicher zusammen, dass intellektuell behinderte Kinder weit weniger Schwierigkeiten mit dem Sprechen als mit dem Schreiben und Lesen haben. In der optischen Differenzierungsfähigkeit erreichen Lernbehinderte (allerdings deutlich verspätet) relativ bessere Ergebnisse als in anderen sprachbezogenen Wahrnehmungsbereichen. Große Schwierigkeiten jedoch haben sie in der Erfassung visueller Raum-Lage-Beziehungen.

Für das Sprechenlernen spielt die optische Differenzierung nur eine untergeordnete Rolle. Bei Kindern, die Schwierigkeiten beim Heraushören der Lautqualitäten haben, und bei Schwerhörigen lässt sich beobachten, wie konzentriert sie auf die Mundbewegungen des Sprechers achten. Sie versuchen die optischen Informationen vom Mund als kompensatorische Hilfe für das Verstehen des für sie ungenauen Lautstroms abzusehen. Lernschwache Kinder profitieren also von einer deutlichen Artikulation des Lehrers nicht nur in akustischer Hinsicht, sie können dabei auch den Vorteil des Ablesens deutlicher Mundbewegungen nutzen. Blinde Kinder, die auf optische Informationen verzichten müssen, erlernen das Sprechen nur leicht verzögert. Der Spracherwerb wird damit aber nicht behindert. Sie sind in der Lage, alle lautsprachlichen Feinheiten aufzunehmen. Das wirkt sich auf ihre Denkentwicklung positiv aus. Blinde lernen Lesen und Schreiben mithilfe der Brailleschrift. Dieses Schriftsystem nutzt vor allem die taktil-motorischen Fähigkeiten der Fingerspitzen.

Buchstaben fungieren in unserer Schrift als Zeichen für die Sinnentnahme. Alle Wörter und Sätze unserer Sprache können daraus gebildet werden. Damit sind wahrnehmungsmäßig zwei optische Differenzierungsleistungen verbunden. Erstens sind die Unterschiede zwischen den einzelnen Buchstaben präzise zu erfassen. Diese Leistung vollzieht sich in der Ebene und in den Einzelheiten des Buchstabens selbst. Zweitens sind die einzelnen Buchstaben in ihrer Abfolge innerhalb der Wortstruktur zu erkennen. Diese Leistung vollzieht sich beim Lesen und Schreiben in einer räumlichen Gliederung, orientiert durch Lautklangfolgen im Wort und Sinnentnahme aus Wortfolgen.

Bekanntlich unterscheiden sich Buchstaben oft nur in minimalen Einzelheiten ihrer optischen Struktur: Zum Beispiel weisen die Buchstaben

»b« und »d«

gleiche Strukturelemente (Strich und Halbkreis an der unteren Hälfte des Striches) auf, jedoch eine unterschiedliche Raum-Lage des Halbkreises. Ähnlich ist das bei

»p« und »q«.

Hier weist der Strich auch in eine andere Raumdimension.

Buchstaben können sich auch durch andere Strukturelemente unterscheiden: Beim

»m« und »n«

haben wir es z.B. mit gleichen Elementen in unterschiedlicher Anzahl zu tun. Ähnlich verhält es sich bei

»v« und »w«.

Beim handgeschriebenen

»e« und »l«

sind die Unterschiede Größenrelationen,

»z« und »s«

unterscheiden sich u.a. durch spitze bzw. runde Richtungsänderungen. Vergleicht man die Schriftbilder von

»Band« – »Rand« – »Land« – »Hand« – »Wand« und »Sand«,

dann wird deutlich, wie in diesen Fällen subtile optische Modalitäten allein im Anfangsbuchstaben unterschiedliche Bedeutungen von Buchstabenverbindungen kennzeichnen. Es sind also jeweils nur relativ minimale optische Unterschiede der einzelnen Zeichen, die das Kind automatisiert erfassen lernen muss, um den Inhalt des Geschriebenen verstehen zu können. Die wichtigste Teilleistung innerhalb der optischen Differenzierungsfähigkeit auf dem Wege zur Buchstabenkenntnis ist die Erfassung räumlicher Beziehungen. Dabei müssen einzelne optische Modalitäten, diese in ihren Beziehungen innerhalb des Buchstabens untereinander und in ihrer strukturellen Ganzheit als Buchstabe erkannt werden. Nur was erkannt ist, wird im Gedächtnis behalten. Das trifft sowohl für die Buchstaben- als auch für Wortstrukturen zu. Die Qualität und Anzahl der eingeprägten optischen Buchstaben- und Wortbilder sind eine Voraussetzung dafür, wie das Lesen und die Rechtschreibung gelingen. Ohne die Fähigkeit, optische Einzelheiten in ihren Größen-, Raum-, Lage- und anderen Details genau und automatisiert zu erfassen, gibt es keine verlässliche Aufbewahrung im Gedächtnis. Ungenaue Gedächtnisbilder reichen aber für die Lösung von wiederkehrenden Aufgaben beim Schreiben- und Lesenlernen nicht aus. Sie müssen aktuell zunächst aufgabenbezogen vervollkommnet werden. Darunter leidet die automatisierte Bereitstellung von Buchstaben- und Wortbildern, also die Flüssigkeit beim Schreiben und Lesen.

Um lese-rechtschreib-schwachen Kindern in der Anfangsetappe das Erkennen von Buchstaben- und Wortstrukturen zu erleichtern, sind auch andere Hilfsmittel zur Orientierung innerhalb von Raum-Lage-Beziehungen zu beachten.

Die Strukturerfassung wird z.B. erleichtert, wenn es dem Kind gelingt, sein Schriftbild leserlich zu gestalten. Dazu gehören die Beachtung von Mittel-, Ober- und Unterlängen von Buchstaben. Sie sind für die Gestalt des Wortes oft charakteristisch. Das lässt sich beweisen, wenn man etwa Oberlängen oder/und Unterlängen abdeckt (Beispielwort: Greifswald).

Oberlängen
Mittellängen
Unterlängen

Die Mittellängen sind für die Erfassung der Bedeutung des Wortes dominant. Jedoch erleichtern Ober- und Unterlängen häufig die Sinnerfassung.

Die Identifizierung der optischen Gesamtstruktur ist vor allem erschwert, wenn die Mittellängen ungenau sind. Schlechtes Schreiben kann bewirken, dass Selbstgeschriebenes lesend nicht erkannt wird. Ähnlich verhält es sich bei den Abständen zwischen einzelnen Wörtern. Der Tendenz der falschen Zusammenschreibung oder Silbentrennung bei LRS-Schülern kann durch die verbesserte Strukturierungsfähigkeit entgegengewirkt werden. Ein schlechtes Schriftbild ist bei Schulanfängern in den meisten Fällen die Folge einer motorischen Retardierung.

Optische Strukturierungsschwächen bei LRS-Schülern zeigen sich außerdem in einseitigen bzw. eingeengten Orientierungen auf bestimmte Signallaute innerhalb der Wortstruktur. Ist der Anfangsbuchstabe erkannt, wird das Wort geraten. Gelesen wird u.U. ein anderes Wort mit gleichem Anfangsbuchstaben.

Um gesprochene Sprache in geschriebene umzusetzen und umgekehrt, muss eine sichere Beziehung zwischen Laut und Buchstaben hergestellt sein. Damit ist eine Verlagerung räumlicher (des Buchstabens) in zeitliche (des Lautes) Dimensionen vorzunehmen. Es wird u.U. der zeitlich zuletzt gehörte Laut als Anfangslaut eines Wortes genannt, weil er sich als Signallaut aufdrängt. Damit wird die gesamte Lautstruktur, an die man sich beim Schreiben halten muss, durcheinander gebracht. Es gelingt nicht, die Beziehung zwischen optischen Raum-Lage-Strukturen und akustischen Aufeinanderfolgen herzustellen.

Im Schriftbild äußern sich derartige Raum-Lage-Schwächen u.U. als Buchstabensalat, als Umstellungen, Auslassungen, Hinzufügungen, wobei gleiche Fehlleistungen ihre Ursache auch in anderen Wahrnehmungsbereichen haben können. Es ist von den Symptomen der Schreib- und Lesefehler her schwer zu entscheiden, welcher »Wahrnehmungskanal« dafür verantwortlich ist. Dabei spielt eine Rolle, zu welchem Zeitpunkt bestimmte Fehler auftreten.

Die Verwechslung von »b« und »d« ist z.B. zu Beginn des Schreiblernprozesses fast immer als Folge einer optischen Raum-Lage-Unsicherheit anzusehen. Bleibt dieser Fehler jedoch über Monate bestehen, ist diese Ursachenzuweisung zweifelhaft, weil eine optische Retardierung mit zunehmendem Alter und durch entsprechendes Üben relativ gut überwunden wird. Kommt es weiterhin zur Verwechslung optisch ähnlicher Buchstaben, dann ist das meist ein Problem der Zuordnung von Buchstabe und Laut, also ein Gedächtnis- oder Strukturproblem auf anderer Ebene.

Für einen Erwachsenen scheinen Anforderungen an optische Differenzierungsleistungen, wie sie die Schriftsprache fordert, banal zu sein. Für ein Kind bedarf es jedoch eines langwierigen Lernprozesses, um dem gerecht zu werden und die Bedeutung visueller Unterschiede innerhalb der geschriebenen und gedruckten Schrift richtig einordnen zu können. Schon das Erlernen der Buchstaben fordert gegenüber den bisherigen Anforderungen im Leben des Kindes eine neue Qualität der Detailbeachtung. Ob vor einem Vorschulkind z.B. ein Glas mit dem Henkel nach rechts oder links gerichtet steht, ändert an der Bedeutung »Glas« nichts. Die unterschiedliche Raumlage des »Henkelbogens« bei den Buchstaben »b« und »d« ist dagegen bedeutungsunterscheidend und fordert vom Kind eine neue Stufe der Abstraktion.

Optische Differenzierungsmängel äußern sich auch beim Zeichnen. Die dargestellten Sachverhalte weisen eine undifferenzierte, wenig detaillierte Struktur auf. So genannte »Kopffüßler« bei Schulanfängern sind dafür ein Beispiel. Auch gelingt es vielen dieser Kinder weniger gut, Modelle nachzubauen oder im Sport feinere Bewegungskoordinationen auszuführen.

Bei Kindern mit einer optischen Differenzierungsschwäche ist die Schnelligkeit optischer Wahrnehmungen insgesamt herabgesetzt. Es wird mehr Zeit benötigt, um Unterschiede erkennen zu können. Das Schreiben ist eine feinmotorische Leistung. Es verlangt einen präzisen Bewegungsablauf bei der Einhaltung von Richtungen (gerade, eckig, rund), von Größen, Abständen und Begrenzungen usw. Dafür ist wiederum eine sichere Kontrolle durch optische Wahrnehmungen erforderlich. Das zeigen die unklaren Schriftzüge vieler LRS-Schüler.

Am Anfang konzentriert sich das Kind noch vorwiegend auf die formaltechnische Seite des Schreibvorgangs. Übergreifende Sinninhalte stehen zunächst noch im Hintergrund. Die exakte und schließlich automatisierte Wahrnehmung und graphomotorische Realisierung der optischen Modalitäten von Schriftzeichen ist eine der Voraussetzungen, um den Schreib- und Lesevorgang von Lernbeginn an als eine Einheit von Fertigkeit und Verstehen zu sichern. Der Weg zu diesem Differenzierungsniveau führt in den Jahren vor Schuleintritt über das ganze normale Spiel (bauen, basteln, malen, modellieren usw.). Dieser Möglichkeiten sollte sich auch eine frühschulische Förderung bedienen. Ausgewählte Inhalte und Formen dieser Art des Spiels sind als legitime Lernhilfen im Anfangsunterricht anzusehen.

Für die Vervollkommnung der optisch-graphomotorischen, vor allem der Raum-Lage-Differenzierungen stellt das letzte Vorschuljahr eine stürmische Entwicklungsphase dar. Bei etwa 20% der Kinder läuft sie verzögert ab und reicht in das Schulalter hinein. Hier bieten sich einer frühschulischen Förderung gute Einflussmöglichkeiten.

2.1.2 Die Fähigkeit zur phonematisch-akustischen Differenzierung

Das Sprechenlernen durchläuft zwei Phasen, die sich überlappen und die im Ablauf wechselseitig miteinander verbunden sind. Im Kontakt mit seinen Bezugspersonen wird das Kind auf Sprache aufmerksam und prägt sich dabei Wörter und Sätze ein. Die Entwicklung des Sprachgehörs verläuft in engster Verbindung mit dem Artikulationsapparat in den ersten Lebensjahren, weil das Kind bei der Mutter die Quelle des Gehörten (den sich bewegenden Mund) bemerkt und lokalisiert. Das Lallen als Reifungsprodukt ermöglicht das nachahmende Artikulieren. Mit dem Beginn des Erwerbs der passiven Sprache, etwa mit dem dritten Lebensmonat, lernt das Kind die Bedeutung sprachlicher Gebilde verstehen, noch bevor es selbst sprechen kann. Weil es die Funktion der Sprache in Verbindung mit Bedürfnisbefriedigung zunehmend erfasst, unternimmt es mit seinen Stimmwerkzeugen eigene Artikulationsversuche. Es »spielt« mit seiner Stimme und man merkt, dass es ihm Freude macht und es sich dabei wohl fühlt.

Zur normgerechten Artikulation kommt es durch akustische Rückkopplungen im Vergleich mit sprachlichen Vorbildern, durch deren Hilfen und Korrekturen. Für diesen Sprachaneignungsprozess ist ein gutes Hörvermögen erforderlich, welches sich im Prozess des Sprechenlernens ständig verfeinert und schließlich als phonematisches Gehör die Sinnentnahme ermöglicht. Außerdem bildet das Gehör den Eingang zum Sprachgedächtnis.

Kinder mit einem reichen Wortschatz verfügen fast ausnahmslos über eine gute phonematische Differenzierungsfähigkeit. Je präziser die phonematische Struktur erfasst wird, desto besser wird der Sinn dieses Wortes verstanden – es kann zum Gedächtnisbesitz werden.

Störungen in der Selektion der Phonemfolge ziehen zwangsläufig Störungen im Zugang zur semantischen Struktur und damit für das Einprägen und Behalten nach sich. Das wiederum erschwert die Selektion der Lautfolge, sodass später Rechtschreibfehler gehäuft auftreten.

Ein Schlüssel zur Verbesserung des Sprachgehörs liegt in der Förderung des phonematischen Hörens. Das trifft sowohl für Lernbehinderte als auch für LRS-Schüler zu. Unterschiede zwischen ihnen hängen mit dem Niveau anderer Sprachwahrnehmungsbereiche zusammen. Bei Legasthenikern tritt die phonematische Differenzierungsschwäche als Teilleistungsschwäche auf, während Lernbehinderte globale Sprachwahrnehmungsdefizite in der Phase des Spracherwerbs aufweisen.

Das phonematische Gehör eines Kindes kann sich nur in den Grenzen des sprachlichen Angebots seiner Umgebung ausformen. Dem dafür notwendigen Standard als Anregungsbedingung kommt in den ersten Lebensjahren eine hohe Bedeutung zu. Ein Kind, welches diesen und den intonotorischen Standard z.B. in einer Fremdsprache in diesem frühen Alter nicht geboten bekommt, wird die später gelernte Fremdsprache kaum völlig akzentfrei sprechen können.

Die phonematische Differenzierungsfähigkeit ist eine spezifisch menschliche, sprachgebundene akustische Leistung. Sie dient einmal dazu, aus dem gehörten Lautstrom die artikulierten Sprachelemente in ihrer Qualität und Abfolge auszusondern, zum anderen kontrolliert sie das eigene Sprechen. Phonematisches Hören ist sinndifferenzierend.

Während Tiere in vielen anderen sensomotorischen Fähigkeiten (z.B. in der Genauigkeit des Sehens, Hörens oder Riechens, im Vollzug exzellenter Bewegungen usw.) den Menschen weit übertreffen, ist nur allein er in der Lage, die mitunter feinsten, aber bedeutungstragenden Laute zu unterscheiden und einem Sinn zuzuordnen. Ohne diese großartige phonematische Leistung wäre sprachliche Kommunikation nicht möglich. Die Wörter

»Nagel« und »Nadel«

z.B. hören sich sehr ähnlich an, bezeichnen aber völlig verschiedene Dinge. Nur die Feinheiten zwischen den korrelierenden Phomenen »d« und »g« entscheiden über den jeweiligen Inhalt.

Unsere Muttersprache ist reich an derartigen subtilen, aber bedeutungsunterscheidenden Varianten:

»Bahn – Bein«, »Kopf – Topf«, »naschen – waschen«

u.v.a.m. Diese feinen phonematischen Unterschiede muss ein Kind differenzieren und sprechmotorisch realisieren lernen, wenn es verstehen soll, was gemeint ist, oder wenn es dem Partner z.B. den Inhalt

»Nagel« oder »Nadel«

mitteilen will. Wie wichtig phonematische Unterscheidungen sind, erleben auch Erwachsene, wenn sie z.B. ein Wort falsch verstehen, wenn durch Hintergrundgeräusche wie beim Telefonieren die phonematische Differenzierung nicht gelingt und der Kontext die so entstandene »gedankliche« Lücke nicht schließen hilft. Auf diese Weise kann es zu Missverständnissen bei der Erfassung von Inhalten, Mitteilungen usw. kommen. Kinder mit phonematischen Schwächen tendieren oft zur Fehlhörigkeit, die ihre Diagnose und Behandlung durch Spezialisten erfordert (Esser 1981, 1987; Wurm-Dinse 1992).

Beim Sprechen erleichtert das Erfassen der Phonemstruktur die Sinnentnahme aus Wörtern und Sätzen. Hierbei spielen auch andere Kodeträger (Melodie, Rhythmus usw.) eine Rolle. Es ist wichtig, die Phonemstruktur zu erfassen, also die sinnlich-wahrnehmbare Repräsentanz des Inhalts eines Wortes, auch weil davon dessen Speicherung im Gedächtnis abhängt. Gespeichert werden die Phonemstrukturen. Die Vernetzung der damit verbundenen semantischen Inhalte baut darauf auf. Der untrennbare Zusammenhang von gespeicherten Wortklangschemata, begrifflichem Gedächtnisbesitz, seiner Verfügbarkeit und Umsetzung in Rede unterstreicht den hohen Stellenwert der phonematischen Differenzierung für das äußere und innere Sprechen.

Auf der Ebene der Lautsprache besitzt außerdem der Kontext der Situation (die sprachliche Anregungssituation), in welcher das Kind Sprache ständig erlebt, eine wichtige Funktion für die Vervollkommnung und Automatisierung des phonematischen Gehörs. Für die schriftliche Form der Sprache, also die Konservierung gesprochener Sprache mithilfe von Schrift, sind neue analytisch-synthetische Kodierungsschritte zu vollziehen. Aus der Phonemstruktur sind Einzellaute zu selektieren. Erst dann kann das Kind lernen, wie diese Laute in eine optische Gestalt zu bringen sind (Buchstabenkenntnis). Ohne eine sichere phonematische Differenzierung würde die Selektion von Einzellauten und ihre Umsetzung in Schriftzeichen nicht gelingen.

Am schwierigsten ist es, eine Lautfolge analysierend als Buchstabenfolge bzw. beim Lesen eine Buchstabenfolge analysierend in eine Lautfolge umzuwandeln. Hören bedeutet, zeitlich Ablaufendes zu erfassen und zu behalten. Sehen (Lesen) dagegen vollzieht sich im Raum, hat eher statischen Charakter. Die große Leistung beim Lesen und Schreiben besteht für das Kind u.a. darin, räumlich angeordnete Zeichen in eine zeitliche Folge zu bringen. Umgekehrt vollzieht es sich beim Schreiben: Eine zeitliche Folge ist in eine räumliche zu verwandeln. Die Isolierung der Laute und das Behalten ihrer Reihenfolge ermöglicht schließlich richtiges Schreiben.

Da der Klang eines gleichen Lautes sehr verschieden sein kann (denken wir nur daran, wie viele Varianten ein »e« innerhalb eines Wortes erhalten oder wie der gleiche Laut verschiedene Gestalten wie beim »v«, »f«, »ph« annehmen kann, wie unterschiedliche Dehnungen und Kürzungen ausgedrückt werden: »i«, »ie«, »ih«, »ieh«), ist es für den Schulanfänger sehr schwer, diese Aufgabe zu meistern. Außerdem wird in bestimmten Fällen der schriftliche Ausdruck durch Konventionen festgelegt, die nicht zu erklären, sondern einfach einzuprägen sind. Wenn ein Schulanfänger das Wort

»und« als »unt«

schreibt, setzt er den gehörten Laut eigentlich korrekt um. Weshalb

»wir« nicht als »wier«

geschrieben wird, lässt sich auch nicht begründen. In all diesen Fällen gilt es, die Schreibweise mithilfe des mechanischen Gedächtnisses zu sichern. In einigen Fällen können logische Hilfen die Abweichungen zwischen Laut und Buchstaben erklären, z.B. indem das Kind lernt, den Plural oder Komparativ zu bilden, bevor es den Endbuchstaben schreib: »Hund – Hunde«, »Land – Länder«, »klug – klüger« usw.

Regelwissen und mechanisches Gedächtnis tragen also mit dazu bei, Schreibfehler zu vermeiden. Aber es gibt Schreibweisen, die von einer Regel abweichen, sodass letztlich wiederum das mechanische Gedächtnis Fehler vermeiden hilft. Die Regel, dass nach kurzen Vokalen eine Verdoppelung der folgenden Konsonanten vorzunehmen ist, trifft nicht immer zu: »man«, aber: »Mann«.

Groß- und Kleinschreibungen richten sich ebenfalls nach Konventionen, die sich mitunter ändern.

Von Regel- und Gedächtnisfehlern sind Konzentrationsfehler abzuheben: Vergessen des i-Punktes, der Umlautstriche, des Punktes am Satzende u. Ä., unter Umständen das »Vergessen« eines Auslauts. Diese Fehlerarten lassen sich bei Kindern ohne Intelligenzmängel relativ leicht erklären und überwinden. Weit schwieriger ist die Vielzahl all der Fehler zu verstehen und zu vermeiden, die mit unzulänglichen Sprachwahrnehmungsleistungen zusammenhängen: Buchstaben fehlen, ihr Platz ist vertauscht, sie werden durch einen anderen ersetzt, überflüssige Buchstaben sind hinzugefügt.

Diese Fehler können bis zur Extremform des Wortsalates oder von Wortrudimenten führen. Welcher Sprachwahrnehmungsfehler für welche Rechtschreibfehler verantwortlich ist, lässt sich nie mit Sicherheit entscheiden. Allerdings haben viele dieser Fehler mit unzulänglichen phonematischen Differenzierungsleistungen zu tun. Sie können aber ebenso auf anderen Fehlerquellen beruhen (z.B. Raum-Lage-Unsicherheiten).

Präzise Sprachwahrnehmungen sind – woran häufig nicht gedacht wird – die Basis dafür, Regelwissen und mechanisches Gedächtnis einzusetzen. Umgekehrt erschweren unscharfe Sprachwahrnehmungen die Anwendung von Regelwissen. Um z.B. die Schreibweise nach langen und kurzen Vokalen regelgerecht fortsetzen zu können, muss das Kind zunächst den zeitlichen Unterschied zwischen Dehnung und Kürzung wahrnehmen: »Kahn« oder »kann«.

Wenn ein Kind die Stimmlosigkeit und die Stimmhaftigkeit von Explosivlauten

»d – t«, »b – p«, »g – k«

und Zischlauten

»s – z«

phonematisch nicht heraushört, schreibt es falsch:

»Galb« statt »Kalb«, »glein« statt »klein«, »dige« statt »dicke«, »Brüter« statt »Brüder«, »Palken« statt »Balken«, »Bark« statt »Park«, »leize« statt »leise« usw.

Die Intensität einer phonematischen Differenzierungsschwäche kann unterschiedlich ausgeprägt sein. Massive Formen, z.B. bei Schwer- oder Fehlhörigkeit, fallen den Eltern und Kindergärtnerinnen im täglichen Kontakt mit dem Kind wie folgt auf:

Meist sprechen diese Kinder bestimmte Konsonanten bzw. Konsonantenverbindungen falsch oder undeutlich: »statt »gut – dut«, statt »klein – tlein«, statt »kommen – tommen«, statt »schön – szön«.

Diesen Stammelfehlern können phonematische Schwächen zugrunde liegen. Das Kind hört nicht, dass es falsch spricht, auch wenn ihm richtig vorgesprochen wird. Exakte sprechmotorische Muster können sich dadurch nur schwer ausbilden. Das Kind gewöhnt sich gewissermaßen an eine falsche Sprache, da es die klanglichen Unterschiede nicht genau wahrnimmt.

Ursachen für Stammelfehler können aber auch primär in sprechmotorischen Schwächen liegen. Bei einem drei- bis vierjährigen Kind sind sie fast normal. Die grob- und feinmotorische Koordinierungsfähigkeit vervollkommnet sich bei jüngeren Kindern sehr schnell. Doch selbst dann, wenn ein Kind richtig artikulieren gelernt hat, kann es beim Schreiben Fehler machen, weil es phonematisch noch unsicher ist.

Je älter das Kind wird, desto mehr habitualisieren sich Aussprache- und Sprachhörfehler und belasten damit nachhaltig das spätere Schreiben- und Lesenlernen. Derartige Mängel erschweren auch den Erwerb einer Fremdsprache.

Kompliziert sind jene Fälle, bei denen die phonematischen Schwächen von Vorschulkindern für die Eltern unerkannt bleiben, weil keine auffällige Sprachstörung vorliegt. Diese Kinder stammeln nicht und haben im Vorschulalter auch keine Schwierigkeiten – obwohl sie phonematisch nicht völlig sicher sind –, Gesprochenes richtig zu erfassen. Sie nutzen die Mimik und Gestik des Sprechers, außerdem Situationscharakteristika und inhaltliche Kontexte (Zusammenhänge). Dadurch sind sie in der Lage, phonematische Schwächen zu kompensieren. Je intelligenter Kinder sind, umso besser gelingt die Kompensation. Viele der späteren Legastheniker finden sich in dieser Gruppe.

Je genauer ein Kind beobachtet, umso besser vermag es sich zu orientieren und seine phonematische Schwäche zu kaschieren. Wenn es selbst spricht, formuliert es korrekt. Das ist ein weiterer Grund, weshalb diese Kinder im Vorschulalter unauffällig bleiben und keine Schwierigkeiten im sprachlichen Umgang mit anderen Menschen haben. In der Schule jedoch, beim Schreiben- und Lesenlernen, wenn unterstützende Situationscharakteristika fehlen oder viele Nebengeräusche auftreten (etwa bei fehlhörigen Kindern), macht sich die phonematische Unzulänglichkeit in Rechtschreibfehlern bemerkbar.

In schwierigen Fällen nutzt man in der Förderung die unterstützende und kompensatorische Wirkung der Verbindung von Hören, Motorik und Sehen. Ein typisches Beispiel dafür ist die von Dummer-Smoch (1989) und anderen Autoren praktizierte Gebärdensprache für LRS-Schüler. Die sichtbare und motorisch gestaltete Gebärde für Laute dient der Lautselektion und damit dem Schreiben.

Die Darbietung bzw. Veranschaulichung des Gegenstandes und seine deutliche sprachliche Bezeichnung schränken ebenfalls phonematische Störungen ein.

Phonematische Unzulänglichkeiten, die im Alltagsverhalten des Kindes nicht auffallen, lassen sich mithilfe entsprechender Prüfmittel aufspüren und sind pädagogisch zugänglich, d.h., ihre Präzision lässt sich durch Förderung verbessern. Das ist für die betroffenen Kinder von großem Nutzen. Wichtig ist vor allem, derartige Defizite frühzeitig zu erkennen, weil eine Frühförderung besonders effektiv ist und damit günstigere Startbedingungen für das Schreiben- und Lesenlernen erreicht werden.

Leichte phonematische Fehlleistungen können sich unter besonders belastenden Bedingungen verstärken. In Situationen der Ermüdung, Überforderung und emotionalen Erregungen kann das der Fall sein. Unschärfen im Hören von Phonemen machen sich auch dann bemerkbar, wenn sich ein ABC-Schütze in der Lernsituation unwohl fühlt. Hier bieten sich dem Grundschullehrer Möglichkeiten, durch Zuwendung auch die sensorische Sensibilität zu verbessern.

Etwa 15% der Schulanfänger weisen phonematische Schwächen auf.

2.1.3 *Die Fähigkeit zur kinästhetisch-artikulatorischen Differenzierung*

Sprechen und Schreiben erfordern eine komplexe und präzise feinmotorische Koordination. Kein anderer Bewegungsvollzug, der vom Menschen zu erlernen ist, stellt an das koordinierte Zusammenspiel von vielen Muskeln so hohe Anforderungen. Um z.B. das Wort

»Strumpf«

zu sprechen, werden zunächst die Lippen vorgestülpt, der Luftstrom lässt ein »sch« entstehen. Dann wird die Zunge hinter die oberen Schneidezähne gepresst, um eine Luftstauung herbeizuführen und explosionsartig freizusetzen (t), danach löst sich die Zunge. Das Zäpfchen führt eine Zitterbewegung aus (r), die Lippen öffnen sich zu einer kleinen Rundung (u), die Lippen schließen sich (m), danach werden die Lippen durch einen explosivartigen Luftstrom gesprengt (p), die oberen Schneidezähne bewegen sich auf die untere Lippe, zwischen beiden wird der Luftstrom hindurchgeführt (f).

Im obigen Beispiel wurden nur die gröbsten Bewegungen beschrieben. Die vielen minimalen Zwischenbewegungen (etwa der Zunge) wurden nicht geschildert. Das Sprechen des Wortes »Strumpf« erfolgt in der kurzen Zeit von etwa einer Sekunde, wenn der Bewegungsablauf bereits voll automatisiert ist.

Es ist geradezu ein Wunder, in welch kurzer Zeit ein Kind diese kompliziertesten Bewegungsabläufe beherrschen lernt. Kinästhetische und auditive Kontrolle stellen dabei eine untrennbare Einheit dar.

Welche Bedeutung das Zusammenwirken von innerem Hören und verinnerlichten Bewegungsmustern besitzt, zeigt sich bei Gehörlosen. Weil ihnen die Kontrolle durch das Hören fehlt, gelingt es ihnen nur schwer, fließend zu artikulieren. Ziel jeder Sprachausbildung von Gehörlosen ist deshalb die Vervollkommnung ihrer Sprechbewegungsvorstellungen, also der Sprechkinästhesie. Das ist praktisch die einzige Möglichkeit, bei ihnen im Gedächtnis die benötigten artikulatorisch-kinästhetischen Muster für Semantisches reproduktionsfähig zu verankern. Gleichzeitig dargebotene Schriftbilder dienen dem Schreibenlernen und auch der optischen Verankerung.

Sprechkinästhesie hat einen maßgeblichen Anteil an der gedächtnismäßigen Speicherung von Laut-, Wort- und Satzschemata beim Erwerb der Laut- und Schriftsprache. Sie verbindet sich mit phonematischen, optischen und melodisch-rhythmischen Gedächtniskomponenten der Sprache und ist Grundlage für die Ausbildung des inneren Sprechens.

Sprechmotorische Leistungen eines Kindes sind in den ersten Lebensjahren mit der allgemeinen Motorik eng verbunden. Wer vor der Einschulung im Motorikquotienten (MQ) gute Werte erreicht, besitzt auch fast immer eine gute Sprechmotorik (siehe Tabelle 4). Diese Kinder erlernen ohne Verzögerung zu sprechen. Ihre Bewegungen sind flüssig und geschickt, sie lernen es frühzeitig,

Knöpfe zu schließen, Schleifen zu binden, sich allein anzuziehen, und sind geschickt beim Basteln, Bauen und Malen.

Tab. 4: Beziehungen zwischen Motorik und Sprechmotorik bei 5- bis 6-Jährigen (Angaben in %)

Motorikquotient (MQ)*	Sprechmotorisch sehr gut (n = 37)	Sprechmotorisch fehlerhaft (n = 63)
größer 90	90,6	43,3
70–89	9,4	31,7
kleiner 69	–	25,0

Der MQ wurde mit der Rostock-Osseretzki-Scale ermittelt. (Lehmann/Breuer/Steingart 1980)

Bei Kindern mit Lese-Schreib-Schwierigkeiten im Anfangsunterricht treten häufiger auch andere motorische Unzulänglichkeiten auf. Außer einem verspäteten Sprechbeginn sind sie bei den genannten Hantierungen ungeschickter, sie haben Probleme, einen Ball zu fangen, genau zu bauen und zu basteln. Hiermit hängt auch zusammen, dass LRS-Schüler fast immer eine schlechte Schrift aufweisen und beim Nachsprechen längerer Wörter mit Konsonantenhäufungen – Zungenbrecher genannt – Schwächen zeigen.

Der Vergleich beider Populationen in Tabelle 4 unterstreicht den zentralen Stellenwert motorisch-koordinativer Elemente in jeder Förderung lese-rechtschreib-schwacher Schüler. Die Beweglichkeit der Sprechorgane und ganz besonders der Zunge sollte dabei im Vordergrund stehen. Auch eine allgemeine Förderung motorischer Fähigkeiten, besonders der Koordination in Sport und Spiel und bei der Wahl des Beschäftigungsmaterials, unterstützen die motorischen Fähigkeiten.

Präzis verinnerlichten und automatisierten sprechmotorischen Mustern kommt eine prinzipielle Bedeutung für die Herausbildung intellektueller Fähigkeiten zu. Die Förderresistenz sprechmotorischer Mängel bei ansonsten intakten Sprechorganen deutet oft auf allgemeine Lernbehinderungen hin. Glücklicherweise ist es jedoch häufig möglich, artikulatorisch-kinästhetische Mängel logopädisch relativ rasch in ihrer auffälligen Symptomatik zu überwinden. Die günstigste Zeit dafür liegt zwischen dem vierten und siebten Lebensjahr.

Ein gezielter Sprachunterricht stammelnder Kinder vor dem dritten Lebensjahr ist wenig zweckvoll. Zu diesem Zeitpunkt kommt es auf ein gutes sprechmotorisches Vorbild an, d.h., die Eltern und Erzieherinnen müssen deutlich und nicht überhastet sprechen. Ein insgesamt affektfreies Sprechklima unterstützt zusätzlich.

Kinder im Anfangsunterricht orientieren sich beim Schreiben zunächst am Wortklangbild des sprechenden Lehrers. Wenn sie schreiben lernen, sind eigene

Artikulationsbewegungen aktiv an der Analyse der Lautstruktur eines Wortes beteiligt (Nasarowa 1955). Wird Kindern die Möglichkeit genommen, schreibbegleitend zu artikulieren, vermehren sich die Fehler beim Abschreiben und im Diktat. Während sie schreiben, sprechen die Kinder das zu schreibende Wort leise vor sich hin. Kinder orientieren sich also letztlich an ihrem eigenen sprachlich-artikulatorischen Muster. Weist es Unzulänglichkeiten auf (die Abfolge der Artikuleme ist ungenau oder falsch, Artikuleme sind überflüssig oder fehlen), dann können ebenfalls Schreibfehler die Folge sein. Es ist deshalb bei leserechtschreib-schwachen Schülern immer sinnvoll, sie *laut* oder *flüsternd* während des Schreibens sprechen zu lassen. Sprechen sie nicht, dann fehlen kinästhetische Innovationen.

Beim Lesenlernen zeigen sich Parallelen. Auch hier ist das Kind zum lauten Lesen anzuhalten. Das unterstützt die bewusste Kontrolle der kinästhetischen Gliederung. Sobald die artikulatorische Binnengliederung erfasst wird, ist der Begriff verstanden. Das innersprachliche Konzept bildet sich heraus und das hörbare Lesen ist nicht mehr nötig. Personen mit einem entwickelten innersprachlichen Konzept vermögen sehr schnell zu lesen.

Das schreibbegleitende Sprechen tritt in dem Maße zurück, wie sich die Bewegungsmuster automatisieren. Nur bei komplizierten Wörtern spricht auch ein Erwachsener vor sich hin, um sich über die Struktur der Laut- und damit Schreibfolge klar zu werden. Je automatisierter die Sprechkinästhesie abläuft, umso günstiger sind die Voraussetzungen für das (verkürzte) innere Sprechen.

Ähnlich verhält es sich mit der Schreibkinästhesie. Sie hat einerseits die Sprechkinästhesie zur Voraussetzung, andererseits fördert sie diese. Schreibenlernen unterstützt sicheres Sprechen, weil die Analyse der Lautstruktur von der Analyse der Graphemstruktur profitiert. Was die Sprechwerkzeuge für die Motorik des Sprechens bedeuten, stellt die Motorik der Hand für das Schreiben dar. Handschriftliche, maschinenschriftliche und blindenschriftliche Leistungen sind nur auf der Grundlage feinstkoordinierter Bewegungsmuster möglich.

Sprechkinästhetische Mängel sind bei Dreijährigen normal. Bei Fünfjährigen jedoch erfordern sie bereits eine gezielte Förderung. Bei Schulanfängern kündigen noch vorhandene Stammelfehler fast immer Schwierigkeiten in der Rechtschreibung an. Ausgesprochene Stammelfehler finden sich in der ersten Klasse zwar selten, sie lassen sich jedoch bei genauem Hinsehen noch bei etwa 10% dieser Kinder nachweisen. Mängel treten besonders bei Konsonantenhäufungen und den so genannten »Zungenbrechern« in Erscheinung.

Fehlende Buchstabensicherheit führt u.a. zu Buchstabenverwechslungen, gestörter Buchstabenreihenfolge und -vollständigkeit. Derartige Fehler sagen noch nichts darüber aus, ob sie durch kinästhetische oder phonematische Mängel bedingt sind.

Oft liegen Unzulänglichkeiten in beiden Sprachwahrnehmungsbereichen vor. Wird z.B. statt »Wald« »Wld« geschrieben, so ist schwer zu entscheiden, ob das fehlende »a« eine Folge unzureichend gespeicherter Klang- oder Bewegungsspuren ist. Verwechslungen von Buchstaben, Hinzufügungen und Umstellungen hängen fast immer mit unzureichenden bzw. fehlerhaften Wortvorstellungen zusammen, die als Folge kinästhetischer und/oder phonematischer Differenzierungsmängel anzusehen sind. Als Ausgangspunkte können aber auch Schwächen in der melodischen oder rhythmischen Differenzierungs- und Gliederungsfähigkeit angesehen werden. Die Leistungsfähigkeit des Ensembles sprachbezogener Wahrnehmungen wird jeweils von seinem schwächsten Kettenglied entschieden. Das herauszufinden ist mithilfe von Fehleranalysen allein nur bedingt möglich.

2.1.4 Die Fähigkeit zur melodisch-intonatorischen Differenzierung

Sprache und Musik ähneln einander in gewisser Weise, da beide melodische Komponenten enthalten. Denken wir z.B. daran, wie Gefühlszustände in melodischen Merkmalen des Sprechens zum Ausdruck kommen und dadurch gewissermaßen als »Untertext« (Rubinstein 1977) zum gesprochenen Text mitgeteilt werden. Auch Stimmungen und Befindlichkeiten können sich beabsichtigt oder auch unbeabsichtigt auf diese Weise äußern. In einem Vortrag z.B. spielen bewusste melodische Akzentuierungen eine wichtige Rolle, um die Aufmerksamkeit der Hörer einzufangen und das Mitdenken zu erleichtern. Wer einen Menschen gut kennt, kann aus den Schwankungen in der Stimmführung (Tempo, Dynamik, Melodik) auf seine augenblickliche psychische Verfassung schließen. Die Stimme eines aufgeregten oder verzweifelten Menschen klingt ganz anders, als wenn er sicher und zufrieden ist.

Gleiche Wörter und Sätze drücken unterschiedliche Inhalte und Erwartungen in Abhängigkeit ihrer Intonation (Sprechmelodie) aus. Wenn z.B. die Mutter zum Kind sagt:

»Schau mich an«,

dann kann dies – abhängig von der jeweiligen Veranlassung und Situation – zärtlich, bittend, energisch oder drohend gemeint sein. Der Tonfall drückt aus, welche unterschiedliche Reaktion des Kindes situativ erwartet wird. Ihn zu identifizieren, ist das Ergebnis von Lernvorgängen. Sie sind an die Fähigkeit zur Differenzierung melodischer Modalitäten gebunden.

Der Lehrer teilt mittels der Melodieführung seiner Sprache dem Kind unterschwellig Wohlwollen, Zuneigung oder Ablehnung mit. Davon wird die emotionale Befindlichkeit des Schulanfängers beeinflusst. Von ihr gehen Wirkungen z.B. auf die Aktivitätsbereitschaft, das Risikoverhalten und die Neugier des Kindes aus. Davon wiederum hängt der Lernerfolg ab. Es verwundert, dass diese elementare Fähigkeit des Kindes als eine Voraussetzung intellektueller Entwicklung in Prüfverfahren zur Bestimmung der Schulfähigkeit kaum beachtet wird.

Jeder Mensch hat seine individuelle Sprechmelodie. An die seiner Bezugspersonen gewöhnt sich das Kind. Bei Umzügen in Gegenden mit anderer Mundart kann es deshalb Schwierigkeiten haben, den Lehrer, seine neuen Mitschüler und andere Menschen zu verstehen. Davon sind vor allem Kinder mit einer anderen Muttersprache betroffen. Je jünger Ausländerkinder sind und je besser sie melodisch differenzieren können, umso leichter fällt es ihnen, die Intonation der neuen Sprache zu übernehmen. Sie integrieren sich leichter in der neuen Sprachumwelt als ihre Eltern. Voreingenommenheiten gegenüber Anderssprechenden unterstützen das Entstehen von Außenseiterpositionen. Seltsamerweise werden manchmal in die neue Sprache übernommene Intonationen aus der Muttersprache in manchen Fällen als angenehm oder unangenehm empfunden.

Die Fähigkeit zur melodischen Differenzierung, wie sie für die Lautsprache erforderlich ist, erwirbt das Kind noch vor der Aneignung der Lautsprache. Wenn sich eine Mutter mit dem Säugling »unterhält«, vermag dieser den Inhalt des Gesprochenen natürlich nicht zu verstehen. Er lernt aber sehr schnell zu unterscheiden, welche melodischen Akzente für ihn eine Bedürfnisbefriedigung oder -verweigerung ankündigen. Eigentlich kann diese Fähigkeit zur Intonationsunterscheidung als ein erster Weg zur Erfassung der Sprache als Träger von Bedeutungen und als unterstützende Komponente für die Herausbildung des Sprachgedächtnisses angesehen werden.

Es ist kein Zufall, dass alle Völker der Welt Wiegenlieder haben. Sie geben dem Kind nicht nur Geborgenheit. Die Verbindung vom rhythmischen Schaukeln mit einer beruhigenden Melodie vermittelt dem Kind eine Atmosphäre des Wohlbefindens. Die Bedeutung von Wiegenliedern für das Sprechenlernen darf deshalb nicht unterschätzt werden. Wiegenlieder sind vom Wesen und der Funktion her anders als Marschlieder oder Schlager. Sie haben ihre Eigenart über die Jahrhunderte erhalten. In unserer technisierten Welt neigen wir dazu, selbst das Wiegenlied durch elektronische Tonträger zu ersetzen. Auch wenn die Mutter mit ihrer Singstimme nicht mit der Stimme auf der Kassette konkurrieren kann, übt sie, verbunden mit ihrem körperlichen Kontakt, eine viel nachhaltigere Wirkung auf das Wohlbefinden des Kindes aus. Die melodische Differenzierungsfähigkeit erreicht schon sehr früh ein relativ hohes Niveau. Vier- bis fünfjährige Kinder unterscheiden sich diesbezüglich kaum von den fünf- bis sechsjährigen Kindern.

Etwa 10% der Schulanfänger gelingt es nicht, ein einfaches Kinderlied melodie- und rhythmusgetreu zu singen. Das stellt eine ungünstige Voraussetzung für das Erfassen sprachlicher Feinheiten und damit für ihr schulisches Lernen dar.

Ein Zusammenhang zwischen Melodie und Sprache betrifft auch die geistige Aktivität eines Kindes in der Kommunikation. Wenn ein Lehrer einen Sachverhalt vermittelt und erläutert, dann drückt er durch melodische Akzentuierungen beim Sprechen aus, ob der von ihm entwickelte Gedanke besonders wichtig ist oder nicht, ob er abgeschlossen oder weitergeführt wird. Der Lehrer beeinflusst so mit melodischen Nuancen in starkem Maße das Mitdenken der Kinder, ihre geistige Aktivität. Monotone Sprechweise erschwert bekanntlich auch dem Erwachsenen das Aufrechterhalten der Aufmerksamkeit. Für Schulanfänger bedeutet eine melodisch differenzierte Sprechweise des Lehrers eine Hilfe für den Zugang zum Inhalt. Mangelt es einem Kind an der Fähigkeit zur melodischen Differenzierung, dann werden Diskrepanzen zwischen seiner geistigen Aktivität und der vom Lehrer beabsichtigten begünstigt. Die Synchronie des Mitdenkens geht verloren. Kenntnislücken sind eine Folge. Das Kind verliert den Anschluss beim Lernen und schaltet ab.

Es kann also davon ausgegangen werden, dass Melodiedifferenzierung eine wesentliche Vorläuferfunktion für das richtige Erkennen und Verwerten sprachlicher Gebilde ist. Die Erfassung des sprachlichen Inhalts setzt nicht nur die Unterscheidung phonematischer Merkmale voraus. In gleicher Weise sind Tonfall, Tonhöhe, Tonstärke und Tondauer zu differenzieren, sonst können Situationsspezifisches und die von emotionalen Merkmalen getragenen Sinnzusammenhänge für ein richtiges Handeln verloren gehen.

Hier finden sich auch Beziehungen zum Leseverständnis im Anfangsunterricht und zur Rechtschreibung. Für das Verstehen und Weiterverarbeiten des gelesenen Textes ist das Kind auf die Erfassung der Sinnzusammenhänge angewiesen. Erst dadurch wird der einzelne Satz verständlich. Kinder, die nicht verstehen, was sie lesen, zeigen im Tonfall und in der Betonung dafür deutliche Anzeichen. Selbst Bekanntes wird vom Kind nicht erkannt und deshalb melodisch falsch betont. Die Art der Melodieführung beim Lesen zeigt dem Lehrer an, ob der Schüler den Inhalt verstanden oder in der Lesetechnik noch Schwächen hat.

Wenn die melodische Differenzierungsfähigkeit als unersetzbare basale Grundlage für das Schreiben- und Lesenlernen bezeichnet wird, dann ist das auf keinen Fall mit einem Anspruch auf eine besonders ausgeprägte Musikalität des Kindes zu verwechseln. Oft wird übersehen, dass für die Erfassung der melodischen Nuancen der Sprache, die als Kodeträger für Emotionales und kognitive Strukturen fungieren, ein relativ einfacher Standard in der melodischen Differenzierungsfähigkeit gefordert ist. Dem entsprechen Wiegenlieder und einfache Kinderlieder mit der Einfachheit ihrer Tonintervalle und Melodieführung. Deshalb können auch so genannte unmusikalische Kinder gut lesen und schreiben lernen und überhaupt in ihrer intellektuellen Entwicklung hervorragende Leistungen vollbringen. Ihre Melodiedifferenzierung reicht für den Standard, den Sprache diesbezüglich fordert, aus, um Sprache zu verstehen und um Wort- und Satzschemata im Gedächtnis zu speichern.

In anderen Sprachkulturen haben melodische Modalitäten eine höhere distinktive Rolle. Ein Beispiel für eine tonalische Sprache ist das Chinesische. Bei den folgenden Wörtern entscheiden Tonhöhe und Melodieverlauf über den semantischen Inhalt:

ma	gleichbleibender Ton	»die Mutter«
ma	steigender Ton	»der Hanf«
ma	fallender und steigender Ton	»das Pferd«
ma	fallender Ton	»schmähen« »lästern«

(aus: Ruoho 1990)

Aus eigenen Längsschnittuntersuchungen ist bekannt, dass LRS-Schüler und Lernbehinderte im Vorschulalter das Niveau Gleichaltriger in der Wahrnehmung melodischer Nuancen nur selten erreichen. Sprachbegabte dagegen weisen fast immer gute elementare Leistungen in diesem Bereich auf. Das begünstigt auch den späteren Erwerb von Fremdsprachen. Das Fehlen von melodischen Grundleistungen ist dagegen für den Sprachschwächetyp ein signifikantes Merkmal (Luchsinger/Arnold 1970).

So eigenartig es erscheinen mag, eine frühzeitige Anregung der Bereitschaft zum Singen und Tanzen bedeutet immer auch Sprachförderung und damit eine Verbesserung der Voraussetzungen für das Schreiben- und Lesenlernen.

Melodisch-rhythmisch-motorische Anregungen sind als Kernbestand sprachbezogener und damit intellektueller Frühförderung anzusehen. Jeder Lehrer ist gut beraten, wenn er diese Zusammenhänge beachtet. Er wird bei lese-rechtschreib-schwachen Schülern sehr häufig deren Aversion gegenüber allen musikalischen Betätigungen beobachten können. Dies erklärt sich z.T. aus erlebten Misserfolgen und fehlendem Antrieb. Diese Kinder zeigen keine Bereitschaft zum Singen, bei Tanzspielen wirken sie ungeschickt und sie weichen aus, wenn sie ein Instrument spielen sollen. Über rhythmusbetonte Instrumente kann die Beziehung zur Melodie angebahnt werden. Da unmusikalisch retardierte Kinder auf geeignete entwicklungsfördernde Impulse verzichten, kommt es zunächst darauf an, vor allem spielerisch-lustbetonte Übungsformen zu wählen.

2.1.5 Die Fähigkeit zur rhythmischen Differenzierung

Rhythmus ist gleichzeitig Raum-, Zeit- und Maßstrukturierung. Einzelne optische, akustische, motorische und melodische Elemente werden serial zu einem gegliederten, einheitlichen Ganzen geordnet bzw. in ihrer Ordnung differenziert. Damit unterscheidet sich die Fähigkeit zur rhythmischen Differenzierung von Modalitätsbeachtungen in anderen Wahrnehmungsbereichen. Sie stellt höhere Anforderungen an Analyse- und Syntheseprozesse, weil sie letztlich die entscheidende Brücke zur semantischen Ebene darstellt.

Die Fähigkeit zur Erfassung und Realisierung rhythmischer Gliederungen kann geradezu als ein Ausdruck für das Niveau der Sprachentwicklung eines Kindes angesehen werden. Die zentrale Funktion der rhythmischen Differenzierungsfähigkeit ist wichtig für die Speicherung von Wort- und Schriftinhalten sowie von Satzschemata. Rhythmische Kinderreime z.B. machen nicht nur Vergnügen, sie lassen sich auch gut behalten und spielen für den sozialen Kontakt eine große Rolle. Kindern mit rhythmischen Störungen gelingt es bei Abzählversen z.B. nur schwer, entsprechende Koordinierungen zwischen Sprechsilbe und Geste zu vollführen. Dadurch können in dieser Situation Kontaktschwierigkeiten für das Kind entstehen, weil es die Situation nicht meistert. Wem z.B. ein bekanntes Wort momentan nicht einfällt, der hat meist immer den Rhythmus des Wortes behalten. Dieser Wortrhythmus wird innerlich wiederholt, bis die äußere Figuration des Wortes oft ganz plötzlich wieder gefunden ist. Andere Wörter, die zwischendurch einfallen, werden zunächst vom Rhythmus her geprüft, bevor sie wegen des falschen Inhalts abgelehnt werden. Klangliche Assoziationen werden auf den Rhythmus aufgesetzt und unterstützen das Wiedererkennen.

Thiele (1928) bemerkt dazu: »Jedenfalls ist das rhythmische Schema, wenn einmal erregt, vor der Findung der einzelnen Wörter vorhanden und übt einen Einfluss auf die Evokation der Wörter aus. Das Unvermögen, einen Reihenrhythmus (und ähnlich so auch einen Satzrhythmus) zu produzieren, scheint eine besonders tiefe Abbaustufe der sprachlichen Ausdrucksfähigkeit anzuzeigen ...«

Beim Sprechen muss eine Umkodierung einzelner sprachbezogener Wahrnehmungsleistungen in eine serial gegliederte Struktur erfolgen. Das Nacheinander zeitlicher Sprechfolgen ist zu erfassen. Beim Schreiben und Lesen kommt erschwerend die Transformierung zeitlicher Strukturen in räumliche und umgekehrt hinzu. Um die notwendige Perfektion bei der Erfassung des Inhalts zu erreichen, wird ein automatisiertes verbo-sensomotorisches Niveau benötigt. Würde nämlich die verfügbare Aufmerksamkeit noch für die Differenzierung sinnlich-wahrnehmbarer Kodeträger voll beansprucht werden, wäre ein Verstehen von Sprache nicht möglich. Wie wichtig im Ensemble sprachbezogener Wahrnehmungsleistungen die Fähigkeit zur rhythmischen Differenzierung ist, zeigt sich bei intellektuell geschädigten Kindern. Diese weisen immer auch ausgeprägte Unzulänglichkeiten in der Erfassung rhythmischer Strukturen auf. Ihre Defizite korrelieren mit dem Schweregrad der Schädigung (Gentes 1976). Das hängt mit der zentralen Verankerung rhythmischer Basisfunktionen zusammen.

Retardierungen in der Fähigkeit zur rhythmischen Differenzierung sind sehr hartnäckig und trotz gezielter Förderung manchmal nur schwer aufzuholen.

Die Fähigkeit zur rhythmischen Differenzierung ist nicht an das Niveau auditiver Leistungen gebunden. Gehörlose, die aber intellektuell normal entwickelt sind, vermögen durchaus rhythmische Differenzierung gut zu erfassen und nachzuvollziehen. Trifft das nicht zu, sind sie zumeist auch intellektuell geschädigt. In der Aphasietherapie nimmt die Förderung der rhythmischen Differenzierungsfähigkeit einen wichtigen Platz ein.

Der sprachliche Rhythmus beruht weitgehend auf stärker und schwächer betonten sprachlichen Elementen, außerdem auf Pausen und Betonungen in serialen Strukturen. An sich wird eine Aussage zunächst vom Inhalt der (ausgewählten) Wörter bestimmt. Ihre Anordnung im Satz führt zu einer rhythmischen Gliederung, die das Anliegen der Aussage unterstützt. Die Wirkung von Lyrik und Prosa lebt von diesen rhythmisch-stilistischen Mitteln. Sie sind mit Elementen des Klanges, des Tempos, der Satzmelodie und der Lautgebung unmittelbar verbunden (Kleine Enzyklopädie, Die deutsche Sprache, 1970, S. 1118).

Der sprachliche Rhythmus stellt also eine Brücke zwischen den sinnlich-wahrnehmbaren Modalitäten und dem semantischen Inhalt dar.

Melodische und rhythmische Merkmale sind keineswegs identisch. Wohl gibt es keine Melodie ohne Rhythmus, jedoch kann Rhythmus ohne Melodie auftreten. Rhythmen mithilfe von Lichtsignalen, Klopfzeichen, Symbolfolgen usw. können Bedeutungen verschlüsseln. Das ist z.B. im Morsealphabet der Fall. Rhythmische Nuancen sind oft der entscheidende Hinweis auf den eigentlichen semantischen Höhepunkt innerhalb von Sätzen, die von ihrer schriftlichen Oberflächenstruktur her keine Unterschiede aufweisen. Das nachfolgende Beispiel soll das zeigen.

Obwohl die Reihenfolge der Wörter im Satz gleich ist, entscheidet die Betonung darüber, worin der tiefere Sinn, die spezifische Aussage des Satzes liegt (das jeweils betonte Wort ist unterstrichen):

Meine Mutter schläft. (Es schläft nicht eine andere Mutter, sondern meine.)
Meine Mutter schläft. (Es schläft nicht der Vater, nicht die Schwester, sondern die Mutter.)
Meine Mutter schläft. (Die Mutter wäscht nicht, kocht nicht, sondern schläft.)

Eine veränderte Stellung der gleichen Wörter verändert ebenfalls den Inhalt des Satzes:

Schläft meine Mutter? (Durch diese veränderte Wortstellung wird aus der Aussage eine Frage. Die Betonung bestimmt wiederum den Kern der Frage.)

Gliederungsmerkmale innerhalb des Satzes werden auch durch die unterschiedliche Position von Wörtern erreicht. Je nachdem an welcher Stelle einzelne Wörter platziert sind, werden semantische Schwerpunkte ausgedrückt. Es sei nur an die unterschiedliche Wirkung von Prosa und Lyrik mit gleichem Inhalt erinnert. Rhythmische Merkmale bestimmen also den Hintergrund einer Aussage. Im folgenden Beispiel entscheiden beim Schreiben Kommata bzw. beim Sprechen die Pausen darüber, wer über wen welches Urteil abgibt. Fehlen Pausen bzw. Hervorhebungen, weiß man nicht, wer wen meint:

»Der Müller sagt der Bäcker ist mein Freund.«
»Der Müller, sagt der Bäcker, ist mein Freund.«
»Der Müller sagt, der Bäcker ist mein Freund.«

Wird das Komma oder die Pause hinter »sagt« eingeschoben, ergibt sich eine ganz andere Aussage als im Falle von Kommata bzw. Pausen nach »Müller« oder »Bäcker«: »Der Müller«, sagt der Bäcker, »ist mein Freund.« Der Müller sagt: »Der Bäcker ist mein Freund.« Rhythmische Merkmale sind also eine Voraussetzung dafür, den Inhalt von Sprache zu verstehen. Würden z.B. zwischen den Wörtern keine Pausen bestehen, würden die Betonungsakzente oder Pausen verlagert sein, hätten die Wörter keine bestimmte Reihenfolge, dann wäre das Verständnis für den Inhalt und die Kommunikation erschwert.

Wenn dem Kind die rhythmische Struktur eines Wortes nicht klar ist, kommt es zu Umstellungen von Lauten und Silben. Buchstaben werden ausgelassen. Wörter werden zusammengeschrieben und die Silbentrennung gelingt nicht. (Fehler dieser Art können jedoch auch durch phonematische oder kinästhetische Schwächen bedingt sein.)

Rhythmisch retardierte Kinder beginnen beim Lautieren von »Oma« unter Umständen mit dem »A«, weil für sie dieser zuletzt gehörte Buchstabe am stärksten betont erscheint und deshalb als Anfangsbuchstabe gewählt wird. Dem Kind ist die Lautfolge nicht klar. Das könnte aber auch Ausdruck einer phonematischen oder sprechmotorischen Schwäche sein. Aber auch deren Vervollkommnung wird durch Rhythmusförderung ohne Zweifel unterstützt.

Die rhythmische Differenzierungsfähigkeit besitzt auch eine Grundlagenfunktion für die Ausbildung mathematischer Fähigkeiten. Der Standort von Einzelelementen innerhalb serialer Ordnungen ist beim Schreiben und auch beim Zählen wichtig. Damit hängen mathematische Begriffe wie »größer – kleiner«, »vorher – nachher« zusammen. Die Dauer der Intervalle z.B. stellt außerdem jeweils eine bestimmte Größe dar, die es automatisiert zu erfassen, mit anderen Größen der Dauer zu vergleichen gilt. Diese Zusammenhänge von Rhythmus und Intervallerfassung können mit ein Grund dafür sein, weshalb zwischen der rhythmischen Differenzierungsfähigkeit unmittelbar vor Schuleintritt und den Leistungen in Mathematik im Anfangsunterricht enge Beziehungen bestehen. Das Niveau der Differenzierungsfähigkeit eines Kindes hat auch Beziehungen zum Erfassen von Positionen, also zur Raum-Lage-Sicherheit. Ein Beispiel soll das belegen. Im Rahmen des »Kurzverfahrens zur Überprüfung des lautsprachlichen Niveaus (KVS) von Fünf- bis Siebenjährigen« (s. S. 178 ff.) wird mithilfe einer Prüfaufgabe das Sprachverständnis ermittelt. Von den Kindern wird mündlich verlangt, u.a. folgende Raum-Lage-Beziehungen zu realisieren: »Lege den kleinen blauen Ball vor (hinter, neben) den weißen großen Teddy.« Spätere LRS-Schüler, Lernbehinderte und agrammatisch sprechende Kinder machen bei diesen einfachen Raum-Lage-Aufgaben viele Fehler. Auffällig ist dabei der Zusammenhang dieser Sprachverstehensleistung mit den Ergebnissen der Kinder in der rhythmischen Differenzierung.

Die Fähigkeit, einen Rhythmus richtig zu erkennen und wiederzugeben, ist also nicht allein als Indikator dafür anzusehen, wie das Kind die formalen Muster der Sprache und die feineren Unterschiede und Subtilitäten der Bedeutung beherrscht. Die Indikatorfunktion der rhythmischen Differenzierung berührt auch die Qualität im Erfassen von Raum-Lage-Modalitäten und serialen Abfolgen mit unterschiedlichen Intervallen. Mithilfe rhythmischer Strukturen erhalten optische, lautliche Zeichen und seriale Abfolgen ihre Gliederung. Sie schließt auch quantitative Aspekte (z.B. unterschiedlich lange Intervalle) ein. Die Gliederungen werden dadurch leichter überschaubar und lassen sich damit eher gedächtnismäßig speichern.

Wie groß die Bedeutung einer guten rhythmischen Differenzierungsfähigkeit für laut- und schriftsprachliche Leistungen von Kindern der 1. Klasse ist, zeigt sich in den Ergebnissen einer Untersuchung zum Zusammenhang von Rhythmus und Sprachgedächtnis (siehe Tabelle 5). Das Sprachgedächtnis wurde ebenfalls mit dem »Kurzverfahren zur Überprüfung des lautsprachlichen Niveaus« ermittelt.

Tab. 5: Rhythmus und Sprachgedächtnis (n = 37)

Rhythmusdifferenzierung	Sprachgedächtnis		
	gut	durchschnittlich	schwach
gut	6	14	0
schwach	0	9	8

Aus Tabelle 5 geht hervor, dass kein Kind, welches über ein gutes rhythmisches Differenzierungsniveau verfügte, schwache Sprachgedächtnisleistungen aufwies. Diese Schüler hatten auch keine Lernprobleme im Anfangsunterricht. Im Unterschied dazu erreichten Erstklässler mit schwachen rhythmischen Differenzierungsleistungen in keinem Falle gute Sprachgedächtnisleistungen. Diese fielen entweder durchschnittlich oder schwach aus. Parallelen dazu fanden sich in der Buchstabensicherheit, im Behalten einfacher Wörter und in den Ergebnissen des Schreiblernprozesses.

Am augenfälligsten war auch der Zusammenhang zwischen schwachen Rhythmusleistungen und Schulerfolg bei agrammatisch sprechenden und geistig behinderten Kindern. Agrammatismus ist eine Störung auf der Satzebene, die Grammatik und Syntax betrifft. Diese Kinder sind nicht in der Lage, einen entfalteten Gedanken grammatisch korrekt zu ordnen. Ihre Sprache wirkt kleinkindhaft. Beim Nachsprechen von Sätzen lassen sie Wörter aus, stellen Wörter um oder ersetzen sie durch andere. Hier wiederholen sich gewissermaßen auf der Satzebene die Fehler von LRS-Schülern auf der Wortebene (Rechtschreibung). Von 152 untersuchten agrammatisch sprechenden Kindern erreichten nur 16 (das sind 10,5%) altersentsprechende rhythmische Differenzierungsleistungen (Breuer/Weuffen 1977). Im Vergleich dazu weisen in einer Normalpopulation 84,6% der Schulanfänger eine altersentsprechende rhythmische Differenzierungsfähigkeit auf. Es ist mit hoher Wahrscheinlichkeit damit zu rechnen, dass rhythmisch retardierte Schüler Schwierigkeiten beim Schreiben- und Lesenlernen haben werden.

Diese und viele andere Ergebnisse (siehe u.a. Kürsten/Schöler 1991) sollten Lehrer in Anfangsklassen veranlassen, alle Schüler mit laut- und/oder schriftsprachlichen Mängeln hinsichtlich ihrer sprachbezogenen Wahrnehmungsleistungen zu überprüfen. Der erforderliche Zeitaufwand ist gering, der Nutzen für eine individuelle Gestaltung der Förderung jedoch hoch.

2.1.6 Zum Ensemblecharakter der Sprachwahrnehmungsfunktionen

Die Bedeutung sprachbezogener Wahrnehmungsleistungen für den Schulerfolg im Anfangsunterricht bestätigte sich in zahlreichen Längsschnittuntersuchungen. Dazu wurden Zensuren, Vergleichsarbeiten in Rechtschreibung und Rechnen, Leseproben, Wortschatzuntersuchungen, RAVEN-Ergebnisse u.a.m. herangezogen. Es stellte sich heraus, dass das individuelle Sprachwahrnehmungsniveau am Schulanfang nicht nur die Lernergebnisse in den ersten Schuljahren, sondern die Schullaufbahn insgesamt beeinflussen. In der Tabelle 6 ist der Prototyp einer derartigen Längsschnittuntersuchung vom letzten Vorschuljahr bis zum Abschluss der Klasse 10 dargestellt.

Tab. 6: Längsschnittpopulation »G« 1976–1987 (n = 648)

Gruppe	Klasse											Sprachwahrnehmungsniveau[1]
	KG	1	2	3	4	5	6	7	8	9	10	
A	648	629	611	596	592	585	584	579	572	554	548	2,2
B	19											3,5
C		12	3		1							4,0
D			7									4,0
E		6	5	4	6	1	5	7	6	2	2	2,8
F									12	2		3,1
G									(9)		(71)	1,6

1 Die Werte geben an, in wie vielen Wahrnehmungsbereichen Fehlleistungen (unterschiedlichen Grades) vor Schulbeginn auftraten.

Erläuterungen:

Gruppe A: Kinder, die mit ihrem Altersjahrgang die 10. Klasse abschlossen (n = 548)

Gruppe B: Vom Schulbesuch zurückgestellte Kinder (n = 19)

Gruppe C: Kinder, die ihre Schullaufbahn in einer Lernbehindertenschule fortsetzen (n = 16)

Gruppe D: Kinder, die zwei Jahre eine LRS-Klasse besuchten und danach in eine vierte Klasse der Regelschule kamen (n = 7)
Gruppe E: Sitzenbleiber (n = 44)
Gruppe F: Kinder, die vorzeitig die Schullaufbahn abbrachen (n = 14)
Gruppe G: Kinder, die aus Gruppe A nach der 8. bzw. 10. Klasse in eine Bildungseinrichtung mit dem Ziel übertraten, das Abitur abzulegen (n = 80).

Ein Jahr vor Schuleintritt wurde von allen 648 Probanden (Gruppe A) das Niveau der sprachbezogenen Wahrnehmungsleistungen in der optischen, phonematischen, kinästhetischen, melodischen und rhythmischen Differenzierungsfähigkeit mit der Differenzierungsprobe DP I ermittelt. Im Verlaufe der elfjährigen Untersuchung fielen auf Veranlassung der Lehrer verschiedene Schullaufbahnentscheidungen, weil die betreffenden Schüler mit ihren gleichaltrigen Klassenkameraden nicht Schritt halten konnten. Die einzelnen Schüler setzten ihre Schullaufbahn in den Gruppen B bis F fort. Im Rückschlussverfahren zeigte sich, dass die Schüler dieser Gruppen mit einem signifikant schwächeren Sprachwahrnehmungsniveau als die Normalpopulation ihre Schullaufbahn begannen.

Ein signifikant eindeutig besseres Niveau in der Qualität ihrer Sprachwahrnehmungen dagegen zeigten bereits am Schulanfang jene Schüler, die später erfolgreich das Abitur ablegten (Gruppe G).

Das durchschnittliche Sprachwahrnehmungsniveau für die einzelnen Gruppen ist aus der letzten Spalte der Tabelle 6 zu ersehen. Die Werte sagen aus, in wie vielen der fünf diagnostizierten Sprachwahrnehmungsbereiche kurz vor Schuleintritt Fehlleistungen auftraten. Diejenigen Schüler, die ihre Schullaufbahn relativ komplikationslos mit dem Gros ihres Altersjahrgangs nach Klasse 10 beendeten (Gruppe A), wiesen ein Jahr vor Schulbeginn durchschnittlich in 2,2 der untersuchten fünf Wahrnehmungsbereiche noch Unzulänglichkeiten auf. Die aus diesem Altersjahrgang vom Schulbesuch zurückgestellten Kinder (Gruppe B) zeigten ein Jahr vor Schulbeginn in 3,5 Bereichen Fehlleistungen. Noch deutlicher fallen die Schwächen in den Gruppen C und D aus. Die Gruppe C umfasst Schüler, die ihre Schullaufbahn in einer Lernbehindertenschule fortsetzten. Der Gruppe D gehören Schüler an, die wegen massiver Schreib-Lese-Lernschwierigkeiten im Anfangsunterricht in einer LRS-Klasse zwei Jahre speziell gefördert wurden und danach in die Regelklasse zurückkehrten. Das Sprachwahrnehmungsniveau bei den Gruppen weist mit 4,0 Fehlleistungen auf extrem schwache Voraussetzungen in diesen Vorläuferfunktionen für schulisches Lernen hin. Die Ergebnisse beider Gruppen besagen, dass es mit der Differenzierungsprobe allein im Vorschulalter nicht möglich ist, diese beiden Gruppen differenzialdiagnostisch voneinander abzugrenzen. Dennoch liegt der Vorteil eines Screenings auf der Hand. Beide Gruppen werden dadurch als förderbedürftig erkannt und damit einer Frühförderung zugeführt. In deren

Vollzug wird die unterschiedliche Lernfähigkeit beider Gruppen sichtbar und differenzialdiagnostisch interpretierbar.

Das gemeinsame der beiden Gruppen E und F sind ihre beständigen Lernschwierigkeiten, die zu Klassenwiederholungen führen. Der Gruppe F gelingt dadurch kein Schulabschluss. Die Schüler verlassen nach dem Erreichen der Altersgrenze vorher die Schule. Die Schüler der Gruppe E gelangen trotz der Klassenwiederholungen zu einem normalen Schulabschluss. Beide Gruppen unterscheiden sich signifikant positiv im Sprachwahrnehmungsniveau vor Schuleintritt von späteren Lernbehinderten und Schülern mit einer Teilleistungsschwäche. Das ist ein Indiz dafür, dass die Lernprobleme vieler Schüler dieser beiden Gruppen u.a. als Deprivationsfolgen auftreten.

Die prinzipielle Bedeutung eines guten vorschulischen Sprachwahrnehmungsniveaus wird eindrucksvoll von der Gruppe G unterstrichen. In dieser Gruppe sind Schüler zusammengefasst, die schulisch besonders erfolgreich waren. Ihre Jahresabschlusszensuren in den Fächern Deutsch, Mathematik und in den Fremdsprachen wiesen in allen Schuljahren durchweg gute Noten auf. Das durchschnittliche Sprachwahrnehmungsniveau in dieser Gruppe betrug 1,6. Es ist damit signifikant besser als das der Normalpopulation. Kein Schüler dieser Gruppe begann seine Schullaufbahn mit Sprachwahrnehmungsschwächen.

Derartige Längsschnittuntersuchungen wurden mehrmals wiederholt und zeigten in der Tendenz gleiche Ergebnisse. An der Brückenfunktion intakter Sprachwahrnehmungsleistungen für erfolgreiches Lernen im Anfangsunterricht besteht damit kein Zweifel.

Die Bedeutung aller fünf Sprachwahrnehmungsbereiche wird im Zusammenhang mit der sprachlichen und damit intellektuellen Entwicklung des Kindes oft unterschätzt. Diese Gefahr besteht vor allem dann, wenn die Wahrnehmungsschwächen subtilerer Art sind und wenn keine expressiven Symptome im Handeln bzw. in der Sprache auftreten.

Meist werden nur einzelne Seiten des Sprachwahrnehmungsensembles als Ausgangspunkt für Lernschwächen betont (z.B. nur die optische oder nur die auditive bzw. die kinästhetisch-motorische Wahrnehmung). Das findet auch in den Therapieangeboten seinen Niederschlag. Es wird übersehen, dass intellektuelle Leistungen auf einem Ensemble elementarer Wahrnehmungsleistungen aufbauen.

Beim einzelnen Kind können aus verschiedensten Gründen in einem oder mehreren der fünf Sprachwahrnehmungsbereiche »Schwachstellen« unterschiedlichsten Grades auftreten. Ob sie ein Handicap beim Lernen darstellen, hängt vom Ausmaß (der Intensität und Anzahl) der Ausfälle und von ihren Ursachen ab. Ausfälle, die als Deprivationsfolgen auftreten, sind einer gezielten Förderung besser zugänglich als Sprachwahrnehmungsdefizite, die neurophysiologisch verursacht sind. Die Chance, ihre negative Wirkung auf das Sprechen-, Schreiben- und Lesenlernen einzuschränken oder gar zu vermeiden, erhöht sich, je früher Sprachwahrnehmungsdefizite aufgespürt werden.

Bei der Funktionsbestimmung der Differenzierungsleistung innerhalb der Sprachwahrnehmung sind drei Ebenen zu unterscheiden:

Auf der ersten Ebene der Differenzierung geht es darum, die sinnlich-wahrnehmbaren Modalitäten in der äußeren Gestalt der gesprochenen und geschriebenen Sprache zunächst zu identifizieren und zu unterscheiden: ein gerader Strich, ein Bogen, ein Punkt, eine Ecke usw. als Elemente von Buchstaben, unterschiedliche Kontraste in der Klangfarbe, in der Klangdauer, in der Entstehungslokalisation usw. als Elemente von Lauten.

Diese Modalitätsidentifizierung bildet den Ausgangspunkt für die nächste Stufe der Differenzierung. Die einzelnen Merkmale werden in ihren räumlichen (beim Lesen) und in ihren temporalen (beim Sprechen) Beziehungen zueinander erfasst: der Punkt ist oben auf dem geraden Strich, der Bogen ist auf der rechten Seite, erst kommt eine Ecke, dann der Bogen usw. Auf der Lautebene realisieren sich die Beziehungen der Kontraste im Erfassen von Lautfolgen.

Auf der dritten Ebene schließlich sind die identifizierten und in ihren Beziehungen wahrgenommenen Merkmale und Strukturen als Ganzheiten einer Bedeutung zuzuordnen. Sie bilden das Ausgangsmaterial für qualitativ neue Einheiten, für Wörter und Sätze. Diese werden mithilfe von gespeichertem Regelwissen gebildet. Die Ergebnisse der Bedeutungszuordnung werden beim Sprechen-, Schreiben- und Lesenlernen miteinander verbunden und im Gedächtnis als Wort- und Klangbilder ikonisch gespeichert.

Beim Sprechen-, Schreiben- und Lesenlernen tritt von den drei Ebenen die Fähigkeit des Kindes symptomatisch in den Vordergrund, wie es sinnliche Daten einer Bedeutung zuzuordnen und diese zu verbinden und zu analysieren versteht. An dieser Fähigkeit messen die Eltern und Pädagogen die Lernfähigkeit des Kindes. Treten Lernschwierigkeiten auf, wird die Therapie bzw. Förderung an dieser dritten Ebene angesetzt. Oft wäre es jedoch sinnvoller, eine Verbesserung der Vorleistungen (Ebene eins und zwei) anzustreben, damit für die Bedeutungszuordnung dem Kind eindeutige Wahrnehmungsdaten zur Verfügung stehen. Bei Lernproblemen im Anfangsunterricht sollten die Sprachwahrnehmungsfunktionen in ihrer Leistungsfähigkeit unbedingt bekannt sein, weil die Leistungen auf der dritten Ebene maßgeblich von der Sicherheit auf den vorausgehenden Ebenen abhängen.

Auf dem Weg von der Identifizierung und Imitierung sinnlich-wahrnehmbarer Kodeträger der Sprache bis zur Verfügbarkeit von Wort- und Satzmustern sind alle Sprachwahrnehmungsbereiche einbezogen. Dabei kommt jedem Bereich eine relative Eigenständigkeit zu, andererseits geht diese im Ensemble auf. Die Fähigkeit zur optischen Differenzierung z.B. ist relativ unabhängig von der gesprochenen Sprache. Ihre Ausformung hängt wesentlich von den Möglichkeiten für das praktische Hantieren, für das Spielen, Bauen und Basteln des Kindes ab. Die phonematische Differenzierung kann sich nur im Zusammenhang mit gehörter Sprache entfalten. Eine Besonderheit der rhythmischen Diffrenzierung wiederum ist einerseits ihre integrative Funktion für das Erreichen der dritten

Ebene, also der Strukturierung und Bedeutungszuordnung, andererseits ihre tiefe zentrale Verankerung, denn Lebensäußerungen aller Art weisen eine rhythmische Komponente auf.

Aus diesen unterschiedlichen Funktionen der einzelnen Wahrnehmungsbereiche können bei Schwächen symptomatisch gleiche laut- bzw. schriftsprachliche Fehlleistungen entstehen, die aber einen sehr unterschiedlichen sensomotorischen Hintergrund haben. Nur wenn dieser genau bekannt ist, lässt sich eine ursachenorientierte, d.h. gezielte vorschulische und frühschulische Förderung verwirklichen. Diese wiederum wirkt sich offensichtlich auf andere Wahrnehmungsbereiche positiv aus. Sprachheilkindergärtnerinnen (Gentzsch, Gieseler, Kipper, Rungkwitz, Seitz 1978) untersuchten im Rahmen ihrer Diplomarbeit, ob sich massive Sprachwahrnehmungsdefizite durch eine in den Kindergartenalltag integrierte spielerische Förderung einschränken lassen.

Nach Abschluss der halbjährigen Förderphase ließen sich aus dem Vergleich folgende Ergebnisse formulieren:

1. Die geförderten Kinder wiesen nach einem halben Jahr gegenüber nicht geförderten Kindern signifikante Verbesserungen auf.
2. Der signifikant höhere Leistungszuwachs in allen speziell geförderten Wahrnehmungsbereichen unterstreicht den Wert und die pädagogische Realisierbarkeit einer Sprachwahrnehmungsförderung im Vorschulalter.
3. Die ganzheitliche, spielerische Förderung, konzentriert auf einen Sprachwahrnehmungsbereich, wirkt sich positiv auf andere Bereiche aus. Transfereffekte treten dabei vom phonematischen auf den kinästhetischen,vom kinästhetischen und melodischen auf den rhythmischen Sprachwahrnehmungsbereich auf.
4. Der Nutzen, den ein Kind aus der Förderung zieht, hängt einmal von der Qualität der Förderung ab. Zum anderen von der Schwere und dem Ausmaß der verbosensomotorischen Retardierung und ihrer Bedingtheit.

Bei der Auswertung der Ergebnisse dieser Untersuchung wurde übereinstimmend betont, dass es hinsichtlich der Förderung sprachbezogener Differenzierungsleistungen im Alltag des Vorschulkindes und der Schulanfänger noch viele ungenutzte Möglichkeiten gibt, die durch die schöpferische Arbeit der fördernden Pädagogen erschlossen werden können.

2.2 Die Differenzierungsproben – Orientierungshilfen zur Erfassung des individuellen Sprachwahrnehmungsniveaus

Die Differenzierungsproben sind Screenings mit förderdiagnostischer Zielstellung. Sie dienen dazu, bei Vorschulkindern und jüngeren Schulkindern Sprachwahrnehmungsschwächen aufzufinden. Die Screenings wurden als Orientierungs- und Entscheidungshilfen für Praktiker, Therapeuten usw. entwickelt, die lese-rechtschreib-schwache Schüler, behinderte und von einer Behinderung bedrohte Kinder zu betreuen und zu fördern haben. Ein wichtiges Ziel der Verfahrensentwicklung war es, diesen Berufen mit den Diagnosebefunden gleichzeitig pädagogische Zugriffsstellen für eine ursachenorientierte, im Spiel- und Lebensalltag des Kindes durchführbare Förderung aufzuzeigen.

Die nachfolgenden Differenzierungsproben wurden auf dem Prüfstand langjähriger Verlaufsuntersuchungen mit großen Normalpopulationen und ausgewählten Teilpopulationen (u.a. Lernbehinderte, Kinder mit Sprachstörungen, aphasische Patienten, Schüler mit Lese-Rechtschreib-Schwächen, besonders begabte Kinder, erwachsene Analphabeten trotz Schulbesuchs) erprobt und psychometrisch abgesichert. Alle einbezogenen Kinder besuchten vor Schuleintritt einen Kindergarten (Behm 1982; Behrndt 1985; Berndt 1984; Bombowski 1983; Breuer und Weuffen 1990; Eder 1976; Große-Thie 1976; Haby 1989; Kamper 1990; Luther 1989; Ruoho 1990; Schaal 1982; Steffen 1985; Thewaldt 1991; Weuffen 1998; Wurm-Dinse 1992, 1994).

Es wurden drei »Differenzierungsproben«entwickelt:

- Differenzierungsprobe für Vier- bis Fünfjährige (DP 0)*,
- Differenzierungsprobe für Fünf- bis Sechsjährige (DP I),
- Differenzierungsprobe für Sechs- bis Siebenjährige (DP II).

Der Bezugspunkt für die Bewertung des individuellen Sprachwahrnehmungsniveaus in den einzelnen Altersstufen ist der von einer Normalpopulation am Ende der jeweiligen Altersstufe erreichte Entwicklungsstand dieser sprachlichen Lernvoraussetzungen. Dieser Messpunkt am Ende der Altersstufe wird mit NU (für Nachuntersuchung) bezeichnet. Bei den Altersstufen 4–5 und 5–6 Jahre ist jeweils für drei Messpunkte angegeben, wie viele Kinder der jeweiligen Altersgruppe zu diesem Zeitpunkt die Differenzierungsaufgaben vollständig lösen. Der Schwierigkeitsgrad für die Items wurde für die einzelnen Wahrnehmungsbereiche dann als altersgemäß akzeptiert, wenn etwa 85% der Kinder des betreffenden Jahrgangs beim Übergang in den nächsten Altersjahrgang – also in der NU – alle Items lösten. Für die DP I ist das der Zeitpunkt kurz vor Schuleintritt, für die DP 0 ist es der Zeitpunkt, zu dem für diese ein Jahr jüngeren Kinder das letzte Vorschuljahr beginnt.

Der Messpunkt »Erkundungsuntersuchung (EU)« zeigt, wie viele der Kinder einer Normalpopulation das angestrebte Sprachwahrnehmungsniveau bereits beim Eintritt in die jeweilige Altersstufe erreicht haben. Der Messpunkt »Kontrolluntersuchung (KU)« gibt Auskunft darüber, wie viele Kinder der Altersgruppe etwa sechs Monate später die Differenzierungsaufgaben richtig lösen.

---

* Die DP 0 wurde nach den Differenzierungsproben DP I und DP II entwickelt. Wegen der bereits eingeführten Bezeichnungen DP I und DP II wurde für die Differenzierungsprobe für Vier- bis Fünfjährige die Kurzbezeichnung DP 0 gewählt.

Die »Differenzierungsprobe für Vier- bis Fünfjährige« (DP 0) wird bei Kindern mit symptomatisch deutlichen bzw. auch bei vermuteten Retardierungen eingesetzt, um deren Auswirkungen auf die Informationsverarbeitung, also auf die Sprach- und Denkentwicklung einzuschätzen und um eine gezielte Förderung einleiten zu können.

Mit der »Differenzierungsprobe für Fünf- bis Sechsjährige (DP I)« wird die Frage beantwortet, ob der künftige Schulanfänger das erforderliche Niveau erreicht hat, welches für das Lernen im Anfangsunterricht benötigt wird. Je näher der Diagnosezeitpunkt am Einschulungstermin liegt, desto schwerer wiegen verbosensomotorische Rückstände, weil die verbleibende Zeit für eine Verbesserung wenig Spielraum lässt. Wenn zwischen dem Untersuchungszeitpunkt und dem Einschulungstermin noch mehrere Monate liegen, dann sind – bezogen auf das am Schulanfang benötigte Niveau – Sprachwahrnehmungsschwächen zu erwarten. Andererseits bestehen in diesem Falle gute Chancen, diese Schwächen bis zum Schuleintritt zu überwinden. Dazu zwei Beispiele:

Die DP-Untersuchung wird bei zwei Kindern zu unterschiedlichen Zeitpunkten durchgeführt. Das Kind A wird im Oktober – also etwa 10 Monate vor der Einschulung – im nächsten Jahr 6;3 Jahre alt. In drei der fünf Wahrnehmungsbereiche werden Fehlleistungen festgestellt. Der Untersuchungstermin für das Kind B liegt im August, also kurz vor der Einschulung. Es ist zu diesem Zeitpunkt ebenfalls 6;3 alt. Auch bei diesem Kind werden in drei Bereichen Fehlleistungen ermittelt. Obwohl sich die Diagnosebefunde gleichen und die beiden Kinder zum Diagnosezeitpunkt gleich alt sind, besitzen die Befunde prognostisch eine ganz unterschiedliche Bedeutung. Das Kind A hat die Chance, sein Sprachwahrnehmungsniveau in den verbleibenden zehn Monaten bis zur Einschulung zu verbessern. Das Kind B beginnt mit dem Handicap von Sprachwahrnehmungsdefiziten seine Schullaufbahn und ist damit beim Schulstart gegenüber denjenigen Kindern benachteiligt, die mit einer gefestigten verbosensomotorischen Basis mit dem Schreiben- und Lesenlernen beginnen können.

Zusammenfassend ist bei der Interpretation von DP-Befunden zu beachten (Breuer 1982):

1. Je früher bei einem Kind ein gefestigtes Sprachwahrnehmungsniveau diagnostiziert wird, desto geringer ist die Wahrscheinlichkeit, dass beim Schreiben- und Lesenlernen in der Schule Schwierigkeiten auftreten.
2. Je näher am Einschulungstermin bei einem Kind noch Sprachwahrnehmungsdefizite festgestellt werden, desto größer ist die Wahrscheinlichkeit, dass diese Defizite ein Handicap für das Schreiben- und Lesenlernen darstellen.

Eine Wiederholung der DP-I-Untersuchung im letzten Vorschuljahr empfiehlt sich deshalb bei denjenigen Kindern, die in der Erstuntersuchung förderbedürftige Sprachwahrnehmungsschwächen zeigten. Die Kontrolluntersuchung (KU) etwa sechs bis sieben Monate später oder die Nachuntersuchung (NU) geben Auskunft, ob der künftige Schulanfänger den erforderlichen Standard im Sprachwahrnehmungsniveau inzwischen erreicht hat. Die Tabelle 7 (s. Seite 55) zeigt die von einer Normalpopulation erreichten Ergebnisse zu Beginn, in der Mitte und am Ende des vorletzten Vorschuljahrs.

Der Schwierigkeitsgrad für die Items der Differenzierungsproben wurde jeweils dann als altersgemäß akzeptiert, wenn etwa 85% der Kinder des betreffenden Jahrganges beim Übergang in den nächsten Jahrgang, also in der NU, alle Items lösten. Für die DP I ist das der Zeitpunkt des *Schuleintritts*, für die DP 0 ist es der Zeitpunkt, zu dem für die ein Jahr jüngeren Kinder das letzte *Vorschuljahr* beginnt.

Die Differenzierungsproben können auch bei älteren oder jüngeren Kindern durchgeführt werden, wenn es aus pädagogischer Sicht erforderlich ist bzw. die betreffenden Kinder in ihrer Entwicklung stark retardiert, behindert oder besonders begabt sind. Bei einem acht Jahre alten geistig behinderten Kind z.B. können einige der Sprachwahrnehmungleistungen unter dem Niveau der Altersnorm für Vier- bis Fünfjährige liegen. Diese mit der DP 0 ermittelte Information ist für den Therapeuten von hohem Wert, weil er damit das Ausmaß der Förderbedürftigkeit des Kindes in diesen elementaren kognitiven Funktionen erkennen kann. Gleichzeitig erhält er Hinweise, auf welche Bereiche er seine Förderaktivitäten konzentrieren muss. Der Bezug zur Altersnorm ist notwendig. Das zeigen z.B. die DP-I-Ergebnisse von erwachsenen Analphabeten trotz Schulbesuchs. Sie erreichen in bestimmten Sprachwahrnehmungsbereichen nicht die Normwerte für Fünf- bis Sechsjährige (Kamper 1990). Nur wenn sie diese Sprachwahrnehmungsschwächen überwinden, können sie als Erwachsene die Schriftsprache erlernen.

Die »Differenzierungsprobe für Vier- bis Fünfjährige« (DP 0) wird bei Kindern mit symptomatisch deutlichen bzw. auch bei vermuteten Retardierungen eingesetzt, um deren Auswirkungen auf die Informationsverarbeitungen, also auf die Sprach- und Denkentwicklung einzuschätzen und um eine gezielte Förderung einleiten zu können.

Die »Differenzierungsprobe für Fünf- bis Sechsjährige« (DP I) dient der prophylaktischen Einschränkung unerwarteter, d.h. *vor* dem Schuleintritt expressiv nicht angekündigter Lernschwierigkeiten. Weil Lernprobleme am Schulanfang praktisch immer mit Defiziten in den lautsprachlichen Grundlagen verbunden sind, empfiehlt es sich, Schüler mit massiven Lernproblemen im Anfangsunterricht zunächst auch mit der DP I zu untersuchen. In der Einschulungsuntersuchung (U 9) informiert die DP I den Schularzt schnell über wesentliche Lernvoraussetzungen. Bei allen Kindern, bei denen mit der DP I Sprachwahrnehmungsschwächen diagnostiziert werden, liefern die KVS-I-Ergebnisse (siehe Abschnitt 3) Hinweise auf die prognostische Valenz der DP-Befunde. Erreicht z.B. ein 5;6-jähriges Kind schwache DP-I-Ergebnisse, aber gute KVS-Ergebnisse, kann fast immer von einer guten Lernprognose ausgegangen werden.

Die »Differenzierungsprobe für Sechs- bis Siebenjährige« (DP II) dient dazu, bei symptomatisch auffälligen Lernbehinderungen und anderen Entwicklungsproblemen die Frage zu beantworten, ob daran defizitäre Sprachwahrnehmungsleistungen ursächlich beteiligt sind.

Das förderdiagnostische Anliegen der DP 0, DP I und DP II findet u.a. seinen Ausdruck darin, wie die Einzelbefunde bewertet werden und welche pädagogischen Konsequenzen sich daraus ergeben. Jeder Wahrnehmungsbereich (außer dem melodischen) wird mit mehreren Teilaufgaben geprüft.

Im optischen Bereich sind z.B. von den Vier- bis Fünfjährigen vier, von den Fünf- bis Sechsjährigen fünf Einzelaufgaben zu lösen usw. Bewertet wird zunächst jede Einzelaufgabe alternativ mit »+« oder »–«. Wird eine der Teilaufgaben mit »–« bewertet, lautet das Gesamtergebnis für den betreffenden Wahrnehmungsbereich »–«. Diese Bewertung bereitet Pädagogen oft Schwierigkeiten. Sie halten sie für ungerecht. Aber das Gegenteil ist der Fall, wenn man die Konsequenzen für das Kind bedenkt. Eine Minus-Bewertung eröffnet ihm die Chance, gefördert zu werden. Würde man geringfügige Schwächen unbeachtet lassen, blieben die betreffenden Kinder von einer speziellen Förderung ausgeschlossen.

Ob es sich im jeweiligen Falle um bedeutungslose, geringfügige Minusleistungen handelt, wird im Ergebnis der Förderung zweifelsfrei beantwortet. Bagatellschwächen werden durch Förderung schnell überwunden. Diese wichtige Information, was durch Förderung tatsächlich erreicht wird, ist letztlich aber nur dem fördernden Pädagogen oder Therapeuten zugänglich. Hier liegt ein großer Vorteil ihrer beruflichen Kompetenz. Sie können die Einheit von Diagnose und Förderung als diagnostische Information nutzen. Der Vorwurf einer »unpädagogischen« Bewertung ist deshalb ungerechtfertigt. Je mehr Teilaufgaben innerhalb eines Wahrnehmungsbereichs und je mehr Wahrnehmungsbereiche innerhalb des Ensembles der Sprachwahrnehmungen mit »–« bewertet werden, desto größer ist der Entwicklungsrückstand, desto dringlicher ist eine gezielte Förderung.

Aus dem Vergleich der individuellen DP-Ergebnisse mit den Ergebnissen einer Normalpopulation an den beschriebenen Messpunkten wird Folgendes erkennbar (siehe Tabellen 7, Seite 55, und 12, Seite 70):

1. Die Dynamik in der Verbesserung dieser elementaren Vorläuferfunktionen für das Schreiben- und Lesenlernen ist in diesem Alter innerhalb eines Jahres außergewöhnlich groß.
2. Die einzelnen Sprachwahrnehmungsbereiche entwickeln sich nicht synchron. Sie erreichen aber im Ensemble bis zur Nachuntersuchung, also bis zum Übergang in einen neuen Typ der Tätigkeit (Wygotski 1964) bei etwa 85% der Kinder einer Altersstufe ein relativ einheitlich hohes Endniveau.
3. Das relativ hohe Ausgangsniveau in der kinästhetischen, melodischen und rhythmischen Differenzierung deutet darauf hin, dass die für eine Frühförderung günstige sensible Phase für diese Bereiche in der Phase des Lautspracherwerbs liegt (Lehmann,W. 1982).

2.2.1 *Die »Differenzierungsprobe für Vier- bis Fünfjährige« (DP 0)*

Für alle Risikokinder bedeutet die Frühförderung ihrer sprachbezogenen Wahrnehmungen eine Erweiterung ihrer Entwicklungschancen. Dem kommt entgegen, dass in diesen frühen Lebensjahren die Lernfähigkeit außerordentlich hoch ist. Das kindliche Gehirn weist in diesem Alter eine große Kompensationsfähigkeit auf. Es kann davon ausgegangen werden, dass viele Risikokinder durch Frühförderung ihren Entwicklungsrückstand aufholen können. Das setzt aber immer eine qualifizierte Diagnose der Verbosensomotorik und der lautsprachlichen Fähigkeiten voraus, weil sich Entwicklungsrisiken jeglicher Art in diesem Alter praktisch immer auf das Motorik- und Sprachniveau auswirken (Wurm-Dinse et. al. 1999; Wurm-Dinse und G. Esser 1996). Motorik und Sprache stellen gewissermaßen Leitsymptome für das allgemeine geistige Entwicklungsniveau eines Vorschulkindes dar. Kinder mit einem guten Motorikquotienten (Lehmann 1982; Göllnitz und Rössler 1975; Kuhrt 1978) und mit einer guten lautsprachlichen Kompetenz sind unter den Risikokindern und Lernschwachen seltene Ausnahmen. Dagegen weisen Kinder aller Behinderungsarten und Kinder mit unterschiedlichsten Entwicklungsstörungen fast immer Defizite im Motorik- und Sprachniveau auf. Aus dem Zusammenhang von physischer und intellektueller Entwicklung zu diesem Zeitpunkt erwächst die Notwendigkeit zur engen Zusammenarbeit von Ärzten und Pädagogen bei der Frühförderung.

Neben medizinischen Daten liefern eine sorgfältige Anamnese, DP- und KVS-Befunde dafür wichtige Hinweise.

Das Alter und der Schädigungsgrad der Kinder, die mit der DP 0 untersucht werden müssen, stellen an den Untersucher (VL) besondere Anforderungen. In vielen Fällen wird es sich um Kinder handeln, die wegen einer massiven Entwicklungsstörung bereits medizinisch betreut werden. Zwischen dem behandelnden Arzt und dem VL ist ein kooperatives Verhältnis notwendig. Der VL benötigt Einblick in und Wissen über die medizinischen Aspekte der Schädigung und ihrer Verlaufschancen. Der Arzt ist auf Informationen über die gewählten Fördermaßnahmen, ihre Begründung und über Therapieeffekte angewiesen. Die Zusammenarbeit medizinischer und pädagogischer Kompetenzen erweitert die Möglichkeiten für die Frühförderung.

Eine andere Gruppe, die mit der DP 0 untersucht wird, betrifft Kinder mit Sprachstörungen, deren ausgeprägte Symptome die Eltern beunruhigen, besonders wenn sie die sprachlichen Leistungen ihres Kindes mit denen Gleichaltriger vergleichen. Die Sprachentwicklung der vorgestellten Kinder verläuft meist infolge neurologischer Beeinträchtigungen stark verzögert. Die Ausgangspunkte dieser Verzögerung sind medizinisch zu klären. Oft liegen bei diesen Kindern auditive oder/und zentrale Schäden vor. Danach richtet sich die Art der logopädischen Betreuung. Deren Ergebnisse können wiederum für den Mediziner aufschlussreich sein

Bei allen Kindern dieser Altersstufe kommt es darauf an, dass der VL die Instruktion auswendig beherrscht, dass er eine positiv-motivierende Atmosphäre zu gestalten vermag und entsprechende Kontakte zu den Eltern des Kindes findet.

Die DP 0 ist ausnahmslos in allen Bestandteilen als Einzeluntersuchung durchzuführen. Ein störungsfreier Ablauf ist zu sichern.

Über die Abfolge der Aufgaben kann der VL selbst entscheiden. Es ist aber ratsam, nicht mit dem kinästhetischen oder mit dem melodischen Bereich zu beginnen. Am besten eignen sich zu Beginn der Untersuchung die Aufgaben zur optischen Differenzierung.

Normalerweise dauert die Untersuchung insgesamt etwa zehn Minuten. Diese Zeit kann sich bei behinderten Kindern verlängern.

Folgende Arbeitsmaterialien werden benötigt:

- für jedes Kind ein Blatt Zeichenpapier und ein weicher Bleistift,
- die vier Zeichenvorlagen für die optische Differenzierung (s. Abschnitt 6),
- die elf Bildvorlagen für die phonematische Differenzierung,
- Protokollblatt (s. S. 214) und Schreibzeug für den VL.

Zur Interpretation der einzelnen Befunde sind die Ergebnisse dieser Altersgruppe heranzuziehen (siehe Tabelle 7).

Tab. 7: Anteil richtiger Differenzierungsleistungen in % innerhalb der einzelnen Wahrnehmungsbereiche bei Vier- bis Fünfjährigen (Behm 1982)

Altersgruppe 4;3–5;2	Wahrnehmungsbereiche				
	optisch	phonematisch	kinästhetisch	melodisch	rhythm.
EU (n = 403)	25	46	74	78	65
KU (n = 399)	53	78	85	84	84
NU (n = 102)	82	86	88	85	88

Aus Tabelle 7 geht hervor, wie viele Kinder einer Normalpopulation zu den einzelnen Messpunkten die Aufgaben in den fünf Wahrnehmungsbereichen erfolgreich lösen. Das Ausgangsniveau beim Messpunkt EU ist in den einzelnen Wahrnehmungsbereichen unterschiedlich. Es ist am niedrigsten im optisch-graphomotorischen, am höchsten im melodischen Bereich. Je höher das Niveau für die Gesamtpopulation in einem Bereich ausfällt, desto schwerer wiegen Minusleistungen im Einzelfall. Wenn also ein Kind in der NU keine Pluslösungen erreicht, bedarf es unbedingt der Förderung, denn deutlich mehr als 80% aller Kinder seines Altersjahrgangs erreichen ohne jede besondere Förderung Pluslösungen.

2.2.1.1 Überprüfung der optischen Differenzierungsfähigkeit

Die meisten Kinder dieser Altersstufe sind in der Lage, einfachste Raum-Lage-Strukturen zu erfassen und graphomotorisch zu imitieren. Sie haben damit eine Vorstufe für das Schreiben- und Lesenlernen erreicht. Die Koordination von Augen-, Hand- und Fingerbewegungen wird in diesem Alter weiter vervollkommnet. Bei alltäglichen Verrichtungen, beim Essen, bei der Körperpflege, beim Anziehen, beim Helfen im Haushalt, beim Spielen, Basteln, Bauen, Malen, Modellieren usw. werden diese Fertigkeiten ganz selbstverständlich erworben. Das Entwicklungsangebot in den Familien kann allerdings sehr unterschiedlich sein.

Im Ergebnis von Vorversuchen wurden vier Zeichen ausgewählt, mit denen sich für diese Altersgruppe das optische Gliederungsvermögen anhand graphomotorischer Realisierungen einschätzen lässt. Jedes dieser Zeichen wird auf einer Karte dem Kind zum Abzeichnen vorgelegt. Die Karte bleibt solange vor dem Kind liegen, bis es das Zeichen abgemalt hat. Erst dann wird die nächste Bildkarte vorgelegt. Die Reihenfolge der Zeichen ist einzuhalten.

Die Instruktion lautet:

»Heute wollen wir beide einmal Schule spielen. Ich zeige dir Figuren und du darfst sie nachmalen.« Diese Einführung kann in Abhängigkeit der Stimmungslage des Kindes variiert werden. Das gilt auch für die Aufforderungen zum Abmalen der Zeichen. Die Kerninformationen müssen klar und eindeutig sein.

Zeichen 1 ⊢ : »Male das Zeichen so ab, wie es ist. Ein Strich mit einem Winker dran.«
Zeichen 2 |˙ : »Nun male dieses Zeichen, ein Strich und oben ein Punkt.«
Zeichen 3 Λ: »Nun male dieses Zeichen so wie es ist. Eine Spitze.«
Zeichen 4 (: »Jetzt malen wir das letzte Zeichen. Einen Bogen.«

Bei keinem Zeichen darf der Versuchsleiter eine dem Zeichen entsprechende Bewegung vormachen.

Auswertung:

Bei der Auswertung der Ergebnisse wird auf die Übereinstimmung von Vorlage und Zeichen in folgender Hinsicht geachtet:

Beim Zeichen 1 ⊢ muss der »Winker« etwa in der Mitte des Striches nach rechts gezeichnet werden. Es ist der Versuch erkennbar, den Winker mit dem Strich zu verbinden. Dabei darf der Strich aber nicht so durchkreuzt werden, dass ein Kreuz entsteht.

Beim Zeichen 2 |˙ muss sich der Punkt seitlich rechts neben dem Strich und tendenziell oben befinden. Es spielt keine Rolle, ob der Punkt unmittelbar am Strich anliegt oder ob ein größerer Zwischenraum besteht.

Beim Zeichen 3 Λ ist die Tendenz zur Spitze eindeutig erkennbar. Sie muss annähernd geschlossen sein, wobei sich die beiden Schenkel nicht zu weit kreuzen dürfen.

Beim Zeichen 4 C ist tendenziell ein nach rechts geöffneter Kreisbogen erkennbar.

Keine Berüchsichtigung bei der Bewertung finden die Größe der einzelnen Zeichen, eine unvollkommene Gradlinigkeit sowie Unvollkommenheiten in der Ausformung des Kurvenzuges. Es spielt auch keine Rolle, ob die Länge des »Winkers« (Zeichen 1), die Größe des Punktes (Zeichen 2), die Linien der »Spitze« (Zeichen 3) und der Rundungsgrad beim Zeichen 4 in ihren Proportionen der Vorlage entsprechen.

Nachfolgend Beispiele für richtige und falsche Lösungen:

Zeichen 1: richtige Lösungen

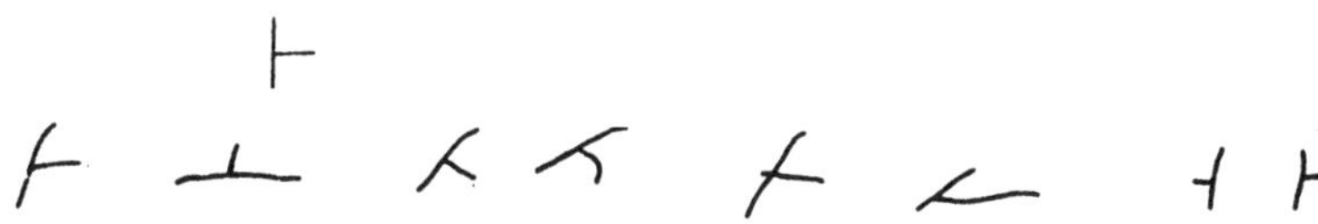

falsche Lösungen

Zeichen 2: richtige Lösungen

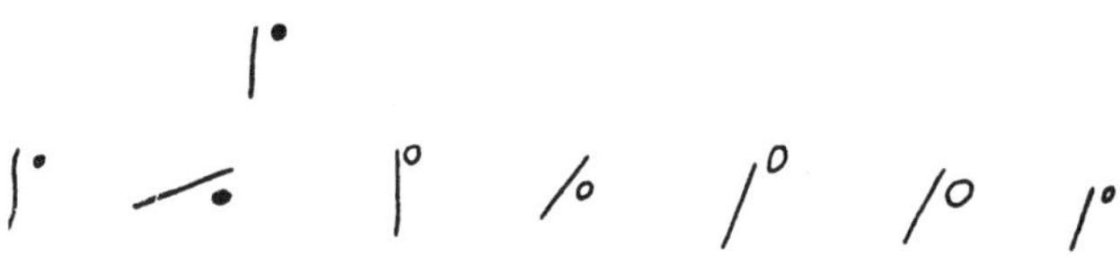

falsche Lösungen

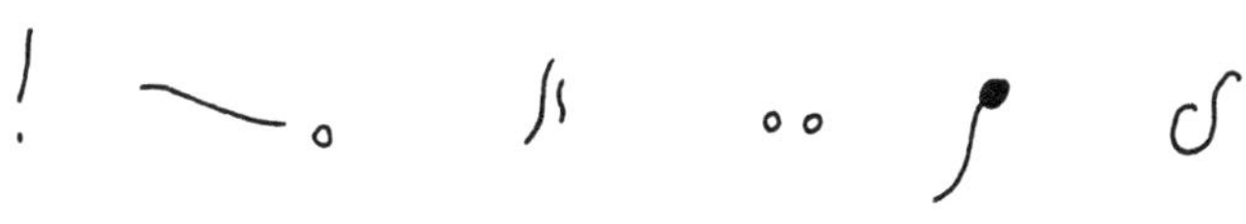

Zeichen 3: richtige Lösungen

falsche Lösungen

Zeichen 4: richtige Lösungen

falsche Lösungen

Nachfolgend zwei Auszüge aus Protokollblättern:

Beispiel 1: Doris, 5;7

⊦	Ɩ'	Λ	(	Gesamt
+	+	+	+	+

Beispiel 2: Uwe, 5;11

⊦	Ɩ'	Λ	(	Gesamt
+	+	–	–	–

Bewertung: Sie erfolgt für die einzelnen Zeichen mit »+« bzw. »–«. Fällt auch nur ein Zeichen falsch aus, so lautet das Gesamtergebnis »–«. Die Ergebnisse werden in das Protokollblatt eingetragen.

Doris hat alle Teilaufgaben positiv gelöst. Ihre optisch-graphomotorische Differenzierungsfähigkeit ist gut entwickelt.

Uwe konnte zwei Aufgaben nicht lösen. In Anbetracht seines Alters wird empfohlen, ihn in diesem Sprachwahrnehmungsbereich aufmerksam zu beobachten und zu fördern.

Für die Beurteilung von Minusleistungen geben die Abbildungen S. 57/58 Hinweise. Auch hier gilt der Grundsatz, dass eine spezielle Förderung im optisch-graphomotorischen Wahrnehmungsbereich im Einzelfall umso dringlicher ist, je älter das Kind ist und je mehr Kinder der Altersgruppe bereits Pluslösungen erreichen.

Tab. 8: Fehlerhäufigkeit (in %) in den Unteraufgaben »optisch-graphomorische Differenzierung« (nach Behm 1982)

	Anteil der Kinder mit Fehlleistungen			
	⊢	Γ	Λ	C
EU (n = 403)	37,5	31,0	49,9	33,0
KU (n = 399)	16,0	17,0	23,6	16,3
NU (n = 102)	2,9	1,0	12,7	3,9

Bei der Entscheidung für eine speziellen Förderung ist neben der Fehlerintensität innerhalb des optischen Bereichs auch von der Anzahl der Ausfälle in anderen Wahrnehmungsbereichen auszugehen. Dabei gilt:

1. Treten massive Ausfälle auf, d.h., drei oder vier Zeichen sind nicht vorlagengerecht nachgemalt worden, dann ist eine Förderung erforderlich.
2. Handelt es sich um Bagatellfehler, dass bedeutet, ein oder zwei Zeichen sind falsch, dann sind die Ergebnisse in den anderen Wahrnehmungsbereichen zu beachten. Kommt es auch dort zu Ausfällen, ist eine Förderung der optischen Differenzierungsfähigkeit empfehlenswert.
3. Zum Zeitpunkt der KU und der NU wiegen Ausfälle schwerer. Werden jetzt zwei oder mehr Zeichen falsch abgemalt, empfiehlt sich eine spezielle Förderung.

2.2.1.2 Überprüfung der phonematischen Differenzierungsfähigkeit

Die Kinder in diesem Alter können normalerweise klangähnliche Phoneme unterscheiden. Damit ist eine wichtige Voraussetzung erworben, um andere verstehen und die eigene Artikulation hörend kontrollieren zu können.

Zur Überprüfung der phonematischen Differenzierung werden Phonemvergleiche mithilfe von Bildtafeln genutzt (Schilling und Schäfer 1962; Theiner 1968). Auf jeder Bildtafel sind zwei Gegenstände zu sehen, für deren adäquate sprachliche Bezeichnung klangähnliche Phoneme hörend zu differenzieren sind. Voraussetzung für die Lösung dieser Aufgabe ist, dass das Kind mindestens einen der Begriffe kennt und diesen der dazugehörigen Abbildung zuzuordnen vermag.

Um sicher zu sein, dass das Kind den Sinn der Aufgabe versteht, nämlich auf das Bild zu zeigen, welches der VL fordert, wird die Überprüfung mit der Probeaufgabe »Bäcker – Wecker« begonnen. Die Probeaufgabe wird nicht gewertet.

Die Bildtafel wird dem Kind mit den Worten vorgelegt »du siehst auf dem einen Bild einen Bäcker, auf dem anderen Bild einen Wecker. Zeige mal den Bäcker, nun den Wecker.« – (Kurze Pause) »Bäcker – Wecker, das hört sich fast gleich an. Ich sage jetzt ein Wort und du zeigst auf das Bild, wo es zu sehen ist. Bäcker – Wecker, zeige Wecker!« Die Wortpaare »Bäcker – Wecker«, »Kopf – Topf« usw. können vor »Zeige ...« in wechselnder Reihenfolge bis zu zweimal wiederholt werden. Also z.B. »Bäcker – Wecker, Wecker – Bäcker, zeige ...«. Welches Wort vom VL zuerst gesprochen bzw. für den Vergleich gewählt wird, ist gleich. Bei den Wertungsaufgaben ist ein unregelmäßiger Wechsel notwendig, da sich die Kinder sonst auf eine Seite festlegen. Die Aufforderung »Zeige Wekker« kann bei der Probeaufgabe, u.U. sinngemäß, erläuternd wiederholt werden, bis der VL sicher ist, das Kind hat die Aufgabe verstanden. Bei den Bewertungsaufgaben darf die Aufforderung *nicht* wiederholt werden.

Vom VL ist zu beachten:

1. Manche Kinder mit phonematischen Schwächen versuchen, am Mundbild und an den Sprechbewegungen des VL zu erkennen, welches Wort gesprochen wird. Sie benutzen optische Informationen, um ihre phonematischen Schwächen zu kompensieren. Stellt der VL diese Tendenz beim Kind fest, verdeckt er vor der Aufforderung »Zeige ...« mit der Hand seinen Mund. Er spricht in normaler Umgangssprache, weder übertrieben artikuliert noch zu laut.
2. Bei der Aufforderung »Zeige ...« darf *nie* ein Artikel mitgesprochen werden, weil dieser als Zusatzinformation vom Kind genutzt werden kann (*der* Hase – *die* Hose, *der* Tanz – *die* Gans usw.).
3. Schaut das Kind fragend zum VL, um bestätigt zu bekommen, ob es die Aufgabe richtig löst, darf der VL keine handlungskorrigierenden Reaktionen zeigen. Es ist jedoch möglich, *nach* der richtigen bzw. falschen Lösung einer Aufgabe Bemerkungen zu machen, wie »So kannst du weitermachen« oder »Du hast es verstanden«. Diese Bemerkungen dienen nicht der Korrektur, sondern der Aufmunterung.
4. Bei vielen Kindern ist es nicht erforderlich, den gesamten Text bei jedem Phonemvergleich zu wiederholen, weil sie das Wesen der Aufgabe sofort erfasst haben. Es genügt dann, dem Kind das Bild vorzulegen und die beiden Wörter ohne Artikel mit anschließender Aufforderung »Zeige ...« zu sprechen. Der VL sagt z.B. beim viertem Bild nur noch »Hose – Hase, zeige Hase!«.

Die Instruktionen für die einzelnen Bildtafeln (wobei die Reihenfolge der Nennungen verändert wird) lauten:

Bildtafel 1: »Auf dem einen Bild sehen wir einen Kopf, auf dem anderen einen Topf« – »Kopf – Topf« – »Zeige ...«

Bildtafel 2: »Auf dem einen Bild sehen wir einen lustigen Tanz, auf dem anderen ist ein fette Gans« – »Tanz – Gans« – »Zeige ...«
Bildtafel 3: »Auf dem einen Bild ist eine Bahn, auf dem anderen Bild ein Bein« – »Bahn – Bein« – »Zeige ...«
Bildtafel 4: »Auf dem einen Bild ist eine Hose, auf dem anderen Bild ein Hase« – »Hose – Hase« – »Zeige ...«
Bildtafel 5: »Auf dem einen Bild will die Mutti einen Kuchen backen, auf dem anderen Bild will das Kind baden« – »backen – baden« – »Zeige ...«
Bildtafel 6: »Auf dem einen Bild siehst du eine Kanne, auf dem anderen Bild eine Tanne« – »Tanne – Kanne« – »Zeige ...«
Bildtafel 7: »Auf dem einen Bild ist eine Uhr, auf dem anderen ein Ohr« – »Ohr – Uhr« – »Zeige ...«
Bildtafel 8: »Auf dem einen Bild ist ein Kamm, auf dem anderen ein Kahn« – »Kahn – Kamm« – »Zeige ...«
Bildtafel 9: »Auf dem einen Bild sehen wir eine Tasche, auf dem anderen eine Tasse« – »Tasche – Tasse« – »Zeige ...«
Bildtafel 10: »Auf dem einen Bild hält ein Soldat Wache, auf dem anderen Bild sagt die Mutti zu dem Kind: Wasche dir die Hände« – »Wache – wasche« – »Zeige ...«

Bewertung: Zeigt das Kind nach der Aufforderung des VL auf das richtige Bild, so wird im Protokollblatt ein »+« eingetragen. Wird die Aufgabe falsch gelöst, wird ein »–« eingetragen. Zeigt das Kind zunächst ein falsches Bild, korrigiert sich aber sofort selbst, ist die Aufgabe dann als richtig zu bewerten, wenn sicher ist, dass diese Korrektur nicht auf Reaktionen des VL zurückzuführen ist. Fällt auch nur ein Phonemvergleich falsch aus, lautet das Gesamtergebnis »–«. Nachfolgend zwei Auszüge aus Protokollblättern:

Beispiel 1: Marlen 5;7

Kopf	–	Topf	+
Tanz	–	Gans	+
Bahn	–	Bein	–
Hose	–	Hase	+
backen	–	baden	–
Kanne	–	Tanne	–
Uhr	–	Ohr	+
Kamm	–	Kahn	–
Tasse	–	Tasche	+
Wache	–	wasche	–
Ergebnis			6 +
			4 –
Gesamtergebnis:			–

Beispiel 2: Kay 5;5

Kopf	–	Topf	+
Tanz	–	Gans	+
Bahn	–	Bein	+
Hose	–	Hase	+
backen	–	baden	+
Kanne	–	Tanne	–
Uhr	–	Ohr	+
Kamm	–	Kahn	+
Tasse	–	Tasche	+
Wache	–	wasche	+
Ergebnis			9 +
			1–
Gesamtergebnis:			–

Marlen zeigt mit vier Minuslösungen deutliche phonematische Schwächen. Ihre Vorstellung beim Pädaudiologen ist angeraten. Eine phonematische Förderung ist erforderlich.

Bei Kay wird eine Minuslösung ermittelt. Dieser Ausfall kann als Bagatelle bezeichnet werden. Eine spezielle phonematische Förderung ist nicht nötig.

Zum Zeitpunkt der EU erreicht bereits die Hälfte aller 4;3- bis 5;2-Jährigen eine phonematische Leistung, wie sie für 86% dieser Population etwa ein Jahr später zutrifft (siehe Tab.7, S. 55). Zum Messpunkt der KU werden bereits von 78% der Kinder dieser Altersstufe Pluslösungen erreicht. Wenn noch zum Zeitpunkt der NU bei einem Kind phonematische Schwächen festgestellt werden, besitzt es in diesem Bereich noch kein altersentsprechendes Differenzierungsniveau.

Der Schwierigkeitsgrad der einzelnen Phonembereiche ist unterschiedlich. Tabelle 9 zeigt, wie häufig zu den drei Messpunkten falsche Phonemvergleiche auftreten.

Tab. 9: Fehlerhäufigkeit (%) bei den Unteraufgaben »Phonematische Differenzierung« (nach Behm 1982)

		Kopf – Topf	Tanz – Gans	Bahn – Bein	Hose – Hase	backen – baden	Kanne – Tanne	Uhr – Ohr	Kamm – Kahn	Tasse – Tasche	Wache – wasche
Anteil der Kinder mit Fehlleistungen	EU (n= 403)	13,4	22,8	13,9	6,9	13,2	25,5	14,9	14,9	10,2	16,6
	KU (n= 399)	3,5	5,5	2,0	0,8	2,8	10,8	3,5	9,0	1,5	3,8
	NU (n= 102)	0,0	2,9	0,0	0,0	2,9	4,9	3,9	2,9	0,0	0,0

Für eine spezielle Förderung in diesem Wahrnehmungsbereich ist zu beachten:

1. Eine Förderung ist zu empfehlen, wenn massive Ausfälle auftreten. Das trifft zu, wenn drei oder mehr Phonemvergleiche falsch sind.
2. Bei weniger Fehlern ist das Gesamtergebnis der DP 0 heranzuziehen. Treten auch in anderen Wahrnehmungsbereichen Ausfälle auf, ist eine Förderung angezeigt.

2.2.1.3 Überprüfung der kinästhetischen Differenzierungsfähigkeit

Die Überprüfung der kinästhetischen Differenzierungsfähigkeit erfolgt mit den Wörtern »Blitzableiter«, »Waschwasser« und »Aquarium«. Diese Wörter enthalten für Kinder in diesem Alter einige komplizierte Artikulationsfolgen. Der Bekanntheitsgrad der Begriffe spielt eine untergeordnete Rolle. Es sollen keine bekannten, bereits eingeschliffenen Sprechmuster, sondern die Fähigkeit des Kindes geprüft werden, vorgesprochene Artikulationsfolgen präzise nachzusprechen (Guthke 1964). Eine Probeaufgabe erwies sich für diesen Bereich als überflüssig.

Die Instruktion lautet:

»Ich spreche dir jetzt ein Wort vor. Du musst gut aufpassen, damit du es genau so nachsprechen kannst, wie ich es sage. Schau mich an! Blitz-ableiter. Sage du das Wort!« Der VL artikuliert deutlich und langsam. Zwischen den Wortteilen »Blitz« und »ableiter« wird beim Vorsprechen eine kurze Pause gemacht. Auf den Protokollblättern sind solche Pausen innerhalb der Nachsprechwörter mit einem »–« gekennzeichnet. Dem Kind stehen also – im Unterschied zur Überprüfung der phonematischen Differenzierungsfähigkeit – sowohl das Klangbild als auch die Möglichkeit zum Absehen des Mundbildes zur Verfügung. Dies entspricht der Kommunikationssituation im Alltag.

Beim Wort »Aqua-rium« achtet der VL darauf, dass in der Silbenverbindung »ri-um« kein »j« mitgesprochen wird. Tritt es beim Nachsprechen dennoch auf, gilt es als Fehler.

Unterlaufen dem Kind beim Nachsprechen Fehler, wiederholt der VL das Wort und fordert erneut zum Sprechen auf: »Gut so, das sprechen wir noch einmal: Blitz-ableiter«.

Insgesamt darf zweimal wiederholt werden. Treten auch beim dritten Nachsprechen Fehler auf, wird das nächste Wort entsprechend der Instruktion nach ermunternden Zwischenbemerkungen vorgesprochen.

Manchen Kindern ist bereits in diesem Alter anzumerken, dass sie sich bei der Aufforderung zum Wiederholen genieren, diese also als Misserfolg erleben. Es hängt entscheidend von der vom VL verantworteten Gesamtatmosphäre ab, welche Konsequenzen sich daraus für den weiteren Versuchsverlauf ergeben.

Bewertung:

Für jedes Wort werden – je nach Qualität des Nachsprechens – 0 bis 3 Punkte vergeben. Dafür gelten folgende Kriterien:

3 Punkte: Das Nachsprechen gelingt sofort fehlerfrei.
2 Punkte: Das fehlerfreie Nachsprechen gelingt nicht sofort, sondern bei der ersten Wiederholung.
1 Punkt: Das fehlerfreie Nachsprechen gelingt erst bei der zweiten Wiederholung.
0 Punkte: Das fehlerhafte Nachsprechen gelingt auch bei der zweiten Wiederholung nicht.

Es können maximal 9 Punkte erreicht werden. Für eine Pluslösung werden 5 Punkte benötigt. Eine geringere Punktzahl bedeutet eine Minuslösung.

Als Nachsprechfehler gelten:

1. Auslassungen von Lauten (z.B. Blitableiter, Waschasser, Aquarum)
2. Hinzufügen von Lauten (z.B. Belitzableiter, Wlaschwasser, Aquarerium)

3. Ersetzen von Lauten durch andere (z.B. Britzableiter, Wischwasser, Aquirium)
4. Vertauschen von Lauten in ihrer Position (z.B. Bilzableiter, Schawwasser, Aquaruim)
5. Stammelfehler, d.h. deutlich hörbare Abweichungen von richtigen Lautbildungen.

Nachfolgend zwei Auszüge aus Protokollblättern:

1. Beispiel: Jan, 5;4		2. Beispiel: Judith, 4;11	
Blitz-ableiter	1	Blitz-ableiter	2
Wasch-wasser	3	Wasch-wasser	3
Aqua-rium	0	Aqua-rium	3
Punktzahl	4	Punktzahl	8
Ergebnis	–	Ergebnis	+

Von Jan wurde »Blitzableiter« beim dritten Versuch richtig nachgesprochen, »Waschwasser« beim ersten Versuch. Das Wort »Aquarium« konnte auch beim dritten Versuch nicht richtig artikuliert werden. Mit insgesamt vier Punkten wurde eine Minuslösung erreicht, die aber als Bagatelle zu bewerten ist.

Von Judith wurde »Blitzableiter« beim zweiten Versuch, die beiden anderen Wörter wurden beim ersten Versuch richtig artikuliert. Mit insgesamt acht Punkten hat sie ein gutes sprechmotorisches Niveau erreicht.

Zum Zeitpunkt der EU (siehe Tab. 7, S. 55) weisen bereits 74% der Kinder in diesem Alter Pluslösungen auf, zum Zeitpunkt der NU sind es 88%. Die meisten Kinder erlangen also schon sehr früh eine hohe Artikulationssicherheit.

Das relativ hohe Ausgangsniveau und die Vervollkommnung der Artikulationssicherheit in diesem Alter spiegeln sich in der durchschnittlich erreichten Punktzahl an den drei Messpunkten wieder (siehe Tab. 10).

Tab. 10: Durchschnittlich erreichte Punktzahl bei den Aufgaben »Kinästhetische Differenzierung«

	Durchschnittliche Punktzahl
EU (n = 403)	5,75
KU (n = 399)	6,48
NU (n = 102)	7,32

Bei der Einschätzung der »Kinästhetischen Differenzierungsfähigkeit« sind wiederum die Intensität der Ausfälle, das Alter des Kindes am Untersuchungstag und das Gesamtergebnis der DP 0 zu beachten:

1. Werden drei oder weniger Punkte erreicht, handelt es sich um ein massives Defizit gegenüber der Altersnorm. Das sollte immer Anlass zu speziellen Fördermaßnahmen sein.
2. Bei einem Bagatellausfall (4 Punkte) ist eine Förderung zu empfehlen, wenn auch in anderen Wahrenehmungsbereichen bagatelle oder massive Rückstände auftreten.

2.2.1.4 Überprüfung der melodischen Differenzierungsfähigkeit

Wer ein einfaches Kinderlied singen kann, ist in der Lage, die Intonationsmodalitäten beim Sprechen zu differenzieren und selbst zu imitieren. Zur Überprüfung der melodischen Differenzierungsfähigkeit wird deshalb das Nachsingen eines bekannten Kinderliedes gefordert. Die nachfolgenden Normwerte beziehen sich auf das Kinderlied »Alle meine Entchen ...«. Dieses oder ein anderes Kinderlied kennen alle Kinder. Sie lernen sie in der Regel sehr früh.

Ein einfaches Kinderlied können in dieser Altersstufe melodie- und rhythmusgetreu singen:

zum Zeitpunkt der EU: 78% der Kinder,
zum Zeitpunkt der KU: 84% der Kinder,
zum Zeitpunkt der NU: 85% der Kinder.

Die Instruktion lautet: »Ich habe gehört, du kannst so schön singen. Weißt du was, du singst mir jetzt ein Lied vor. Kennst du das Lied ›Alle meine Entchen‹? Dann singe es doch einmal.«

Nur selten haben Kinder in diesem Alter Hemmungen, das Lied zu singen. In diesen Fällen ermuntert der VL: »Komm, wir singen es gemeinsam.« Der VL blickt dem Kind in die Augen und beginnt zu singen. Mit Kopfbewegungen gibt er den Takt an. Sobald das Kind mitsingt, wird die Stimme des VL immer leiser. Schließlich singt das Kind allein weiter.

Die Instruktion kann bei gehemmten oder ängstlichen Kinder variiert werden. Die Anwesenheit der Mutter oder anderer Begleitpersonen wirkt sich bei dieser Aufgabe nicht immer positiv aus, vor allem wenn zum Kind Blickkontakte bestehen.

Falls das Lied nicht bekannt sein sollte, kann jedes andere Lied gewählt werden. Ist das Kind trotz aller Ermunterungen im Moment nicht zu veranlassen oder nicht in der Lage, ein Lied zu singen, wird zu einem späteren Zeitpunkt dafür eine Gelegenheit genutzt. Singt das Kind z.B. in einer Gruppe mit, lässt sich die Aufgabe ebenfalls bewerten. Ist kein Ergebnis zu erreichen, lautet die Bewertung »–«.

Bewertung:

Abweichungen vom Text spielen bei der Bewertung keine Rolle. Als Fehler gelten Abweichungen in der Melodieführung, die ein Wiedererkennen des Liedes erschweren. Geringfügige Abweichungen, durch die ein Erkennen der Liedmelodie nicht behindert wird, gelten nicht als Fehler.

Bestehen beim VL auch nach einer möglichen Wiederholung der Aufgabe Zweifel über das Ergebnis, dann ist die Aufgabe mit »–« zu bewerten. Melodisch unsichere VL sollten sich bei dieser Aufgabe vertreten lassen. Die Objektivitätskriterien für die Bewertung dieser Aufgabe liegen bei Kindergärtnerinnen und Logopäden sehr hoch. Offensichtlich lässt sich zwischen Melodie-Sicherheit und Melodie-Unsicherheit gut unterscheiden. Das Ergebnis wird im Protokollblatt eingetragen. Kinder mit einer Minus-Bewertung bedürfen dringend einer Förderung. Diese erreicht kurzfristig keine spektakulären Erfolge, ist aber auf längere Sicht immer von Nutzen.

Die meisten Kinder der Normalpopulation erreichen – bei gleicher Aufgabenstellung – in der melodischen Differenzierung das Niveau des nächsten Altersjahrganges (siehe Tab. 7, S. 55 und 12, S. 70).

Defizite in der melodischen Differenzierungsfähigkeit treten praktisch nie isoliert auf. Die betreffenden Kinder zeigen fast immer auch in anderen Wahrnehmungsbereichen Ausfälle. Das hat Konsequenzen für die Gestaltung der Förderung.

2.2.1.5 Überprüfung der rhythmischen Differenzierungsfähigkeit

Normal entwickelte Kinder in diesem Alter besitzen in der Regel ein gut entwickeltes Rhythmusempfinden. Massive Ausfälle sind typisch für geistige Behinderungen. Zur Überprüfung der rhythmischen Differenzierungsfähigkeit wurden für diese Altersstufe zwei Aufgabentypen gewählt:

1. Vom Kind sind Rhythmen nachzuklatschen, die der VL vorgeklatscht hat.
2. Das Kind ahmt das Feuerwehrsignal nach, das der VL sprachlich vorgegeben hat.

Die Einführung in diese Aufgabe erfolgt mithilfe einer Probeaufgabe. Dabei sitzt das Kind dem VL gegenüber und sieht, wie der VL vorklatscht. Bei den Bewertungsaufgaben wird das Kind aufgefordert, sich umzudrehen, damit es den Rhythmus nur hört. Die Klatschrhythmen werden durch Punkte (für kurz) und Striche (für lang) gekennzeichnet. Beim Vorklatschen der einzelnen Rhythmen betont der VL die langen Takte.

Die Instruktion für die Klatschaufgabe lautet:

»Kannst du schon klatschen? Na dann klatsche mal ganz fest mit den Händen, so laut, wie du klatschen kannst.« Der VL kann dabei mitklatschen. Er fährt fort: »Prima, jetzt klatsche ich dir etwas vor. Höre gut zu, damit du genauso klatschen kannst wie ich. Du darfst erst dann klatschen, wenn ich fertig bin. Pass auf!« Der VL klatscht die Probeaufgabe: **...** (kurz, kurz, kurz) »Nun, klatsche du!« Die Probeaufgabe kann vom VL mehrmals vorgeklatscht werden, bis er sicher ist, das Kind hat die Aufgabe verstanden. Eine Wiederholung empfiehlt sich, um eventuell notwendige Wiederholungen bei den Bewertungsaufgaben als selbstverständlich erscheinen zu lassen. Manche Kinder werden durch die Aufforderung zur Wiederholung unsicher. Das lässt sich vermeiden, wenn ein richtig nachgeklatschter Rhythmus bei der Probeaufgabe wiederholt wird. Auch wenn der VL vorklatscht, kann er das wiederholen.

Fällt das Ergebnis der Probeaufgabe auch nach Wiederholungen negativ aus, wird trotzdem mit den Wertungsaufgaben begonnen. Das Kind wird zunächst aufgefordert, sich umzudrehen. »Jetzt drehst du dich erst um, damit du nicht siehst, wie ich klatsche.« Wenn das Kind dem VL den Rücken zugekehrt hat, sagt dieser: »Höre genau zu, jetzt klatsche ich.«

Es folgt die erste Bewertungsaufgabe: **– . –** (lang, kurz, lang). »Nun du !« Hat das Kind falsch geklatscht, sagt der VL: »Fein, das klatschen wir gleich noch mal.« Weitere Wiederholungen unterbleiben.

Es folgt die zweite Bewertungsaufgabe: **. – . –** (kurz, lang, kurz, lang). Erforderlichenfalls mit Wiederholung.

Die Instruktion für die dritte Aufgabe lautet: »Weißt du wie ein Feuerwehrauto tutet? Es macht ta-tüü – ta-taa. Jetzt tute du mal so: ta-tüü – ta-taa.« Auch diese Aufgabe kann einmal wiederholt werden.

Bewertung:

Wird die jeweilige Aufgabe im ersten Versuch richtig gelöst, erhält das Kind dafür zwei Punkte. Fällt die Aufgabe erst bei der Wiederholung richtig aus, gibt es einen Punkt. Ist das Ergebnis auch danach unzureichend, wird mit 0 Punkten bewertet. Die erreichten Punktzahlen werden im Protokollblatt eingetragen. Insgesamt können sechs Punkte erreicht werden. Bei drei und mehr Punkten wird die Aufgabe »Rhytmische Differenzierung« mit »+« bewertet. Erzielt das Kind weniger als drei Punkte, lautet das Gesamtergebnis »–«.

Tabelle 11 zeigt, wie viele Punkte im Durchschnitt zu den drei Messpunkten bei den Unteraufgaben erreicht werden.

Tab. 11: Durchschnittlich erreichte Punktzahl bei den Unteraufgaben »Rhythmische Differenzierung« (nach Behm 1982)

	durchschnittliche Punktzahl			
	1. Aufgabe	2. Aufgabe	3. Aufgabe	insgesamt
EU (n = 403)	0,9	1,0	1,8	3,7
KU (n = 399)	1,4	1,3	1,8	4,5
NU (n = 102)	1,7	1,5	1,9	5,1

Es ist zu erkennen, dass die Aufgaben 1 und 2 deutlich schwieriger sind als die Aufgabe 3. Zum Zeitpunkt der EU erreicht bei den Aufgaben 1 und 2 erst etwa jedes zweite Kind richtige Lösungen. Zum Zeitpunkt der NU sind es etwa 80%. Bei der dritten Aufgabe sind bereits zum Zeitpunkt der EU Minusleistungen selten. Sie treten nur bei 10% der Kinder auf. Wenn ein Kind diese rhythmische Anforderung nicht meistert, ist das ein Signal für rhythmische Differenzierungsschwächen.

Nachfolgend zwei Auszüge aus Protokollblättern:

Beispiel 1: Peter 4;8			Beispiel 2: Heidi 5;2		
1. Aufgabe	–.–	0	1. Aufgabe	–.–	2
2. Aufgabe	.–.–	0	2. Aufgabe	.–.–	1
3. Aufgabe	ta-tüü – ta-taa	2	3. Aufgabe	ta-tüü – ta-taa	2
Gesamtpunktzahl		2	Gesamtpunktzahl		5
Ergebnis		–	Ergebnis		+

In Beispiel 1 wurden die ersten beiden Aufgaben auch nach dem zweiten Versuch nicht gelöst. Dafür gibt es 0 Punkte. Die dritte Aufgabe löste Peter gleich beim ersten Versuch. Dafür erhält er zwei Punkte. Mit insgesamt zwei Punkten liegt er deutlich unter dem rhythmischen Differenzierungsniveau seiner Altersstufe. Eine Förderung ist angezeigt.

Im Beispiel 2 wird die erste Aufgabe im ersten Versuch, die zweite Aufgabe im zweiten Versuch, die dritte Aufgabe im ersten Versuch gelöst. Heidi verfügt mit 5 Punkten zum Zeitpunkt der EU über ein altersentsprechendes rhythmisches Differenzierungsniveau.

Für eine spezielle Förderung ist zu beachten, dass Ausfälle in der rhythmischen Differenzierung meist nur durch eine Langzeitförderung zu verbessern sind. Förderung empfiehlt sich, wenn

- ein massiver Ausfall (weniger als zwei Punkte) vorliegt bzw.
- zwei Punkte gekoppelt mit Ausfällen in anderen Wahrnehmungsbereichen auftreten.

Rhythmische Defizite treten praktisch immer vergesellschaftet mit anderen Sprachwahrnehmungsdefiziten auf. Das unterstreicht die zentrale Bedeutung dieses Bereichs.

2.2.1.6 Zusammenfassende Bewertung der DP-0-Ergebnisse

In der Rubrik »Zusammenfassung der Ergebnisse« auf dem Protokollblatt (s.S. 214) werden die Untersuchungsergebnisse für die fünf Bereiche mit »+« bzw. »–« eingetragen. Diese Zusammenfassung ermöglicht es, das Gesamtniveau des Sprachwahrnehmungsensembles auf einen Blick in seinen Stärken und

Schwächen zu erkennen. Gleichzeitig wird damit darauf orientiert, ob bzw. in welchen Sprachwahrnehmungsbereichen das untersuchte Kind gefördert werden soll.

Eine Wiederholung der DP-0-Untersuchung empfiehlt sich unbedingt bei allen geförderten Kindern. Aus dem Vergleich der Ergebnisse der EU mit den Ergebnissen nachfolgender Untersuchungen ergeben sich für den behandelnden Arzt und den Therapeuten zusätzliche Informationen. Sie betreffen die Lernfähigkeit des Kindes, die Einschätzung der durchgeführten Fördermaßnahmen, prognostische Tendenzen, medizinische Konsequenzen usw.

Wenn ein Risikokind über längere Zeiträume hinweg medizinisch betreut und sonderpädagogisch gefördert wird, können mit der nachfolgend besprochenen DP I Entwicklungsverläufe analysiert und eingeschätzt werden.

2.2.2 Die »Differenzierungsprobe für Fünf- bis Sechsjährige und für Schüler mit Lernschwierigkeiten im Anfangsunterricht (DP I)«

Bei der Konstruktion der Aufgaben wurde von den Anforderungen an das Niveau sprachbezogener Wahrnehmungsleistungen ausgegangen, auf denen der Schreib- und Leselernprozess bei Schulanfängern aufbaut. Die hohe Dynamik, mit der sich die einzelnen Differenzierungsleistungen während des letzten Vorschuljahres vervollkommnen, wurde bei der Konstruktion der Items berücksichtigt. Jeder Wahrnehmungsbereich weist für sich eine unterschiedliche Entwicklung auf. Während z.B. in der melodischen Differenzierungsfähigkeit bereits mehr als zwei Drittel aller Kinder ein Jahr vor Schuleintritt den angestrebten Standard erreicht haben, verfügt zum gleichen Zeitpunkt in der optisch-graphomotorischen Differenzierungsfähigkeit erst jedes vierte Kind über Voraussetzungen, die den Ansprüchen zu Beginn des Schreib- und Leselernprozesses in der Schule entsprechen. Ähnlich verhält es sich mit den anderen Wahrnehmungsbereichen (siehe Tabelle 12). Defizite sind also immer auf die Altersnorm zu beziehen. Erst dann lässt sich sagen, was der Rückstand bedeutet.

Die verschiedenartige Dynamik der einzelnen Wahrnehmungsbereiche im Vorschulalter – wie aus der Tabelle 12 hervorgeht – ist für die Interpretation der zu verschiedenen Zeitpunkten ermittelten Ergebnisse bei Vorschulkindern wichtig. Bei den älteren Schülern einer Anfangsklasse bedeuten Rückstände in jedem Falle ein Handicap.

Die Durchführung der DP I mit Kindern im letzten Vorschuljahr hat aus vielen Gründen große Vorteile. Weil sich die entscheidenden verbosensomotorischen Voraussetzungen für den Lese-Schreib-Lernprozess bereits im frühen Vorschulalter ausformen, ist es sinnvoll, auftretende Rückstände mithilfe der DP I im Interesse einer prophylaktisch orientierten Frühförderung so früh wie möglich festzustellen. Da sich das erreichte Niveau sprachbezogener Wahrneh-

Tab. 12: Anteil von Kinder (%) mit guten Differenzierungsleistungen in einzelnen Wahrnehmungsbereichen bei Fünf- bis Sechsjährigen und Schulanfängern (Eder, 1976)					
Zeitpunkt	Wahrnehmungsbereiche				
	Optisch	Phonematisch	Kinästhetisch	Melodisch	Rhythmisch
1 Jahr vor Schulbeginn (n = 377)	23,9	49,5	69,2	69,0	56,3
1/2 Jahr vor Schulbeginn (n = 335)	41,1	66,7	89,0	81,8	69,9
nach Schuleintritt (n = 169)	86,4	85,2	89,4	89,4	84,6

mungsleistungen im Vorschulalter jedoch noch nicht in jeder Hinsicht zu erkennen geben kann – die Bewährung im Lese-Schreib-Lernprozess steht noch aus –, bleiben subtile Entwicklungsrückstände im Alltagsverhalten des Kindes fast immer verborgen. Mit der DP I können sie sichtbar gemacht werden. Damit könnte bereits zu diesem Zeitpunkt im Vorschulalter eine spielbezogene Wahrnehmungsförderung einsetzen. Sie wäre der später notwendigen Nachhilfe in der Schule überlegen, weil sie nicht im Zusammenhang und als Konsequenz erlebter Misserfolge angesehen würde (Lückert 1966). Eine prophylaktische Praxis zur Vermeidung von Lese-Schreib-Lernproblemen setzt allerdings voraus, dass alle Kinder etwa ein Jahr vor Schulbeginn mit der DP I untersucht werden müssten, unabhängig davon, wie ihr Entwicklungsniveau allgemein eingeschätzt wird. Tragisch sind ja vor allem jene Lernschwierigkeiten im Anfangsunterricht, die sich vorschulisch durch keinerlei Symptome angekündigt haben. Mit einer prophylaktischen Aufdeckung von Präsymptomen für spätere Problemlagen im Anfangsunterricht ließe sich der Zeitraum bis zum Schuleintritt für eine Sprachwahrnehmungsförderung auch in all jenen Fällen nutzen, bei denen es auf den ersten Blick keine Veranlassung für spätere Lernprobleme zu geben scheint. Aus Vergleichsuntersuchungen ist bekannt, dass sich sprachbezogene Wahrnehmungsdefizite im Vorschulalter weit eher beseitigen lassen als im Schulalter. Das hängt mit sensiblen Phasen zusammen, in denen die Synchronie von Reifungs- und Lernprozessen pädagogisch günstig zu beeinflussen ist (Breuer/Weuffen 1990).

Ratsam ist es auf alle Fälle, sprachgestörte Vorschulkinder mit der DP I zu untersuchen. Danach wäre eine inhaltlich gezielte Förderung lautsprachlicher Grundlagen möglich (Weuffen 1984).

Die Durchführung der Untersuchung mit der Differenzierungsprobe

Die Untersuchung wird als Einzeluntersuchung durchgeführt, lediglich die Teilaufgaben zur Überprüfung der optischen Differenzierungsfähigkeit eignen sich als Gruppenversuch.

Der Versuchsleiter (VL) kennt die Instruktion auswendig. Neben angemessenen äußeren Bedingungen (Raum, Arbeitsplatz, Untersuchungsmaterialien) ist durch den VL eine Atmosphäre der positiv emotionalen Befindlichkeit und einer optimistisch-erwartungsfrohen Aufgabenzuwendung beim Kind zu sichern. Kritische Einschätzungen der Leistungen des Kindes sind in jedem Fall zu unterlassen, weil das Kind sonst seine tatsächlichen Leistungsmöglichkeiten nicht voll freisetzen würde.

Die Einstimmung des Kindes in die Untersuchungssituation erfolgt mit Hinweisen auf »spannende Aufgaben«, »auf künftige schulische Tätigkeiten im Unterricht«, »auf Aufgaben, die Spaß machen« usw. Das Kind muss sich wohl und geborgen fühlen, es darf keine Angst vor Misserfolgen haben und soll die Gewissheit besitzen, dass es die Anforderungen zur Zufriedenheit des VL durchführt. Bemerkungen wie »Das machst du gut«, »Da wird sich deine Mutti freuen«, »Da werden aber die anderen staunen« usw. lockern das Kind auf und fördern die Identifikation mit den Anforderungen des VL.

Erfahrungsgemäß macht es den Kindern Freude, die abwechslungsreichen Aufgaben der »Differenzierungsprobe« zu lösen. Dazu trägt u.a. bei, dass die Aufgaben mit dem Lese- und Schreibenlernen in Verbindung gebracht werden. Durch den besonderen Charakter der Aufgaben werden dem Kind Misserfolge kaum bewusst. Außerdem sichern die Kommentare des VL auch bei unzureichenden Ergebnissen das Erleben eines Erfolges.

Die *Durchführungszeit* beträgt insgesamt zehn bis zwölf Minuten. In Verbindung mit der Art der Aufgaben treten in dieser kurzen Zeit praktisch keine Konzentrationsprobleme auf. Ein Zeitlimit gibt es nicht.

Der VL hält die Ergebnisse auf dem Protokollblatt fest. Das geschieht laufend, nicht nur wenn eine Fehlleistung notiert wird, ohne dass dem Kind »+« – oder »–«-Notierungen sichtbar werden. Bei der Untersuchung ist alles zu vermeiden, was auch nur andeutungsweise den Eindruck einer Prüfung machen könnte. Art und Schwierigkeitsgrad der Untersuchungsaufgabe unterstützen das. Erfahrungsgemäß gehen die Kinder neugierig und eifrig an die Lösung der Aufgaben. Verweigerungen treten praktisch nie auf. Sie können vereinzelt beim Einzelsingen eines Liedes und beim Nachsprechen vorkommen. Es ist deshalb ratsam, nicht mit diesen Aufgaben die Untersuchungen zu beginnen. Als Startaufgaben eignen sich am besten die Prüfaufgaben für den optisch-graphomotorischen Bereich. Treten Verweigerungen auf, kann die spezielle Aufgabe unter anderen Bedingungen bzw. bei anderen Gelegenheiten wiederholt werden. Da die Reihenfolge der Aufgaben keinen Einfluss auf das Ergebnis hat, kann der VL selbst entscheiden, womit er beginnt.

Folgende *Materialien* werden benötigt: Bildtafeln der DP (sie befinden sich im Anhang S. 221ff.), Papier und Filzstift, Protokollblatt.

Auswertung: Die Diagnoseergebnisse besitzen zwar auch eine prognostische Bedeutung, im Vordergrund der Auswertung steht jedoch die Frage: In welchen Bereichen zeigen sich Rückstände, die eine Förderung nahe legen?

Alle Einzelaufgaben werden zusammenfassend alternativ mit »+« oder »–« bewertet. In Zweifelsfällen entscheidet sich der VL immer für ein »–«. Diese Art der alternativen Bewertung wird von manchen Pädagogen als ungerecht bzw. als zu hart angesehen. Sie geht jedoch davon aus, auf keinen Fall den Förderanspruch eines Kindes zu übersehen. Sich *für* das Kind zu entscheiden, bedeutet in diesem Falle, eine Förderung einzuleiten. Würde man auf eine Förderung wegen einer zu optimistischen Bewertung verzichten, also im Zweifelsfall die Bewertung »+« wählen, so würde das betreffende Kind nicht in eine Förderung einbezogen werden, obwohl sie u.U. eine große Hilfe wäre. Außerdem: Im Prozess der Förderung klären sich die Zweifel schnell auf. Problemlos kann die Förderung jederzeit abgesetzt werden. Es wäre jedoch für das Kind von großem Nachteil, wenn es ungerechtfertigt von einer Förderung ausgeschlossen würde.

2.2.2.1 Überprüfung der optisch-graphomotorischen Differenzierungsfähigkeit

Die dafür ausgewählten Aufgaben berücksichtigen Strukturelemente der *Richtung, Häufigkeit, Lage* und *Größe*, wie sie für Schriftzeichen typisch sind. Dem Kind werden Karten (siehe Anlage) mit Zeichen in der aus dem Protokollblatt zu ersehenden Reihenfolge einzeln mit der Aufforderung dargeboten, die Zeichen abzumalen. Die Vorlage bleibt während des Abzeichnens vor dem Kind liegen. Die Reihenfolge der Zeichen ist einzuhalten. Das Zeichen (⊧) bereitet die geringsten Schwierigkeiten und steht deshalb an erster Stelle. Zeichen (ꓘ) als schwierigstes steht an dritter Stelle. Die Schwierigkeitsvarianten gestatten es, den Grad des Rückstandes hervortreten zu lassen. Er entscheidet, ob eine Förderung angezeigt ist.

Die Instruktion für die einzelnen Zeichen lautet:

Zeichen 1 (⊧) »Male das Zeichen so ab, wie es ist. Ein Strich mit zwei Winkern daran.«
Zeichen 2 (.I˙) »Jetzt malst du dieses Zeichen. Ein Strich, oben ein Punkt und unten ein Punkt.«
Zeichen 3 (ꓘ) »Nun malen wir dieses Zeichen. Ein Strich und eine Ecke daran.«
Zeichen 4 (Z) »Bei diesem Zeichen geht es rüber, runter, rüber.«
Zeichen 5 (S) »Das ist das letzte Zeichen. Ein Schweineschwänzchen.«

Bewertung der Ergebnisse:

Zum Zeitpunkt des Schulbeginns erreichen 86% aller Kinder bei allen Zeichen positive Lösungen.

Bei der Einschätzung und Bewertung von Lösungen wird kontrolliert, ob die Richtung der Linienführung, die Lage der Figurenelemente und ihre Anzahl der Vorlage entsprechen. Unbeachtet bleiben die Größe der Zeichen und die Sicherheit der Strichführung. Es spielt auch keine Rolle, ob die Länge der »Winker« (Zeichen 1), die Größe der Punkte (Zeichen 2), die Länge der beiden Linien der »Ecke« (Zeichen 3), die Linien des Zeichens 4 und die Bogen des Zeichens 5 in ihren Proportionen der Vorlage genau entsprechen. Parallelität in Zeichen 4, Rundungsgrad und die Größe der beiden Rundungen in Zeichen 5 können von der Vorlage ebenfalls abweichen.

Für richtige Lösungen ist entscheidend:

Die beiden »Winker« (Zeichen 1) weisen tendenziell parallel nach rechts und sind am »Strich« angesetzt; die Punkte (Zeichen 2) sind rechts oben und links unten neben dem Strich gezeichnet; die »Ecke« (Zeichen 3) weist nach links und wird mit dem Versuch gemalt, sie am »Strich« zusammenzuführen. Beim »rüber, runter, rüber« entstehen Winkel in der vorgegebenen Richtung (Zeichen 4), die Winkelgröße kann oben und unten einen rechten Winkel überschreiten, das »runter« wird in der Tendenz nach unten geführt. Parallelität der beiden Querstriche ist nicht erforderlich, in Zeichen 5 sind die Bogen in der Tendenz richtungsgetreu ausgeführt.

Von Vorschulkindern werden die Zeichen oft noch als Streubild gemalt, weil sie es noch nicht kennen bzw. gelernt haben, Schrift auf einer Linie anzuordnen. Die Reihung der Zeichen auf einer gedachten Linie stellt eine höhere Leistung dar. Ein Streubild bei Schülern, die bereits einige Wochen die Schule besuchen, ist selten und fast immer Ausdruck einer Raum-Lage-Unsicherheit, die es durch Fördermaßnahmen zu überwinden gilt. Ab und zu kommt es beim Nachmalen einzelner Zeichen auch zu Achsendrehungen. Das Zeichen wird z.B. »liegend« gemalt. Diese Kinder haben ebenfalls Schwierigkeiten im Erfassen von Raum-Lage-Beziehungen und oft auch ein gestörtes Körperschema. Sie sind diesbezüglich auch bei anderen Aufgaben zu beobachten.

Auf Seite 74f. sind Beispiele für richtige und falsche Lösungen angeführt. Richtige bzw. falsche Lösungen lassen sich erfahrungsgemäß gut voneinander abgrenzen. Sollten bei der Bewertung dennoch Unsicherheiten auftreten, ist die betreffende Figur mit der Qualität der übrigen Figuren zu vergleichen. Die dabei erkannte Tendenz (»+« oder »–«) bestimmt die Entscheidung. Das Ergebnis wird auf dem Protokollblatt eingetragen.

Eine besondere Klippe für die Auswertung ist das Zeichen (ꓘ). Einige Kinder stellen es als Buchstaben »K« dar, d.h., die »Ecke« wird rechts vom Strich gezeichnet. Es ist nicht immer eindeutig, ob diese Abweichung von der Vorlage (ꓘ) als eine »Korrektur« der Vorlage im Sinne des bekannten Buchstabenbildes »K« anzusehen ist oder ob eine Raum-Lage-Unsicherheit vorliegt. In jedem Falle stellt die Darstellung »K« eine Abweichung von der Vorlage dar. Das kann mit mangelnder Aufmerksamkeit bei der Instruktion, einem oberflächlichen Hinhören, mit Ablenkbarkeit oder einer tatsächlichen Raum-Lage-Unsicherheit zusammenhängen. Diese Lösung – sei es, wie es sei – ist mit »–« zu bewerten, obwohl es sich dabei in vielen Fällen nicht um verbosensomotorische Unzulänglichkeiten handelt.

Aufmerksamkeit verdient auch das Zeichen (S). Einige Kinder zeichnen es seitenverkehrt. Selbstverständlich ist das eine Minuslösung. Diese Darstellungsweise enthält aber u.U. einen Hinweis auf sichtbare oder kaschierte Linkshändigkeit. Das Kind ist deshalb zu beobachten, ob eventuell bei anderen feinmotorischen Hantierungen die linke Hand führend ist. Nach einer genaueren Überprüfung sollte überlegt werden, ob dem Kind das Schreiben mit der linken Hand erlaubt wird. Eine massive kaschierte Linkshändigkeit könnte u.U. zu einer großen Belastung des Kindes führen.

Die optisch-graphomotorische Differenzierungsfähigkeit der Schüler ist, bezogen auf das Schreiben- und Lesenlernen, altersgerecht entwickelt, wenn alle fünf Zeichen entsprechend der Vorlagen korrekt abgemalt wurden. Es ist davon auszugehen, dass darin der benötigte Standard im Niveau der optisch-graphomotorischen Differenzierungsfähigkeit für das Lesen- und Schreibenlernen zum Ausdruck kommt.

Treten bei Erstklässlern unzureichende Lösungen auf, ist eine Förderung in diesem Wahrnehmungsbereich erforderlich. Dabei sollte auf die bewusste Beachtung von optischen Details und Raum-Lage-Modalitäten orientiert werden. Effektiv sind derartige Übungen vor allem dann, wenn z.B. bei Bilderklärungen oder in realen Situationen visuell-sprechakustische Assoziation angeregt werden: »Wo steht der Teller?« – »Der Teller steht vor der Vase.« – »Wo steht die Vase?« – »Die Vase steht hinter dem Teller.« – »Wo liegt der Löffel?« – »Der Löffel liegt rechts neben dem Teller« usw. Hinweise, wie die Förderung zu gestalten ist, finden sich im Abschnitt 2.3. dieses Buches.

Beispiele für richtige und falsche Lösungen von Aufgaben zur optisch-graphomotorischen Differenzierungsfähigkeit

Zeichen 1: richtige Lösungen

falsche Lösungen

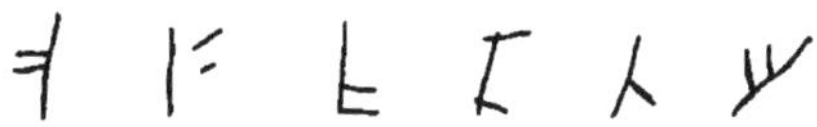

Zeichen 2: richtige Lösungen

falsche Lösungen

Zeichen 3: richtige Lösungen

falsche Lösungen

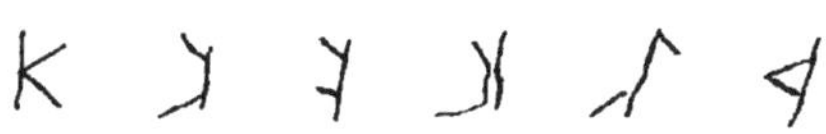

Zeichen 4: richtige Lösungen

falsche Lösungen

Zeichen 5: richtige Lösungen

falsche Lösungen

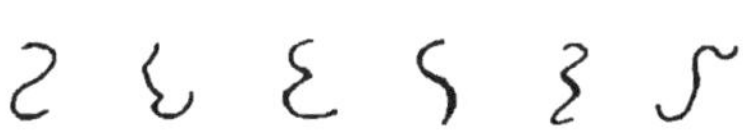

2.2.2.2 Überprüfung der phonematischen Differenzierungsfähigkeit

Phonematische Unzulänglichkeiten, die zumeist im Alltagsverhalten des Kindes nicht auffallen, sind ohne entsprechende Prüfmittel nicht zu erkennen. Dazu reicht die normale Qualifikation einer Kindergärtnerin und eines Normalpädagogen nicht aus. Natürlich werden jene phonematischen Störungen von jedermann bemerkt, die als Folge einer Schwerhörigkeit auftreten. In diesen Fällen bemerkt der Grundschullehrer ihre Folgen in Schwierigkeiten der Lautanalyse und -synthese. Schwere phonematische Störungen äußern sich außerdem mehr oder weniger deutlich als Stammelfehler. Nicht immer beruhen Stammelfehler aber auf motorischen Retardierungen. Um herauszufinden, ob Stammelfehler oder Schwierigkeiten beim Lesen- und Schreibenlernen auf einer sprechmotorischen Schwäche oder/und auf sensorischen Mängeln beruhen, wird bei der Überprüfung des phonematischen Wahrnehmungsbereiches das Prinzip der Phonemvergleiche genutzt. Dieses Verfahren hat sich in der logopädischen Praxis als Methode seit langem bewährt (Schilling, A. und H. Schäfer 1962; Theiner, Ch. 1968). Für das Anliegen des Grundschullehrers und der Kindergärtnerin zur Ermittlung pädagogischer Ansatzstellen mithilfe der »Differenzierungsprobe« wird die Methode des Phonemvergleichs mittels bildlicher Repräsentationen klangähnlicher Begriffe verwendet. Die »Differenzierungsprobe« benutzt dafür zehn Bildkarten. Dabei wurden solche Phonemvergleiche gewählt, die der Häufigkeit im Auftreten von phonematischen Unsicherheiten bei Kindern dieses Alters entsprechen.

Auf den zehn Bildtafeln (plus einer Bildtafel als Probeaufgabe zur Sicherung des Verständnisses für die Aufgabe) sind jeweils zwei Begriffe unterschiedlichen Inhalts zeichnerisch dargestellt. Vom Wortklang der Wortbegriffe her werden phonematische Verwechslungen begünstigt, weil sie sich nur durch ein bedeutungstragendes Phonem unterscheiden. Die bildliche Darstellung muss so einfach und klar wie möglich sein, damit die gedankliche Aktualisierung der für den Phonemvergleich benötigten Wörter problemlos gelingt. Eine Unterscheidung z.B. von »Nadel« und »Nagel« bzw. von »Kanne« und »Tanne« erfordert, dass mindestens eines der Wörter für das Kind als Bezeichnung für einen der beiden Bildinhalte geläufig ist. Das reicht bei phonematischer Sicherheit aus, die angestrebte Unterscheidung der beiden Begriffe zu vollziehen. Wären beide Bilddarstellungen unklar, wäre die phonematische Leistung nicht zu beurteilen.

Durchführung der Untersuchung
(die Bildtafeln befinden sich im Anhang S. 249ff.)

Zunächst wird mit der Bildtafel 0 »Keller – Teller« in die Aufgabe eingeführt. Die Bildtafel liegt vor dem Kind. Der VL sagt u.a.: »Du musst genau hinhören. Auf dem einen Bild siehst du einen Keller (das Kind das Bild zeigen lassen), auf dem anderen Bild einen Teller (auch dieses Bild zeigen lassen). Keller – Teller (kleine Pause), das hört sich fast gleich an. Ich sage jetzt ein Wort und du zeigst auf das betreffende Bild. Zeige Teller!«

Um zu vermeiden, dass sich die Kinder auf eine Seite der Bildtafel einstellen, nennt der VL nach »zeige« in den nächsten Aufgaben im beliebigen Wechsel eines der beiden Wörter des Wortpaares. Es ist unwahrscheinlich, dass ein Kind durch Zufall alle zehn Aufgaben trotz phonematischer Schwächen richtig löst. Da nur bei 5% der Kinder, die phonematisch unsicher sind, diese Wahrnehmungsschwäche isoliert auftritt, würde das betreffende Kind sicher in anderen Wahrnehmungsbereichen auffällig und damit in den lautsprachlichen Grundlagen gefördert werden. In 95% der Fälle sind phonematische Schwächen mit anderen Sprachwahrnehmungsschwächen verbunden.

Manche Kinder schauen nicht auf die Bildtafel, sondern auf den Mund des VL. In diesen Fällen verdeckt der VL mit der Hand seinen Mund, um ein Ablesen des Wortes vom Mund auszuschließen. An sich beobachten die ABC-Schützen sehr genau den Mund des sprechenden Lehrers. Kinder mit phonematischen Schwächen konzentrieren sich dabei besonders. Spricht der Lehrer deutlich artikuliert und ohne Hast, unterstützt er das Absehen der Lippenbewegungen und erleichtert damit das Erkennen der Laute. Beim Unterscheiden der Artikulationsbewegungen z.B. bei »Tasche« und »Tasse«erkennt das gut beobachtende Kind das unterschiedliche Vorstülpen der Lippen bei beiden Wörtern. Je konzentrierter Kinder und je intelligenter sie sind, desto besser vermögen sie ihre phonematische Schwäche zu kompensieren bzw. zu kaschieren.

In normaler Umgangssprache wird eines der beiden Wörter gesprochen. Eine überdeutliche Artikulation ist zu unterlassen, weil sie über die tatsächlichen phonematischen Differenzierungsmängel des Kindes hinwegtäuschen würde.

Befolgt das Kind die Aufforderung nicht, wiederholt der VL das betreffende Wort in Verbindung mit »Zeige«, also z.B. »Zeige Keller«. Der Artikel des Wortes wird nicht mitgesprochen. Die Aufforderung bei der Probe kann mehrmals wiederholt werden, um sicher zu sein, dass die Aufgabe verstanden worden ist. Bei den Prüfaufgaben (Bildtafeln 1 bis 10) darf die Aufforderung »Zeige …« nur einmal erfolgen.

Es kommt vor, dass Kinder fragend zum VL schauen, um bestätigt zu bekommen, ob sie das Richtige gezeigt haben. Darauf kann er mit folgenden Hinweisen reagieren: »Du machst das richtig«, »Du hast es verstanden«, »So kannst du weitermachen«. Derartige Hinweise dienen der Ermunterung. Korrekturen und zusätzliche Hilfen sind zu unterlassen.

Sobald das Kind bei der Probeaufgabe mit dem Finger eindeutig auf ein Bild weist (nicht unbedingt auf das Richtige), kann mit den Bewertungsaufgaben begonnen werden. Viele Kinder erfassen das Wesen der Aufgabe sehr schnell. Bei ihnen kann die Instruktion verkürzt werden. Es wird die Bildtafel gezeigt und z.B. gleich gesagt: »Tanne – Kanne, zeige …«.

Bildtafel 1: »Auf dem einen Bild sehen wir einen Kopf, auf dem anderen Bild sehen wir einen Topf. Kopf – Topf, zeige ...«

Bildtafel 2: »Auf dem einen Bild sehen wir eine fette Gans. Auf dem anderen Bild sehen wir einen lustigen Tanz. Gans – Tanz, zeige ...«

Bildtafel 3: »Auf dem einen Bild sehen wir einen dicken Mann, der ist satt. Auf dem anderen Bild sehen wir einen Sack. Satt – Sack, zeige ...«

Bildtafel 4: »Auf dem einen Bild liegt ein Kind im Bett. Es ist krank. Das Kind auf dem anderen Bild hatte großen Durst, es trank. Krank – trank, zeige ...«

Bildtafel 5: »Auf dem einen Bild will die Mutti Kuchen backen. Auf dem anderen Bild will das Kind baden. Backen – baden, zeige ...«

Bildtafel 6: »Auf dem einen Bild ist eine Tanne, auf dem anderen Bild eine Kanne. Tanne – Kanne, zeige ...«

Bildtafel 7: »Auf dem einen Bild ist ein Nagel, auf dem anderen Bild ist eine Nadel. Nagel – Nadel, zeige ...«

Bildtafel 8: »Auf dem einen Bild ist ein Kamm, auf dem anderen ist ein Kahn. Kamm – Kahn, zeige ...«

Bildtafel 9: »Auf dem einen Bild ist eine Tasche, auf dem anderen Bild eine Tasse. Tasche – Tasse, zeige ...«

Bildtafel 10: »Auf dem einen Bild sagt die Mutti zu dem Kind: ›Wasche!‹ Auf dem anderen Bild hält ein Soldat Wache. Wache – Wasche, zeige ...«

Bei der Untersuchung von leistungsschwachen Kindern ist es statthaft, die Instruktion durch Zusätze zu erweitern, die das inhaltliche Verständnis fördern. Zum Beispiel beim Phonemvergleich 1 »... den Kopf von einem Jungen«, Phonemvergleich 3: »Auf dem einen Bild sehen wir einen dicken Mann. Er hat viel gegessen. Sein Bauch ist voll. Er ist satt. Auf dem anderen Bild sind Kohlen im Sack. Satt – Sack, zeige ...« usw.

Bewertung der Ergebnisse

85% der Schulanfänger lösen die geforderten Phonemvergleiche einwandfrei. Aus Längsschnittuntersuchungen geht hervor, dass phonematisch Schwächen umso nachhaltiger das Schreiben- und Lesenlernen belasten, je länger sie andauern. Für die Bewertung gilt:

1. Fällt auch nur ein Phonemvergleich falsch aus, lautet das Gesamtergebnis »–«. Die Probeaufgabe wird nicht gewertet.
2. Es sind alle Schüler zu fördern, bei denen zwei und mehr Phonemvergleiche falsch ausfallen.
3. Hinter einem einzelnen Ausfall verbirgt sich nicht unbedingt eine phonematische Schwäche. Die Fehlleistung kann auch Ausdruck situativer oder habi-

tueller Konzentrationsmängel sein, obwohl bei der Art und Kürze der Aufgaben nur in Ausnahmefällen Konzentrationsmängel auftreten.
Da eine Förderung im phonematischen Bereich immer auch eine Aufmerksamkeitsschulung bedeutet, erweist sie sich zugleich als Konzentrationshilfe.
4. Phonematische Unzulänglichkeiten verdienen immer Aufmerksamkeit, besonders wenn sie gekoppelt mit Ausfällen in anderen sprachbezogenen Wahrnehmungsbereichen auftreten.

2.2.2.3 Überprüfung der kinästhetischen Differenzierungsfähigkeit

Zur Überprüfung der kinästhetisch-artikulatorischen Differenzierungsfähigkeit wurde die Nachsprechprobe von Guthke (1964) mit geringfügigen Abweichungen übernommen. Vom Kind sind Wörter nachzusprechen, die schwer zu artikulieren sind:

»Postkutsche«,
»Aluminium« und
»Schellfischflosse«.

Diese Wörter sind den meisten Kindern nicht geläufig. Das ist beabsichtigt, weil es auf die Überprüfung der Fähigkeit des Kindes ankommt, Vorgesprochenes, auch wenn es unbekannt ist, korrekt nachzusprechen. Diese Fähigkeit beherrschen bei Schuleintritt etwa 85% der Kinder. Die übrigen Kinder haben beim Nachsprechen von bestimmten Konsonanten und Konsonantenverbindungen häufig Schwierigkeiten. Die Prüfwörter wurden nach diesem Gesichtspunkt ausgesucht, um sicher zu sein, ob ein Kind korrekt zu artikulieren vermag. Diese Fähigkeit könnte nicht geprüft werden, wenn es sich um ein bereits fest eingeschliffenes sprechmotorisches Muster handeln würde. Von einigen Pädagogen, die das eigentliche diagnostische Anliegen zunächst nicht erkennen, wird das Nachsprechen kindgemäßer, bekannterer Wörter mit der Begründung gefordert, die Prüfwörter seien zu schwierig. Hier wird übersehen, dass die Feststellung sprechmotorischer Mängel im Interesse des Kindes liegt.

Die Instruktion lautet: »Ich spreche dir jetzt ein Wort vor, passe gut auf, damit du es richtig nachsprechen kannst. Du sprichst erst dann, wenn ich das Wort gesprochen habe. Höre gut zu!« Der VL artikuliert deutlich und langsam, ohne Übertreibung. Eine deutliche Artikulation ist nicht mit einer theatralischen zu verwechseln. Das ist nicht immer einfach. Es gehört ein geübtes Ohr dazu, auch feinere Aussprachefehler herauszuhören. Zwischen den Wortteilen »Post« und »kutsche« wird eine kurze Pause gemacht. Derartige Pausen sind auch bei den anderen Versuchswörtern im Protokollblatt mit einem Querstrich markiert. Wird das Wort richtig nachgesprochen, spricht der VL das nächste Wort zum Nachsprechen vor. Wenn dem Kind beim Nachsprechen Fehler unterlaufen, unterlässt der VL Korrekturen oder bewertende Bemerkungen und sagt: »Gut so, sprich noch einmal: Post-kutsche.« Diese positiven Ermunterungen sollen verhindern, dem Kind seine Schwäche bewusst werden zu lassen.

Insgesamt sind bei jedem Wort zwei Wiederholungen möglich. Treten auch bei der zweiten Wiederholung (also beim dritten Nachsprechen) immer noch Artikulationsfehler auf, wird mit ermunternden Bemerkungen zum nächsten Wort übergegangen. Dazu fordert der VL auf: »So, und jetzt sprechen wir ein anderes Wort. Erst spreche ich wieder das Wort, dann sprichst du nach. Höre zu: Alu-minium.« Bei diesem Wort achtet der VL beim Sprechen darauf, keine Verschleifung durch die Einfügung eines »j« eintreten zu lassen (Aluminijum).

Die Aufforderung zur Wiederholung wird von einigen Kindern als Misserfolg erlebt. Man bemerkt ihr Unbehagen. Umso wichtiger sind positive Bestätigungen. In seltenen Fällen verweigert das Kind die Wiederholung, weil ihm die Fehler peinlich werden. In diesen Fällen ist seitens des VL eine besonders freundliche, den Tatbestand der Wiederholung bagatellisierende Zuwendung notwendig. Das Nachsprechen ist nicht zu erzwingen. Die Leistung des Kindes wird mit »–« bewertet.

Das dritte Versuchswort wird zunächst wie folgt dargeboten: »Jetzt sprechen wir ein sehr langes Wort. Zuerst sprich mir nach: Schell-fisch.« Das Nachsprechen dieses Teilwortes wird nicht wiederholt und nicht gewertet. Danach lautet die Aufforderung: »Jetzt kommt das ganz lange Wort. Höre gut zu: Schell-fisch-flosse.«

Bewertung der Ergebnisse

Der VL muss äußerst genau auf die Artikulation der vom Kind nachgesprochenen Wörter achten, um Abweichungen in der Aussprache zu erkennen. Die Bewertungen werden auf dem Protokollblatt hinter den einzelnen Wörtern wie folgt eingetragen:

- Das Nachsprechen des Wortes gelingt sofort und ohne Fehler: 3 Punkte
- Das Nachsprechen gelingt nach der ersten Wiederholung ohne Fehler: 2 Punkte
- Das Nachsprechen gelingt erst nach der zweiten Wiederholung ohne Fehler: 1 Punkt
- Das Nachsprechen gelingt auch nach der zweiten Wiederholung nicht ohne Fehler: 0 Punkte

Damit ergeben sich maximal 9 Punkte, wenn das Kind alle drei Wörter beim ersten Nachsprechen ohne Fehler artikuliert. Die Gesamtpunktzahl wird aus der Summe der bei den einzelnen Wörtern erreichten Ergebnisse wie folgt berechnet: Erreicht das Kind eine Gesamtpunktzahl von sechs* und mehr Punkten, wird das Gesamtergebnis mit »+« gewertet. Seine kinästhetisch-artikulatorischen Fähigkeiten sind altersgerecht entwickelt. Werden fünf oder weniger Punkte erzielt, lautet das Gesamtergebnis in diesem Bereich »–«.

Eine Förderung ist zu empfehlen und wird umso dringlicher, je weniger Punkte vom Schüler erreicht werden. Oft liegt noch ein rudimentäres Stammeln vor.

Als Nachsprechfehler gelten:

1. Auslassen von Lauten (z.B. Poskutsche, Schellfischfosse, Aluminum usw.);
2. Hinzufügung von Lauten (z.B. Postkutscher, Schnellfischflosse, Schellflischflosse, Albuminium, Aluminijum);
3. Ersetzen von Lauten durch andere (z.B. Kostkutsche, Posttutsche, Alumilium, Schelltischfolosse, Schellfischfrosse);
4. Laute werden in der Position vertauscht (z.B. Potskutsche, Postkutschte, Alulinium, Schellfilschfosse);
5. andere Stammelfehler als deutlich hörbare Abweichungen von richtigen Lautbildungen;
6. mehrere dieser Fehler treten gleichzeitig beim Nachsprechen auf.

Drei von vier Kindern sind bereits ein Jahr vor Schuleintritt frei von derartigen Artikulationsfehlern. Etwa jeder zehnte Schulanfänger beginnt seine Schullaufbahn mit förderbedürftigen Artikulationsmängeln.

Durch das Schreiben- und Lesenlernen verringern sich diese Mängel weiter. Beide Kulturtechniken unterstützen die Ausbildung der Sprechmotorik. Ist das nicht der Fall, wirken sich Artikulationsmängel sehr negativ auf die Rechtschreibung aus. Eine logopädische Betreuung ist angezeigt, wenn bei einem Schüler der ersten Klasse Artikulationsmängel noch Wochen nach Schulbeginn weiterbestehen.

Auch für die Beurteilung des sprech-kinästhetischen Niveaus gilt, etwaige Rückstände mit den Ergebnissen in den anderen Wahrnehmungsbereichen zu vergleichen. Eine sprechmotorische Förderung wirkt sich auch auf die übrigen Sprachwahrnehmungsbereiche positiv aus, besonders deutlich auf die phonematische und rhythmische Differenzierungsfähigkeit.

2.2.2.4 Überprüfung der melodischen Differenzierungsfähigkeit

Dieser wichtigen Komponente für das Sprechen-, Schreiben- und Lesenlernen und für die intellektuelle Entwicklung insgesamt wird in einschlägigen und stan-

* In früheren Veröffentlichungen galten bereits fünf Punkte als Pluslösung. Dieser Wert hat sich für Schulanfänger inzwischen als zu niedrig erwiesen.

dardisierten Entwicklungstests für Kinder kaum Beachtung geschenkt. Das dürfte in einer unberechtigten Gleichsetzung von Musikalität und der Fähigkeit zur Differenzierung der Sprechmelodie liegen. Den für das Sprechen-, Schreiben- und Lesenlernen erforderlichen Standard der Melodiedifferenzierung bewältigen auch so genannte unmusikalische Kinder. Wiegen- und einfache Kinderlieder sind außergewöhnlich nützlich, um diesen Standard der Intonationsdifferenzierung ausprägen zu helfen. Sie stellen an die Unterscheidung von Tonhöhen und Tonhöhenverläufen ähnliche Anforderungen, wie sie normalerweise in umgangssprachlichen Intonationen auftreten.

Die Erfassung der melodischen Differenzierung ist auf verschiedene Weise möglich. Üblich ist z.B. das Nachsingen von Melodiefragmenten, die auf einem Instrument (auch Tonträger) vorgespielt oder vom VL vorgesungen werden. In diesen Fällen muss allerdings der VL selbst ein Instrument spielen oder melodiegetreu vorsingen können bzw. einen Tonträger zur Verfügung haben. Im Ergebnis zahlreicher Versuche erwies sich folgende Variante als geeignet: Das Kind wird aufgefordert, das bekannte Kinderlied »Alle meine Entchen« zu singen. Dazu sind nur wenige Kinder nicht in der Lage oder bereit. Ist das Lied unbekannt oder wird es abgelehnt, kann das Kind auch ein anderes einfaches Kinderlied wählen.

Die Instruktion lautet: »Weißt du was, jetzt singst du mir ein schönes Lied vor. Kennst du das Lied ›Alle meine Entchen‹? Singe es mir einmal vor.«

Manche Kinder haben Hemmungen, mit dem Singen sofort zu beginnen oder allein zu singen. In diesen Fällen ermuntert der VL zunächst: »Wir werden beide zusammen singen.« Der VL beginnt das Lied zu singen. Sobald das Kind mitsingt, wird der VL immer leiser und das Kind singt allein weiter.

Ist das Kind im Moment nicht zu veranlassen, ein Lied zu singen, darf es nicht gezwungen werden. Ein Kind, das zu etwas gezwungen wird, verliert die Freude am Mitmachen. Man kann die Aufgabe zu einem anderen Zeitpunkt durchführen. Auch beim gemeinsamen Singen lässt sich die Sicherheit in der Melodieführung heraushören, vorausgesetzt der VL steht neben oder hinter dem Kind.

Bewertung der Ergebnisse

Zum Zeitpunkt des Schuleintritts sind etwa noch 10% der Kinder nicht in der Lage, ein einfaches Kinderlied melodiegetreu zu singen. Dieser Anteil ist nicht wesentlich geringer als bei Kindern, die ein Jahr jünger sind. Das geforderte Niveau der melodischen Sicherheit wird von der überwiegenden Mehrzahl der Kinder schon frühzeitig erreicht. Es kommt nur ganz selten vor, dass Kinder allein im melodischen Bereich unsicher sind. Fast immer zeigen Kinder mit melodischen Schwächen auch in anderen sprachbezogenen Wahrnehmungsbereichen Rückstände.

Insgesamt ist eine melodische Differenzierungsschwäche (immer bezogen auf die Anforderungen eines einfachen Kinderliedes) als Handicap für das Lernen im Anfangsunterricht anzusehen.

Als Unzulänglichkeiten gelten Melodieabweichungen und grobe Rhythmusfehler. Da keine exakten Normwerte für die Bewertung der melodischen Differenzierungsfähigkeit vorgegeben werden können, ist der VL auf sein eigenes Urteil angewiesen. Bei Bestimmungen der Objektivität dieser Bewertungen konnte Große-Thie (1977) jedoch nachweisen, dass z.B. Kindergärtnerinnen dabei eine weitgehende Übereinstimmung erreichen.

Komplizierter ist es für VL, die selbst Schwierigkeiten haben, melodiegetreu zu singen. Sie sollten melodisch »sattelfeste« Partner unauffällig zu Rate ziehen. Ist ein Kind in allen anderen Wahrnehmungsbereichen sicher, dann ist zu erwarten, dass eine melodische Unsicherheit perspektivisch weniger ins Gewicht fällt. Dennoch sind Anregungen zum Singen, Musizieren und Tanzen zu empfehlen.

Die Bewertung erfolgt alternativ mit »+« oder »–«. Ist der VL unsicher, ob er mit »+« oder »–« bewerten soll, ist die Entscheidung für »–« zu empfehlen, damit eine Förderung eingeleitet werden kann. In ihrem Gefolge ist eine eindeutige Bewertung bald möglich.

2.2.2.5 Überprüfung der rhythmischen Differenzierungsfähigkeit

Auch die rhythmische Differenzierungsfähigkeit spielt in klassischen Entwicklungsdiagnosen oft eine untergeordnete Rolle. Das ist sehr verwunderlich, weil die Fähigkeit zur rhythmischen Gliederung und Strukturierung als übergreifendes Wesensmerkmal von Informationsverarbeitungsprozessen angesehen werden kann. Gliedernde und andere strukturierende Merkmale sind Bausteine für die Kodierung von Laut- und Schriftsprache und damit auch des Denkens. Rhythmische Gliederungen lassen sich innerhalb aller sprachbezogenen Wahrnehmungsbereiche nachweisen. Sie besitzen deshalb eine übergreifende, integrative Funktion.

Im Ergebnis umfangreicher Längsschnittuntersuchungen über die gesamte Schullaufbahn hinweg haben sich zur Überprüfung der sprachbezogenen rhythmischen Differenzierungsfähigkeit bei Vorschulkindern und jüngeren Schulkindern relativ einfache Aufgaben bewährt, die eine Verbindung von akustischen und motorischen Gliederungen beinhalten.

Durchführung der Untersuchung

Dem Kind wird ein Takt vorgeklatscht, den es nachzuklatschen hat. Bei der Probeaufgabe soll das Kind das Klatschen des VL auch sehen. Bei den Bewertungsaufgaben jedoch wendet das Kind dem VL den Rücken zu, damit die Klatschbewegungen optisch nicht wahrgenommen werden können. Der Klatschrhythmus wird als eine unterschiedliche Folge von »kurz« – »lang« geklatscht. Für »kurz« steht in der Instruktion ein Punkt (.), für »lang« ein Strich (–). Der Strich ist jeweils auch der betonte Teil. Das ist in der Probeaufgabe der dritte Schlag, in der ersten Wertungsaufgabe der erste, in der zweiten Wertungsaufgabe der zweite. Der betonte Teil wird durch kräftigeres Klatschen hervorgehoben.

Die Instruktion lautet: »Du kannst doch schon mit den Händen klatschen. Klatsche mal. Fein. Nun spielen wir genaues Klatschen. Ich klatsche dir etwas vor, du hörst genau zu, damit du auch so klatschen kannst. Du darfst erst klatschen, wenn ich aufhöre. Pass auf.« Der VL klatscht: . . – . »Jetzt du.«

Klatscht das Kind falsch, sagt der VL »schön!« und lässt die Aufgabe wiederholen. Der Klatschrhythmus der Probeaufgabe kann bis zu zweimal wiederholt werden. Die Wiederholung wird mit der Bemerkung: »Gut so, höre wieder genau zu. Jetzt klatschen wir noch einmal« angeregt.

Fällt das Ergebnis wieder negativ aus, beginnt der VL trotzdem mit der ersten Wertungsaufgabe. Er fordert den Schüler nun auf, ihm den Rücken zuzukehren und wieder ganz genau hinzuhören. VL: »Pass auf, jetzt klatsche ich.« Die erste Wertungsaufgabe: – . . VL: »Jetzt du.« Bei einer Fehlleistung sagt der VL: »Wir klatschen noch einmal, ich klatsche wieder vor.« Der VL klatscht und lässt wiederholen. Eine zweite Wiederholung entfällt. Dieser Vorgang wiederholt sich bei der zweiten Wertungsaufgabe: . – . .

Bewertung der Ergebnisse:

Jede Abweichung vom vorgeklatschten Rhythmus (außer bei der Probeaufgabe) gilt als Fehler. Wird die Aufgabe bereits beim ersten Nachklatschen richtig gelöst, erhält das Kind dafür 2 Punkte. Gelingt das Klatschen erst im zweiten Versuch (nachdem der VL noch einmal vorgeklatscht hat), wird 1 Punkt vergeben. Gelingt der zweite Versuch nicht, werden 0 Punkte eingetragen. Ein nochmaliges Wiederholen entfällt. Ermunternde und bestätigende Bemerkungen sind auch in diesem Falle notwendig, um das Erleben eines Misserfolgs zu verhindern. Niemals erfolgt eine Bewertung mit »Das war falsch, noch einmal!« oder »Das war falsch, das kannst du nicht!«. Der Ausklang der Überprüfung muss für das Kind angenehm sein, es muss sich geborgen fühlen. Gegebenenfalls kann ohne Rhythmus gemeinsam »Beifall« geklatscht werden. Die höchste Punktzahl beträgt 4, wenn beide Aufgaben im ersten Versuch richtig nachgeklatscht werden. 3 Punkte erreicht das Kind, wenn es eine Aufgabe im ersten, die andere Aufgabe im zweiten Versuch löst.

Ein positives Ergebnis ist auch dann erreicht, wenn beide Aufgaben im zweiten Versuch richtig gelöst werden. Erreicht das Kind weniger als 2 Punkte, dann gilt die Gesamtaufgabe als nicht gelöst und wird mit »–« bewertet.

Ein Jahr vor Schulbeginn erreichen bereits mehr als die Hälfte aller Kinder positive Ergebnisse, also wenigstens 2 Punkte. Bei Schuleintritt zeigen noch etwa 15% der Schulanfänger Rückstände in diesem wichtigen Bereich. Ähnlich wie bei der melodischen Differenzierung treten Rückstände in der Fähigkeit zur rhythmischen Differenzierung nur selten isoliert auf. Das unterstreicht die zentrale Bedeutung dieser Fähigkeit im Ensemble sprachbezogener Wahrnehmungsleistungen.

Für die Auswertung gelten folgende Orientierungen:

1. Kinder mit weniger als 2 Punkten sind hinsichtlich ihrer rhythmischen Differenzierungsfähigkeit zu fördern, weil Unsicherheiten weit reichende Auswirkungen haben können und schwer aufzuholen sind.
2. Rhythmusschwächen treten häufig in Kombination mit anderen Differenzierungsmängeln auf.
3. Massive Rhythmusschwächen sind kurzzeitig kaum zu verbessern. Bei der Förderung muss man sich auf längere Zeiträume einstellen und deshalb viel Geduld zeigen.

2.2.2.6 Zusammenfassende Bewertung der Diagnosebefunde

Rückstände im Niveau der sprachbezogenen Wahrnehmungsbereiche haben zu verschiedenen Zeitpunkten in der Entwicklung des Kindes eine prognostisch unterschiedliche Bedeutung.

Zunächst ist daran zu denken, dass es innerhalb eines Einschulungsjahrganges große Altersunterschiede gibt. In den Schulklassen sind die jüngsten gegenüber den ältesten Kindern des jeweiligen Altersjahrganges bis zu einem Jahr jünger. Damit können beträchtliche Differenzen im Leistungsniveau psychophysischer Funktionen zusammenhängen, weil sich diese in der Zeit ausformen (Naegele/Valtin 1989). Wenn man z.B. bedenkt, dass der Sprechbeginn normalerweise um das erste Lebensjahr liegt, stehen den älteren Kindern des Einschulungsjahrganges zwölf Monate mehr zur Vervollkommnung ihrer lautsprachlichen Leistungen zur Verfügung.

Die Entwicklungsunterschiede innerhalb einer Anfängerklasse können aber noch gravierender sein, wenn im Einzelfall Entwicklungsverzögerungen oder -beschleunigungen auftreten. Beginnt ein jüngeres Kind des Einschulungsjahrganges erst mit dem zweiten Lebensjahr zu sprechen, dann dezimiert sich die verfügbare Zeit für Entwicklungsfortschritte im sprachlichen Bereich zusätzlich.

Ähnliche Streuungen, die durch das Lebensalter und individuelle Entwicklungsabläufe bedingt sind, betreffen z.B. auch die Motorik. Die Mühe, die in die Förderung der sprachbezogenen Wahrnehmungsbereiche investiert wird, zahlt sich bei den meisten in deren Fortschritten beim Lesen- und Schreibenlernen aus. Sie erreichen den Anschluss an die Leistungen ihrer Klassengefährten und hören auf, Sorgenkinder zu sein.

Eine Wiederholungsuntersuchung mit der DP I empfiehlt sich nach etwa dreimonatiger Förderung. Die Befunde aus einer derartigen Wiederholungsuntersuchung mit der DP I werden sich in der Regel von denen der ersten Untersuchung mit der DP I positiv unterscheiden. Sollten dennoch in einzelnen Sprachwahrnehmungsbereichen Rückstände sichtbar werden, ist die Förderung weiterzuführen (Pischner 1988). Bei lese-rechtschreib-schwachen Schülern, die bei der Wiederholungsuntersuchung mit der DP I keine Sprachwahrnehmungsdefizite zu erkennen geben, ist eine Untersuchung mit der DP II zu empfehlen. Dieses Verfahren lässt verbosensomotorische Rückstände bei den inzwischen älter gewordenen Schülern, die sich außerdem durch Unterricht und Förderung in ihren Sprachwahrnehmungsleistungen weiterentwickeln konnten, schärfer hervortreten. Wie wichtig ein altersgerechter Standard im Niveau der Sprachwahrnehmungsfunktionen für das Lernen in der Schule ist, zeigt sich an Schülern, die wegen globaler oder partieller Lernschwierigkeiten in der Schule auffällig werden. Der Vergleich ihres Sprachwahrnehmungsniveaus mit den Leistungen einer unausgelesenen Gruppe von Kindern im letzten Vorschuljahr bzw. mit einer unausgelesenen Gruppe von Schülern aus den Klassen eins bis drei der Grundschule macht dies deutlich (siehe Abbildung 1).

Vier Ergebnisse dieses Vergleichs sind hervorzuheben:

1. Obwohl LRS-Schüler und Lernbehinderte etwa drei Jahre älter als die Vergleichsgruppe aus Kindern im letzten Vorschuljahr sind, erreichen sie nicht deren Sprachwahrnehmungsniveau.
2. In der unausgelesenen Population gleichaltriger Grundschüler treten nur noch Restsymptome von Sprachwahrnehmungsdefiziten auf. Sie verteilen sich ausschließlich auf leistungsschwache Schüler.
3. Bei LRS-Schülern liegt ein Schwerpunkt der Ausfälle im phonematisch-kinästhetischen Bereich. Bei Lernbehinderten liegt dieser Schwerpunkt außerdem im rhythmischen Bereich.
4. Gemeinsam ist also LRS-Schülern und Lernbehinderten ein retardiertes Sprachwahrnehmungsniveau. Es ist deshalb kaum möglich, beide Gruppen bereits im Vorschulalter oder in den ersten Schulwochen voneinander zu unterscheiden. Diese Unterscheidung ist erst im Ergebnis der Analyse ihrer Lernfähigkeit und im Effekt von Förderaktivitäten zu erreichen.

Abb. 1: Anteil von Fehlleistungen innerhalb der Wahrnehmungsbereiche bei verschiedenen Gruppen

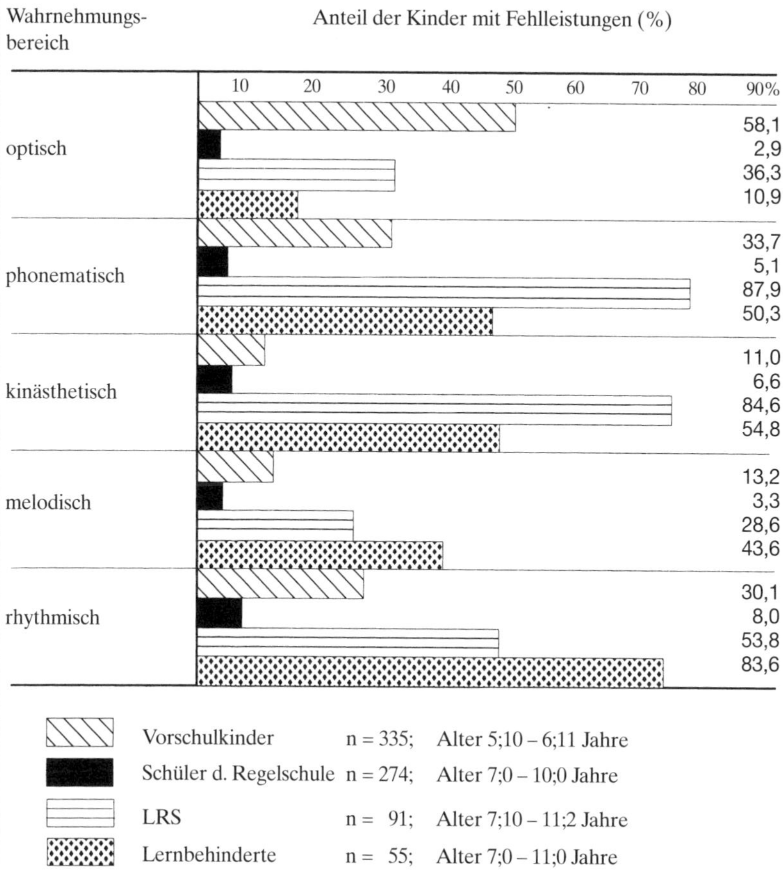

Der Vergleich eines Kontrolldiktats am Ende des ersten Schulhalbjahres bringt diese Zusammenhänge ebenfalls zum Ausdruck:

Tab. 13: Verbosensomotorisches Niveau und Diktatleistung

	Durchschnittliche Fehlerzahl im Kontrolldiktat (Ende 1. Schulhalbjahr) (n = 903; durchschn. Fehlerzahl 4,8)
Verbosensomotorikniveau gut (0 bis 1 Ausfall)	1,57
Verbosensomotorikniveau schwach (Ausfälle in 3 bis 5 Wahrnehmungsbereichen)	6,87

Der Unterschied zwischen beiden Gruppen ist enorm. Verfügt ein Kind schon frühzeitig über gute verbosensomotorische Voraussetzungen, dann sind seine Chancen auf Lernerfolge im Anfangsunterricht wesentlich besser als bei jenen Kindern, die ihre Sprachwahrnehmungsmängel durch schulisches Lernen erst überwinden müssen.

In die gleiche Richtung weisen die Ergebnisse einer Leseprobe. Im Einzelversuch wurden ca. 400 Kinder hinsichtlich ihrer Lesefähigkeit geprüft. Die Ergebnisse dieser Untersuchung decken sich praktisch vollkommen mit denen aus dem Kontrolldiktat. Die besseren Leser verfügten bereits frühzeitig über gute Sprachwahrnehmungsleistungen, während die schlechten Leser mit Sprachwahrnehmungsdefiziten bei Schuleintritt belastet waren.

Für den Pädagogen ist in diesem Zusammenhang die Frage entscheidend, ob sich das Sprachwahrnehmungsniveau durch gezielte Förderung verbessern lässt und ob im Gefolge damit die Ergebnisse beim Schreiben- und Lesenlernen verbessert werden können. Beide Fragen lassen sich eindeutig mit »ja« beantworten, ohne dass zwischen dem Sprachwahrnehmungsniveau und dem Schulerfolg monokausale Abhängigkeiten bestehen. Es kommt sowohl vor, dass sich Sprachwahrnehmungsdefizite einer Förderung entziehen bzw. erreichte Verbesserungen im Sprachwahrnehmungsniveau nicht automatisch zu besseren Ergebnissen im Schreib-Lese-Lernprozess führen. Die Gründe für diese Sonderfälle sind vielfältig. Für eine Förderresistenz kann die tiefe zentrale Verankerung der Störung im Gehirn verantwortlich sein, für die ausbleibenden Lernfolge bei verbesserten Sprachwahrnehmungsleistungen können methodisch-didaktische Schwächen des Lehrers oder das Fehlen einer positiven emotionalen Befindlichkeit des Kindes in der Schule bzw. andere Beziehungsstörungen die Ursache sein.

Die Zusammenhänge zwischen verbessertem Sprachwahrnehmungsniveau durch Förderung und dem damit erreichten Schulerfolg nach Klasse zwei gehen aus der Tabelle 14 hervor.

Tab. 14: *Sprachwahrnehmungsniveau im Vorschulalter und Schulerfolg nach Klasse 2 bei einer geförderten (n = 516) und bei einer ungeförderten (n = 988) Gruppe*		
Sprachwahrnehmungs-niveau	von wie viel % der Kinder erreicht und deren Durchschnittszensur in Lesen, Schreiben und Rechnen (in Kl. 2)	
	A	B
gut	31 (1,8)	54 (1,8)
mittel	51 (2,1)	39 (2,2)
schwach	18 (2,5)	7 (2,5)
Anm.: Gruppe A = ungefördert, Gruppe B = gefördert; beide Gruppen besuchten vor Schulbeginn einen Kindergarten.		

Der Vergleich zwischen den Sprachwahrnehmungsleistungen beider Gruppen ergibt:

1. Die Kinder der Gruppe B mit Förderung wiesen bei Schuleintritt deutlich bessere Sprachwahrnehmungsleistungen auf.
2. Die Verbesserungen drücken sich sowohl in der Zahl guter als auch in der Zahl schwacher Sprachwahrnehmungsleistungen zu Schulbeginn aus.
3. Der Zuwachs an Kindern mit besseren sowie die Reduzierung von Kindern mit schwachen Sprachwahrnehmungsleistungen führte zu keiner Reduzierung des Schulleistungsniveaus, d.h., im Ergebnis der Förderung erreichten signifikant mehr Kinder gute und signifikant weniger Kinder schwache Lernergebnisse. Ohne Förderung wären diese Ergebnisse nicht erreicht worden.
4. Mit der Förderung wurde eine positive emotionale Befindlichkeit bei deutlich mehr Kindern und eine starke Reduzierung ungünstiger Befindlichkeiten erreicht.

Bei der Interpretation der Zensuren ist zu bedenken, dass die Notenskala in den neuen Bundesländern (dort wurden die Untersuchungen durchgeführt) früher von 1 bis 5 reichten. Eine Zensur »3« in den ersten beiden Schuljahren war unter diesen Bedingungen fast immer als ein deutliches Signal von Lernproblemen anzusehen.

Sprachwahrnehmungsdefizite am Ende des ersten Schulhalbjahres können sich sowohl bei Schülern mit einer Teilleistungsschwäche als auch bei Schülern mit einer globalen Lernschwäche finden.

Lernbehinderte Kinder fallen in der Regel durch geringe Fortschritte im Unterricht und in der Förderung ihrer zumeist globalen Sprachwahrnehmungsdefizite auf. Ihre verbosensomotorische Lernfähigkeit ist wesentlich geringer als die der teilleistungsgestörten LRS-Kinder.

Eigentlich ist erst zu diesem Zeitpunkt und im Ergebnis der Förderfortschritte eine Differenzierung beider Gruppen möglich. In Begründungen innerhalb eines Gutachtens für eine Überweisung von Schülern in eine Schule für Lernbehinderte oder für die Einleitung von Fördermaßnahmen für LRS-Schüler müsste deshalb zu diesem Zeitpunkt dem Aspekt der Förderresistenz Beachtung geschenkt werden.

Allgemein lernbehinderte Schüler zeigen schwache lautsprachliche Leistungen und eine geringe Lernfähigkeit trotz Fördermaßnahmen.

Während der Untersuchung mit der DP I werden die Einzelergebnisse mit »+« oder »-« in den Rubriken des Protokolls (siehe Anhang S. 215) für die einzelnen Wahrnehmungsbereiche eingetragen. Für jeden Wahrnehmungsbereich ist außerdem zu entscheiden, ob bei Minusergebnissen eine Förderung zu empfehlen ist. In diesem Fall wird ein »F« (als Symbol für Förderung) im Anhangskästchen eingetragen.

Diese Fördervermerke werden für die einzelnen Wahrnehmungsbereiche am Ende des Protokollblattes in der Rubrik »Gesamtauswertung« zusammengefasst. Auf diese Weise ist auf einen Blick zu erkennen, in welchen Wahrnehmungsbereichen ein Kind speziell gefördert werden sollte. Zwei Beispiele für die Führung des Auswertungsprotokolls für die DP I und DP II finden sich auf Seite 103 bis 109.

Wann sollte sich der Lehrer für eine spezielle Förderung von Kindern mit Sprachwahrnehmungsdefiziten entscheiden?

1. Zu fördern sind alle Kinder, bei denen massive Ausfälle in einem oder in mehreren Wahrnehmungsbereichen auftreten.
2. Förderungsbedürftigkeit nimmt zu, wenn in mehreren Wahrnehmungsbereichen Minusleistungen festgestellt werden, vor allem wenn massive Ausfälle in einzelnen Bereichen vorliegen.
3. Nicht immer geht aus den diagnostischen Befunden eindeutig hervor, ob eine Förderung erforderlich ist. In diesen Fällen sollte sich der Lehrer immer für eine Förderung entscheiden. Im Prozess der Förderung wird er bald Klarheit erhalten, ob sie erforderlich ist.
4. Folgende Informationen können in Zweifelsfällen die Interpretation der DP-Ergebnisse ergänzen:
   - Liegen frühere Verbosensomotorik-Befunde vor, lassen sich Entwicklungstendenzen erkennen. Zu beachten dabei ist, ob eine Förderung bereits stattgefunden hat. Dazu würde auch eine Sprachtherapie zu rechnen sein.
   - Unter den Schülern können sich unter Umständen auch überalterte befinden. Treten bei ihnen immer noch verbosensomotorische Mängel auf, dann fallen diese unabhängig von den Ursachen umso schwerer ins Gewicht.
   - Immer ist von der Gesamtbefindlichkeit des Kindes und seiner Entwicklung auszugehen.

5. Verbosensomotorisch gut entwickelte Kinder verfügen fast immer auch über ein altersentsprechendes lautsprachliches Niveau. Bei einer normgerechten Aussprache, einem ausreichenden Wortschatz und einer guten Satzbildung stellen leichtere verbosensomotorische Mängel zu Schulbeginn nur selten ein Präsymptom für beständige Lernschwierigkeiten dar. Eine Ausnahme können Legastheniker bilden. Ergibt die Diagnose des Niveaus ihrer Lautsprache mit dem »Kurzverfahren zur Überprüfung des lautsprachlichen Niveaus (KVS)« S. 178 ff. altersgerechte Befunde, ist die weitere Prognose für die Entwicklung günstig.

Mit den ermittelten Diagnosebefunden ist besonders sorgfältig umzugehen. Sie dienen zur Orientierung des Lehrers, ob konkrete Förderhilfen notwendig sind. Jede isolierte Betrachtung dieser Befunde oder ihre Weitergabe an dritte Personen (etwa an Kollegen oder Eltern) kann zu Missverständnissen führen. Würde den Eltern z.B. mitgeteilt: »Ihr Kind hat in drei von fünf untersuchten Wahrnehmungsbereichen die Altersnorm noch nicht erreicht, sodass sich daraus wahrscheinlich Probleme beim Lesen- und Schreibenlernen ergeben werden«, dann würden die Eltern damit wahrscheinlich nichts anfangen können, weil sie die Zusammenhänge zwischen Sprachwahrnehmungsleistungen und dem Erwerb der Schriftsprache nicht überblicken. Übrig bliebe eine unnötige Verunsicherung. Für den Lehrer von Schülern mit förderbedürftigen Sprachwahrnehmungsrückständen kommt es in diesem Zusammenhang darauf an, sein internes Wissen den Eltern gegenüber so behutsam wie möglich auszudrücken, sodass sie verstehen, wie sie ihrem Kind noch besser helfen können. Dazu gehört es zum Beispiel, über alle Maßnahmen zu sprechen, wie etwa durch Alltagsverrichtungen eine Verbesserung der verbosensomotorischen Differenzierungsfähigkeit erreicht werden kann.

2.2.3 *Die »Differenzierungsprobe für Sechs- bis Siebenjährige bzw. für Schüler mit beständigen Lernschwierigkeiten (DP II)«*

Allgemeine Hinweise

Die »DP II« ergänzt das Verfahrenssystem zur Überprüfung sprachbezogener Wahrnehmungsleistungen bei jüngeren Schulkindern. Sie wird mit jenen Schülern durchgeführt, die trotz bisher erfolgter Sprachwahrnehmungsförderung nach wie vor große Mühen beim Schreiben- und Lesenlernen und/oder in anderen Unterrichtsfächern haben.

Die Normwerte der DP II für das Niveau der Sprachwahrnehmungsleistungen liegen höher als die der DP I. Sie sind auf die Altersstufe von Schülern der ersten Klasse bezogen. Außerdem wurde bei der DP II berücksichtigt, dass diese Schüler mehrere Monate lang bereits in den Lese-Schreib-Lernprozess einbezogen waren. Dadurch erfolgte bereits ein Training der akustischen, artikulatorischen, optischen und graphomotorischen Wahrnehmungsbereiche.

Die DP II soll Auskunft darüber geben, ob die bisher durchgeführte Sprachwahrnehmungsförderung ihre Ziele erreicht hat oder nicht. Werden bei lese-rechtschreib-schwachen Schülern mit der DP II noch immer Sprachwahrnehmungsdefizite festgestellt, so ist die Sprachwahrnehmungsförderung fortzusetzen. Mit hoher Wahrscheinlichkeit hat man es bei Förderresistenz mit einer zentralen Verankerung der Defizite zu tun.

Als Diagnosezeitraum haben sich für die DP II die Monate Januar/Februar im ersten Schuljahr als zweckmäßig erwiesen, weil dann der Lehrer unterscheiden kann, ob es sich bei den Schülern um gelegentliche (passagere) oder um andauernde (permanente) Lernprobleme handelt.

Aus vielen Vergleichsuntersuchungen ist bekannt, dass 10 bis 14% aller ABC-Schützen andauernde Lernprobleme haben. Das sind etwa drei bis vier Kinder je Klasse.

Die »DP II« wurde in einer Längsschnittuntersuchung psychometrisch abgesichert (Behrndt 1985). Dabei wurde u.a. die Schullaufbahn von 400 Kindern mit Ausgangsdaten des Sprachwahrnehmungsniveaus und anderen Entwicklungsdaten in Beziehung gesetzt.

Das Grundanliegen der DP II ist das gleiche wie das der DP I: Es werden dieselben Sprachwahrnehmungsbereiche überprüft. Die Prüfungsaufgaben wurden allerdings den höheren Analyse- und Syntheseanforderungen und -möglichkeiten im Schwierigkeitsgrad angepasst. Als Grobsiebverfahren dient die DP II der Erkundung verbosensomotorischer Defizite als mögliche Ausgangspunkte für schwache Leistungen beim Lernen.

Anliegen der Verfahrensentwicklung war es, die Diagnose auf die Kompetenz und das Anliegen von Grundschullehrern abzustimmen.

Untersuchungsdauer:

Für jeden Schüler beträgt sie kaum 20 Minuten. Dieser Zeitaufwand reduziert sich mit zunehmender Erfahrung des VL.

Jede Untersuchung ist als Einzeluntersuchung in einem störungsfreien Raum durchzuführen. Der Schüler darf nicht unter dem Eindruck vorangegangener Misserfolge stehen oder übermüdet sein. Jeder Anschein einer Prüfungs- oder Unterrichtssituation ist zu vermeiden.

Die Einstimmung des Kindes auf die Untersuchung erfolgt mit Hinweisen auf spannende Aufgaben, die eine Art Rätsel sind. Die Reihenfolge der Aufgaben ist vertauschbar. Ein Zeitlimit ist nicht vorgeschrieben.

Die jeweiligen Probeaufgaben für die einzelnen Wahrnehmungsbereiche dienen auch hier dem Zweck, beim Schüler das erforderliche Aufgabenverständnis zu sichern. Er muss begriffen haben, was von ihm verlangt wird. Erst dann ist mit den Prüfungsaufgaben zu beginnen.

Wenn in Ausnahmefällen kein Aufgabenverständnis zu erreichen ist, wird dennoch mit der ersten Prüfungsaufgabe begonnen. Kann sie der Schüler nicht lösen, wird dieser Aufgabentyp abgebrochen und insgesamt mit »–« bewertet. In einem solchen Falle wird zu den Aufgaben des nächsten Wahrnehmungsbereichs übergegangen. Der Schüler darf es nicht merken, dass er versagt hat. Entsprechende Beobachtungen können auf dem Protokollblatt festgehalten werden. Während der Untersuchung trägt der VL die Ergebnisse im Protokollblatt so ein, dass dem Kind die Bewertung verborgen bleibt.

Als Untersuchungsmaterial werden benötigt: Vorlagen für die optische und phonematische Differenzierung (siehe Anlage); für die Überprüfung der melodischen Differenzierungsfähigkeit wird ein Klavier oder ein anderes geeignetes Musikinstrument eingesetzt (z.B. Flöte, Gitarre, Schifferklavier, Xylophon) bzw. die Tonfolgen werden von einer Kassette abgespielt; Protokollblatt und Schreibzeug.

2.2.3.1 Die Überprüfung der optischen Differenzierungsfähigkeit

Im Unterschied zur »DP I« haben die Schüler jetzt schriftähnliche Zeichen untereinander zu vergleichen. Auf die graphomotorische Umsetzung wird verzichtet, weil die Kinder in diesem Alter derartige Fertigkeiten weitgehend beherrschen. Probleme dagegen gibt es noch häufig mit der Erfassung von Raum-Lage-Modalitäten. Diese Fähigkeit wird unter Beachtung von Details geprüft. Das ist notwendig, weil sich die optischen Raum-Lage-Unterschiede der einzelnen Zeichen in einer Reihe nur geringfügig unterscheiden. Begonnen wird mit der ersten Probeaufgabe. Die anderen Zeichenreihen werden abgedeckt.

Die Instruktion lautet: »Sieh dir dieses Zeichen (F) genau an. Es ist ein Strich mit zwei Winkern dran. Sie zeigen nach dieser Seite, nach rechts.« Während der VL spricht, fährt er mit dem Zeigefinger das Zeichen nach. »Zwischen diesen Zeichen« (der VL fährt mit dem Finger die Zeile der Zeichen von links nach rechts ab) »ist dieses Zeichen« (der VL zeigt noch einmal auf das Anfangszeichen) »versteckt. Suche es. Es sieht ganz genau so aus wie dieses erste Zeichen.«

Gelingt es dem Kind nicht, das richtige Zeichen zu finden, hilft ihm der VL. Er nimmt den Zeigefinger des Kindes und sucht mit dem Kind gemeinsam. Dabei erklärt er – immer mit der Orientierung auf das Anfangszeichen – die Merkmale des zu suchenden Zeichens. Ist es gefunden, sagt der VL: »Aha, hier ist ja das Zeichen. Es ist ein Strich mit zwei Winkern dran. Schau, es sieht genau so aus wie das Zeichen hier vorn.«

Analog ist mit der zweiten Probeaufgabe zu verfahren. Das Zeichen wird so erklärt: »Jetzt suchen wir dieses Zeichen (Z). Bei diesem Zeichen geht es rüber, runter und wieder rüber. Nun suchst du das Zeichen in dieser Reihe.« (Der VL fährt mit dem Zeigefinger die Reihe ab.)

Auch bei dieser Probe können Hilfen gegeben und die wesentlichen Details beim Suchen besprochen werden.

Bei den vier nachfolgenden Prüfaufgaben erhält das Kind keine helfenden Hinweise. Vom VL werden die Konturen der Anfangszeichen mit den Fingern nicht nachgezogen. Es wird nur verbal erläutert. Wenn das Kind den VL fragt oder fragend anschaut, darf er nur freundlich sagen: »Schau genau hin, ob es genau so aussieht wie das erste Zeichen. Dann zeige es mir.« Zeigt das Kind schließlich auf ein Zeichen, dann sagt der VL: »So, jetzt suchen wir das nächste Zeichen.«

Die Anfangsbuchstaben werden den Kindern wie folgt erläutert:

1. Zeichen: (S) »Sieh dir jetzt dieses Zeichen genau an. Es sind Kurven, suche es in dieser Reihe.«
2. Zeichen: (.I˙) »Nun suchen wir dieses Zeichen. Ein Strich, oben ein Punkt und unten ein Punkt. Suche es in dieser Reihe.«
3. Zeichen: (+|) »Nun kommt dieses Zeichen dran. Ein Kreuz und ein Strich daran. Suche es in dieser Reihe.«
4. Zeichen: (9)»Dieses Zeichen ist ein Kringel. Suche es in dieser Reihe.«

Bewertung der Ergebnisse:

Das vom Kind gewählte Zeichen wird im Protokollblatt durchgestrichen. Das ist für weiterführende Untersuchungen nützlich (z.B. wenn tendenziell immer spiegelverkehrte oder völlig anders strukturierte Zeichen gewählt werden). Im Bewertungskästchen der jeweiligen Zeichenreihe erscheint ein »+« oder »–«, je nachdem, ob das richtige oder falsche Zeichen gewählt wurde.

Das Gesamtergebnis für die optische Differenzierungsfähigkeit lautet »+«, wenn alle vier Prüfzeichen richtig gefunden wurden. Ansonsten lautet das Gesamtergebnis »–«. Eine Förderung ist bei zwei oder mehr »–«-Leistungen angezeigt.

2.2.3.2 Überprüfung der phonematischen Differenzierungsfähigkeit

Bei den Prüfaufgaben der DP II entfällt bei der phonematischen Prüfung die Veranschaulichung durch das Bildmaterial. Es kommt ausschließlich auf genaues Zuhören an. Das erfordert eine höhere Aufmerksamkeit. Vom Prinzip her ähneln die ausgewählten und zu vergleichenden Wortpaare dem akustischen Wort-Unterscheidungs-Test nach Monroe (1946). Dem Kind werden Wortpaare vorgesprochen, die entweder aus zwei gleichen oder zwei verschiedenen Wörtern bestehen. Dazu wurden Vergleichswörter ausgewählt, die klanglich und strukturell ähnlich sind. Werden die Wortpaare dem Kind vorgesprochen, darf es die Sprechbewegungen des VL nur bei den Probeaufgaben sehen. Deshalb steht bei den Prüfaufgaben das Kind mit dem Rücken zum VL. Das verstärkt die Notwendigkeit zum genauen Hinhören.

Begonnen wird mit folgenden drei Probeaufgaben, um das Aufgabenverständnis auf jeden Fall sicherzustellen. Der VL artikuliert normal und sagt zum Kind:

»Ich sage dir jetzt zwei Wörter. Du sollst mir hinterher sagen, ob es zwei gleiche oder zwei verschiedene Wörter sind. Du musst genau hinhören, wenn ich spreche, um zu erkennen, ob die Wörter gleich oder nicht gleich sind. – Jetzt spreche ich die ersten beiden Wörter. Höre genau hin: Haus – Maus.« Wenn das Kind nicht von sich aus sagt, dass die Wörter nicht gleich sind, fragt der VL nach einer kurzen Pause: »Hast du zwei gleiche oder zwei verschiedene Wörter gehört?«

Fällt die Antwort des Kindes richtig aus, wird die zweite Probeaufgabe in gleicher Weise durchgeführt. Sagt das Kind jedoch, die Wörter seien gleich, dann wiederholt der VL die Wörter. Er sagt: »Ich spreche die beiden Wörter noch einmal. Du hörst zu, ob sie etwas Gleiches oder etwas Verschiedenes bedeuten. Höre: Haus – Maus.« Reagiert das Kind unsicher, erläutert der VL: »Ist ein Haus das Gleiche wie eine Maus?« Das wird vom Kind sicher verneint. Dann sagt der VL: »Siehst du, die Wörter Haus – Maus sind nicht gleich. Jetzt sage ich dir zwei andere Wörter. Du überlegst wieder, ob sie gleich oder nicht gleich sind. Höre genau hin: Vogel – Vogel.« Sagt das Kind nicht von sich aus sofort: »Die sind gleich« (oder dasselbe), dann fragt der VL nach einer kurzen Pause: »Waren die Wörter gleich oder nicht gleich?« Unter Umständen nennt er sie noch einmal, damit das Kind die Aufgabe versteht.

Bei der dritten Probeaufgabe wird das Wortpaar »Bein – Wein« verwendet und wie bei den ersten beiden Probeaufgaben verfahren. Die ausführliche Art der Einführung durch drei Probeaufgaben ist deshalb wichtig, damit das Kind genau weiß, was von ihm verlangt wird. Bei den Prüfaufgaben entfallen stützende Hinweise.

Für die Prüfaufgabe sind folgende Wortpaare zu vergleichen:

Petra	–	Peter
Tür	–	Tier
bemühen	–	bemühen
graben	–	traben
Konsum	–	Komsum
Seife	–	Seite
acht	–	acht
Postkutsche	–	Potzkusche
Nagel	–	Nadel
dem	–	den

Die Wortpaare sind in der auf dem Protokollblatt angegebenen Reihenfolge zu nennen. Wiederholungen sind nicht gestattet. Entscheidet sich das Kind nicht von sich aus, kann der VL fragen: »Gleich oder anders?« Die richtigen bzw. falschen Ergebnisse werden im Protokollblatt eingetragen.

Zur Bewertung:

Fällt einer der Phonemvergleiche falsch aus, lautet das Gesamtergebnis »–«. Eine Förderung ist anzuraten, wenn zwei und mehr Phonemvergleiche mit »–« bewertet werden.

2.2.3.3 Überprüfung der kinästhetischen Differenzierungsfähigkeit

Artikulationsschwächen treten bei Schülern der ersten Klasse nur noch selten, hauptsächlich bei komplizierten Konsonantenverbindungen auf. Wenn allerdings in diesem Alter noch Artikulationsmängel bestehen, wirken sie sich ungünstig auf die Rechtschreibung aus, weil sich das Kind beim Schreiben immer auch an seinem eigenen Artikulationsmuster orientiert. Falsche sprechmotorische Muster in diesem Alter sind oft so stark verfestigt, dass es nur mühsam gelingt, sie zu beseitigen. Alle Kinder mit einer undeutlichen Aussprache (Konsonantenverschleifungen) finden sich in der Gruppe der schwachen Rechtschreiber.

Bei diesem Aufgabentyp haben sich Probeaufgaben als überflüssig erwiesen. Selbst Lernbehinderte verstehen die Aufforderung, dass sie etwas nachsprechen sollen.

Die nachzusprechenden Wörter sind:

Konsumgenossenschaft

Krambambuli

Elektrizität

Die Instruktion lautet:

»Ich spreche dir jetzt Wörter vor, die du nachsprechen sollst. Es sind drei Wörter. Das erste Wort, das du nachsprechen sollst, wenn ich es vorgesprochen habe, heißt: *Konsumgenossenschaft*. (Kurze Pause) Nun du.«

Spricht das Kind das Wort fehlerfrei nach, wird das nächste Wort vorgesprochen. Erfolgt das Nachsprechen fehlerhaft, wiederholt der VL mit den Worten:

»Ja, das sprechen wir noch einmal.«

Spricht das Kind immer noch fehlerhaft, wird das Wort ein zweites Mal wiederholt. Dabei ist zu sichern, dass dem Kind der Grund für die Wiederholung verborgen bleibt. Der VL bringt mimisch und mit wenigen Worten seine positive Zuwendung zum Ausdruck.

Unabhängig davon, wie der dritte Nachsprechversuch (die zweite Wiederholung) des Kindes ausfällt, wird mit dem nächsten Testwort fortgesetzt.

> »Nun spreche ich dir das zweite Wort vor. Höre wieder genau zu. *Krambambuli*. Sprich es genau so nach.«

Je nach der Qualität des Nachsprechens wird wiederholt oder das dritte Wort vorgesprochen. Der VL sagt dann:

> »Nun spreche ich dir ein letztes Wort vor. Du hörst wieder genau hin, damit du es richtig nachsprechen kannst. *Elektrizität*. Sprich es bitte genau so nach.«

Bewertung der Ergebnisse:

Gelingt das Nachsprechen sofort ohne Fehler, werden 3 Punkte im Protokollblatt eingetragen. Gelingt das Nachsprechen nach der ersten Wiederholung fehlerfrei, erhält das Kind 2 Punkte. Ein fehlerfreies Nachsprechen erst nach der zweiten Wiederholung wird mit 1 Punkt bewertet. Für eine fehlerhafte zweite Wiederholung gibt es 0 Punkte. Das Kind kann demzufolge bis zu 9 Punkte erreichen. Eine Pluslösung liegt vor, wenn mindestens 6 und mehr Punkte erreicht werden. Bei 5 und weniger Punkten ist eine Förderung angezeigt.

2.2.3.4 Überprüfung der melodischen Differenzierungsfähigkeit

Im Unterschied zur DP I – bei der das Kind ein einfaches Kinderlied zu singen hat – prüft diese Teilaufgabe die Fähigkeit, vorgegebene kurze und einfache Tonfolgen miteinander zu vergleichen. Es ist herauszuhören, ob sie gleich oder nicht gleich sind. Diese Leistung entspricht einer sehr einfachen rezeptiven musikalischen Fähigkeit.

Die zu vergleichenden Tonfolgen werden vorgespielt. Mit zwei Probeaufgaben wird in die Aufgabe eingeführt, wobei es darauf ankommt, das Aufgabenverständnis der Kinder zu sichern.

Probeaufgaben

Probeaufgabe 1

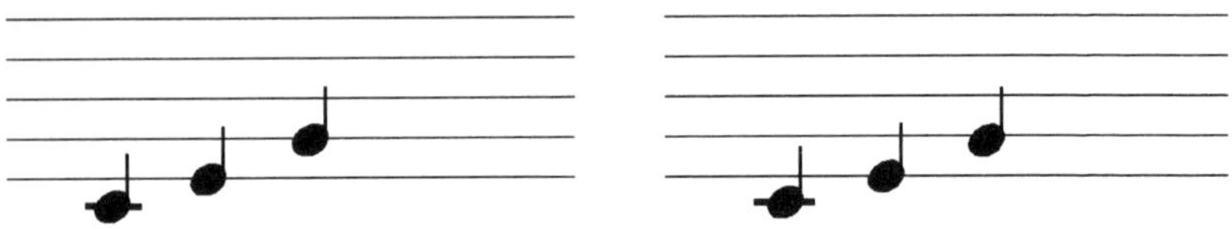

Probeaufgabe 2

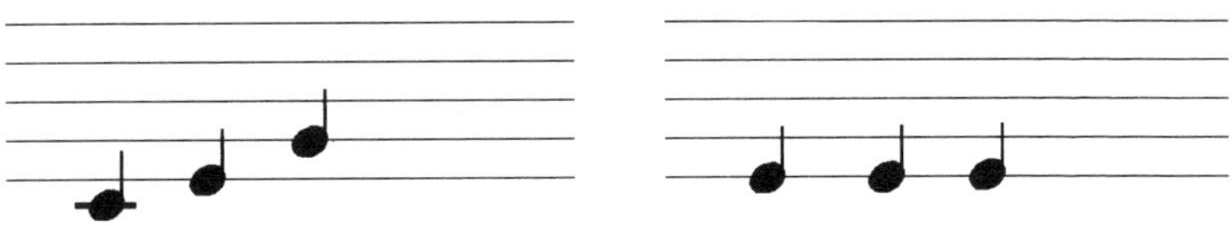

Die Instruktion für die Probeaufgaben lautet:

> »Ich spiele dir jetzt etwas vor. Höre gut zu, denn nachher spiele ich gleich noch etwas vor und du sollst mir sagen, ob ich das Gleiche noch einmal oder etwas anderes gespielt habe. Jetzt spiele ich das erste Stück, höre zu.« Der VL schlägt die Töne der ersten Probeaufgabe an, das Kind darf ihm dabei zusehen.
>
> »Nun spiele ich das zweite Stück. Höre wieder gut zu und überlege, ob es wie das erste Stück klingt oder ob es sich anders anhört.«

Wenn das Kind nicht antwortet oder die zweite Tonfolge als nicht gleich bezeichnet, wiederholt der VL die ganze Probe bis zu zweimal. Dabei kann er weitere Hinweise geben, die dem Kind helfen, die Tonfolgen zu erfassen. Je nach der Situation und Reaktion des Kindes kann er z.B. die Tonfolge mitsingen oder nachsingen lassen.

Unabhängig davon, ob das Kind die richtige Lösung gefunden hat, wird anschließend die zweite Probeaufgabe durchgeführt. VL: »Jetzt spiele ich dir noch einmal zwei Stücke vor. Du sagst mir nachher wieder, ob sie gleich oder anders geklungen haben. Höre genau zu.« Der VL spielt das erste Stück der zweiten Probeaufgabe vor, dann sagt er: »Jetzt spiele ich das zweite Stück. Vergleiche es mit dem ersten Stück und sage mir dann, ob die beiden Stücke gleich oder anders geklungen haben.« Der VL spielt das zweite Stück vor und fragt: »Waren beide Stücke gleich oder anders?« Unter Umständen wiederholt der VL noch einmal beide Tonfolgen kurz hintereinander und fragt wieder.

Mit den Prüfaufgaben wird begonnen, auch wenn das Kind die Probeaufgaben nicht richtig gelöst und der VL keine Gewissheit hat, die Aufgaben seien verstanden worden. Er vermerkt diese Ungewissheit im Protokoll.

Bei den Prüfaufgaben dreht sich das Kind mit dem Rücken zum VL. Die Instruktion entspricht den Probeaufgaben. Zusätzliche Hinweise entfallen jedoch, auch wenn das Kind etwa eine Wiederholung fordert. Der VL fragt lediglich: »Waren die beide Stücke gleich oder anders?« – »Höre wieder genau hin, es kommen die nächsten beiden Stücke« usw.

Die Tonfolge der Prüfungen lautet:

Prüfaufgabe 1

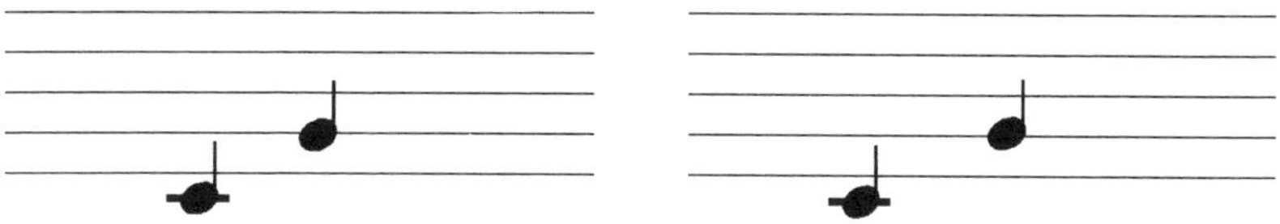

Prüfaufgabe 2

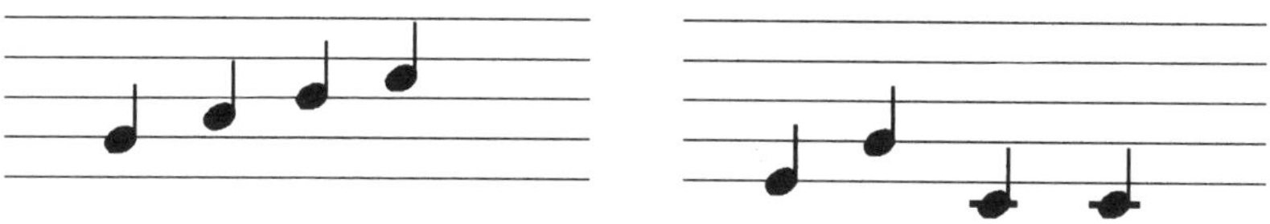

Prüfaufgabe 3

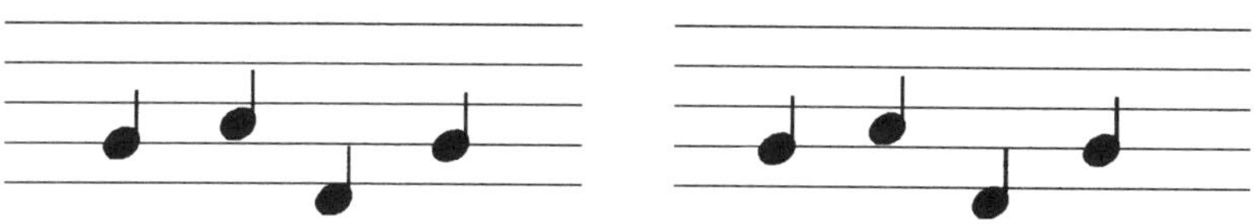

Auswertung der Ergebnisse:

Auf dem Protokollblatt wird bei den einzelnen Prüfaufgaben mit »+« bzw. »–« die Lösung bewertet. Sind die Kinder unsicher und nicht in der Lage, eine eindeutige Antwort zu geben, wird für das Ergebnis »–« eingetragen. Wenn auch nur eine der drei Prüfaufgaben falsch ist, lautet das Gesamtergebnis »–«. Schüler der ersten Klasse können nur in Ausnahmefällen diese Aufgaben nicht lösen. Deshalb ist bei Fehlleistungen eine Förderung zu empfehlen.

2.2.3.5 Überprüfung der rhythmischen Differenzierungsfähigkeit

Die Aufgaben entsprechen in ihrer Anforderungsstruktur dem Aufgabentyp in der DP I. Der Schwierigkeitsgrad wurde erhöht. Eine Probeaufgabe dient auch hier der Sicherung des Aufgabenverständnisses.

Begonnen wird mit der Probeaufgabe. Die Instruktion lautet:

> »Ich klatsche dir jetzt etwas vor. Du passt gut auf, denn du sollst dann genau so mit deinen Händen klatschen wie ich. Erst klatsche ich. Wenn ich fertig bin, klatschst du. Pass auf, ich klatsche jetzt.«

Der VL klatscht die Probeaufgabe (. – . . [kurz, lang, kurz, kurz], das Kind darf zusehen.

> »Jetzt du.«

Hat das Kind richtig nachgeklatscht, folgt die erste Prüfaufgabe usw. Macht es Fehler, sagt der VL zum Kind:

> »So, jetzt klatschen wir noch einmal, höre wieder gut zu.«

Der VL klatscht die Probeaufgabe noch einmal und sagt:

> »Jetzt wieder du.«

Eine zweite Wiederholung entfällt. Dem Kind wird gesagt:

> »Das Klatschen macht dir Spaß. Wir machen jetzt weiter.«

Prüfaufgaben:

Bevor der VL die erste Prüfaufgabe klatscht, wird das Kind aufgefordert, ihm den Rücken zuzukehren.

> »Pass gut auf, ich klatsche.«

Es folgt die erste Prüfaufgabe (. . – . [kurz, kurz, lang, kurz]):

> »Jetzt du.«

Klatscht das Kind richtig nach, folgt die zweite Prüfaufgabe (. . – . . [kurz, kurz, lang, kurz, kurz]).

Eine einmalige Wiederholung ist bei beiden Prüfaufgaben möglich, wenn das Kind falsch nachklatscht. Die Kommentare des VL sind dabei ermunternd und zugewandt. Es wird nichts gesagt, was mit der falschen Lösung zusammenhängt.

Bewertung der Ergebnisse:

Die Bewertung erfolgt mit Punkten. Wird eine Aufgabe bereits beim ersten Versuch richtig nachgeklatscht, wird sie mit 2 Punkten bewertet. Gelingt die richtige Lösung erst beim zweiten Nachklatschen (also mit der ersten Wiederholung), wird 1 Punkt vergeben. Insgesamt kann ein Kind maximal 4 Punkte erreichen. Die Ergebnisse werden auf dem Protokollblatt vermerkt.

Eine Förderung ist angebracht, wenn das Kind 2 oder weniger Punkte erreicht. Dieser strenge Maßstab ist dem höheren Alter des Kindes angepasst, zumal besonders die Förderung der rhythmischen Differenzierungsfähigkeit für das Kind von hoher Bedeutung ist.

2.2.3.6 Zusammenfassende Bewertung der Diagnosebefunde

Die Ergebnisse der DP-II-Untersuchung werden auf dem Protokollblatt in die erste Spalte der Rubrik »Zusammenfassung der Ergebnisse« (siehe Anlage S. 217) eingetragen.

In der zweiten Spalte dieser Rubrik wird vermerkt, in welchen Wahrnehmungsbereichen eine Förderbedürftigkeit besteht. In diesem Falle ist in das entsprechende Feld ein »F« als Symbol für Förderung einzutragen. Ein solcher Überblick ist nicht nur für die inhaltliche Orientierung der Förderung hilfreich, er ermöglicht auch die Zusammenstellung von Kleingruppen mit Schwächen in gleichen Wahrnehmungsbereichen für die Förderung.

Da die DP II nur mit Kindern durchgeführt wird, deren Lese-Rechtschreib-Schwäche trotz Förderung bisher nicht behoben werden konnte, ist in einigen der fünf Wahrnehmungsbereichen fast immer mit Minusleistungen zu rechnen. Sollten überraschenderweise durchweg Plusleistungen vorkommen, dann liegen die Ursachen der Lese-Rechtschreib-Schwäche nicht im schwachen Niveau der Sprachwahrnehmung. Es können motivationale Gründe dafür verantwortlich sein. Lernschwierigkeiten sind niemals monokausal zu erklären. Das ändert jedoch nichts an der Grundlagenfunktion elementarer Sprachwahrnehmungsleistungen.

Bei der Interpretation der DP-II-Ergebnisse ist zu bedenken, dass sich im Zusammenhang mit schulischem Lernen zwischen dem Funktionssystem der sprachlichen Grundlagen (Verbosensomotorik) und dem der Laut- und der inneren Sprache integrative Beziehungen herausgebildet haben. Das hängt mit der Bedeutung präziser Wahrnehmungen für die Qualität kognitiver Prozesse, also auch für das Schreiben- und Lesenlernen zusammen.

Die Förderung lese-rechtschreib-schwacher Schüler ist fast immer durch vorangegangene Misserfolgserlebnisse im Unterricht kognitiv und emotional belastet. Führt man mit ihnen eine Förderung von Sprachwahrnehmungsleistungen durch, fehlt es im Erleben des Kindes an direkten Beziehungen dieser Fähigkeit zur Tätigkeit des Lesen- und Schreibenlernens. Es entfällt gewissermaßen der Charakter von Nachhilfeunterricht. Thewaldt (1991) konnte diesen positiven Einfluss einer sprachwahrnehmungsbezogenen Förderung überzeugend an Ulmer Kindern nachweisen. Ihr gelang es, durch diese Förderung die Lese-Recht-Schreib-Leistungen wesentlich zu verbessern. Eine Vergleichsgruppe, die mit traditionellen Methoden einer fehlerbezogenen Nachhilfe gefördert wurde, konnte diese guten Ergebnisse nicht erreichen.

Die Gesamtergebnisse eines Kindes bei der »DP II« liefern dem Klassenlehrer sehr konkrete Anhaltspunkte für die Abfassung von Beurteilungen und Schülergutachten, wie sie z.B. im Zusammenhang mit der Überweisung von Schülern der ersten oder zweiten Klasse in Sonderschuleinrichtungen gefordert werden. Damit ist schon angedeutet, dass die »DP II« auch mit älteren Schülern durchgeführt werden sollte, wenn derartige Schullaufbahnentscheidungen anstehen.

Die Ergebnisse der »DP II« können keine differenzierte Gesamteinschätzung des betreffenden Schülers leisten. Sie liefern aber auch durch die Konkretheit der Befunde und der damit aufgeklärten pädagogischen Zugriffstellen für die Förderung und Beurteilung der Lernfähigkeit eines Kindes wichtige Hinweise.

Für die schriftliche Einschätzung der betreffenden Kinder ist u.a. wichtig:

- Hat das Kind an einer Förderung seiner Sprachwahrnehmungsfähigkeiten bereits teilgenommen? Wie lange? Wie hat es sich dabei verhalten?
- Wie hat sich das Niveau der Sprachwahrnehmungsleistungen im Verlaufe der Zeit bzw. im Ergebnis der Förderung verändert?
- Wie lässt sich diese Frage für die einzelnen Wahrnehmungsbereiche beantworten?
- Welche Auswirkungen hatte die insgesamt indirekte (oder weniger spielbetonte) Förderung auf das Verhalten des Kindes im Unterricht und auf die Ergebnisse beim Lernen?
- Zeigen sich zwischen der verbosensomotorischen Lernfähigkeit und dem Verlauf (den Ergebnisse) des Lernens und besonders des Lese-Schreib-Lernprozesses Übereinstimmungen?
- Welche Unterstützung und welches Verständnis zeigt das Elternhaus?
- Welche Hinweise sind für die weitere Förderung des Kindes zu beachten?

Grundsätzliches Anliegen der Prüfung mit der DP I und DP II ist es, Hinweise auf förderbedürftige Sprachwahrnehmungsrückstände bei Schülern zu erhalten. Auf diese Weise werden Ansatzstellen für eine gezielte pädagogische Arbeit des Lehrers gewonnen. Die ermittelten Befunde sind weder ein Ersatz für eine Gesamteinschätzung des Kindes noch reichen sie für übergreifende bzw. quantitative Aussagen zu dessen kognitiven Möglichkeiten. Die Befunde der DP I und DP II dienen gewissermaßen dem »Einbau förderdiagnostischer Erkenntnisse in die Entwicklung, in Lernprozesse, Unterrichtsprozesse (Curricula), in das Leben eines in seiner Entwicklung gefährdeten Individuums schlechthin« (Bundschuh 1980, S. 39). Dieses Anliegen wird durch den Bezug auf Altersnormen unterstützt.

DP-Ergebnisse sind Orientierungshilfen für den Lehrer. Nicht mehr und nicht weniger. Sie können dem Lehrer individuelle Lernprozesse im Anfangsunterricht »durchsichtiger« machen. Symptombefangenheit kann damit überwunden werden.

Detailerkenntnisse über den »background« von Lernresultaten machen diese verständlicher. Damit kann der Lehrer auf die individuellen Voraussetzungen des Kindes besser Rücksicht nehmen. *Diagnose und Förderung bilden eine untrennbare Einheit. Jede Förderung erreicht Wirkungen. Diese wiederum stellen diagnostische Befunde, d.h. Grundlagen für die Gestaltung der weiteren Förderung dar. Diagnose und Förderung vereinigen sich zu einem Prozess. In diesem Sinne dürfen die DP I und die DP II als förderdiagnostische Verfahren für die Hand des Lehrers angesehen werden.*

Ergebnisprotokolle von DP-I- und DP-II-Untersuchungen an zwei Schülern der Klasse 1

Auf den folgenden Seiten wird zuerst das Protokollblatt des Schülers Hans Sch. dargestellt.

Erläuterungen zu diesem Beispiel:

Auf Hans wurde die Lehrerin schon in den ersten Schulwochen aufmerksam, weil der Schüler besonders schüchtern war und wenig Initiative zeigte. Von sich aus sprach er kaum. Im Kontakt mit seinen Mitschülern hielt er sich sprachlich zurück. Wurde er vom Lehrer angesprochen, antwortete er nur mit Satzfragmenten und einfachen Sätzen. Was er allerdings sprach, artikulierte er korrekt.

Erste Schwierigkeiten hatte er beim Erlernen der Buchstaben, die er immer wieder verwechselte. Bei einfachsten Syntheseanforderungen versagte er. Es gelang ihm nicht, Konsonanten mit Vokalen zu einem Wort (z.B. da, Oma, am) lesend zusammenzuziehen. Die Lese-Schreib-Lernschwierigkeiten verstärkten sich mit steigenden Anforderungen.

Weniger Schwierigkeiten hatte er im Rechnen. Den Zahlenraum bis 10 beherrschte er bald, einfache Rechenoperationen vollzog er zwar langsam, aber meist ohne Fehler. Wurde in der Klasse ein Lied gesungen, beteiligte er sich sehr leise, Hans blieb jedoch stumm, wenn er allein singen sollte.

Die Eltern von Hans zeigten sich an der Zusammenarbeit mit der Schule interessiert und baten den Lehrer um Hinweise, wie sie ihrem Kind am besten hel-

1. Beispiel: Protokollblatt zu beiden Differenzierungsproben

Name des Schülers: *Sch.* | Vorname: *Hans*
Klasse: 1b

DP I
Alter am Untersuchungstag; 6;6

DP II
Alter am Untersuchungstag: 6;11

Optische Differenzierung

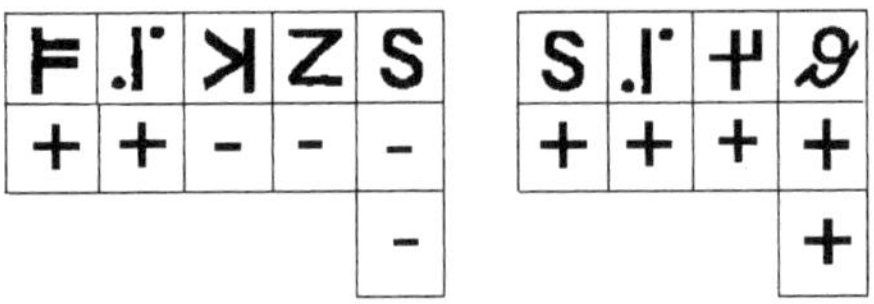

Phonematische Differenzierung

DP I:

Kopf	–	Topf	+
Tanz	–	Gans	+
Sack	–	satt	+
krank	–	trank	+
backen	–	baden	+
Kanne	–	Tanne	–
Nagel	–	Nadel	–
Kamm	–	Kahn	+
Tasche	–	Tasse	–
Wache	–	wasche	+
			–

DP II:

Petra	–	Peter	+
Tür	–	Tier	+
bemühen	–	bemühen	+
graben	–	traben	+
Konsum	–	Komsum	–
Seife	–	Seite	+
acht	–	acht	+
Postkutsche	–	Potzkusche	+
Nagel	–	Nadel	+
dem	–	den	+
			–

fen konnten. Im Gespräch stellte sich heraus, Hans war eine Frühgeburt und hatte bei der Geburt nur 2010 Gramm gewogen. In den ersten Lebensjahren war er oft krank, hatte aber die ersten Wörter bereits mit einem Jahr gesprochen.

Die gesundheitliche Stabilisierung erfolgte etwa nach dem zweiten Lebensjahr. Weitere erwähnenswerte Auffälligkeiten waren der Mutter nicht bekannt.

Familie Sch. bewohnt mit drei Kindern (6, 8 und 12 Jahre) ein Einfamilienhaus. Die Mutter ist Hausfrau, der Vater ist Lokführer. Die ökonomischen Verhältnisse sind ausgewogen. Die Mutter trägt die Hauptverantwortung für die Erziehung der Kinder. Hans war immer ein ruhiges und sensibles Kind, das keine Schwierigkeiten machte und übertragene Aufgaben zufrieden stellend löste. Die

Kinästhetische Differenzierung

Post-kutsche	3
Alu-minium	3
Schell-fisch-flosse	3
	+

Konsum-genossenschaft	3
Krambam-buli	2
Elektri-zität	3
	+

Melodische Differenzierung

–

–

Rhythmische Differenzierung

–••	1
•–••	0
	–

••–•	0
••–••	0
	–

Gesamtauswertung

opt.	phon.	kin.	mel.	rhythm.
–	–	+	–	–
F	F		F	F

opt.	phon.	kin.	mel.	rhythm.
+	–	+	–	–
	F		F	F

Bemerkungen:
Aufnahme in eine Fördergruppe

Bemerkungen:
Fortführung der Förderung

Mutter war von seinen Lernschwierigkeiten im Anfangsunterricht sehr überrascht.

Ihre Enttäuschung war auch deshalb groß, weil die älteren Geschwister von Hans erfolgreich lernen.

Zunächst war die Mutter der Meinung, für die Lernschwierigkeiten von Hans sei die Lehrerin verantwortlich. Es fehle ihr wohl an der richtigen Einstellung zu Hans und an Erfahrungen in der Unterrichtsgestaltung. Zu Hause sei Hans sehr fleißig und willig, spreche aber ungern von der Schule.

Im persönlichen Kontakt mit der Lehrerin korrigierte die Mutter ihre Einstellung. Sie zeigte sich beeindruckt von den verständnisvollen Bemühungen der Lehrerin bei der Förderung ihres Kindes, vor allem von der Tatsache, dass Hans, nachdem er an einem speziellen Förderunterricht teilgenommen hatte, trotz seiner Lernschwierigkeiten gern zur Schule ging. Im Gespräch mit der Mutter erläuterte die Lehrerin wesentliche Ursachen für die Schwierigkeiten beim Lesen- und Schreibenlernen ihres Kindes. Unter anderem nutzte sie dabei Kenntnisse, die sie aus der Untersuchung mit der DP I gewonnen hatte. Aus dem Protokoll ist ersichtlich, dass Hans bei Schulbeginn in vier Sprachwahrnehmungsbereichen förderbedürftige Rückstände hatte. Entsprechend wurden mit Hans Fördermaßnahmen im optischen, phonematischen, melodischen und rhythmischen Bereich durchgeführt. Die Mutter unterstützte diese Förderung, nachdem sie von der Lehrerin dafür Hinweise erhalten hatte und auf die Bedeutung dieser Förderung für das Schreiben- und Lesenlernen hingewiesen worden war.

Nach etwa fünf Monaten gezielter Sprachwahrnehmungsförderung verbesserten sich die Schreib-Lese-Leistungen von Hans deutlich. Er gehörte zwar noch immer zu den schwächeren Schülern, doch war nicht zu übersehen, dass er dabei war, immer besser den Anschluss an das Niveau der übrigen Schüler seiner Klasse zu finden. Die Lehrerin verstand es ausgezeichnet, bei Hans eine positive emotionale Befindlichkeit zu sichern, und konnte sich diesbezüglich auf die Eltern als Partner stützen.

Die Überprüfung mit der DP II nach fünf Monaten spiegelte den erreichten Fortschritt im Niveau der Sprachwahrnehmungsleistungen allerdings nicht in allen Bereichen wider. Verbessert hatten sich die Leistungen im optischen und phonematischen Bereich. Im melodischen und rhythmischen Bereich dagegen zeigten sich keine wesentlichen Fortschritte. Diese Symptomatik entspricht den allgemeinen Erfahrungen bei einer Teilleistungsstörung (Busemann 1994). Verbesserungen in den genannten Bereichen sind fast immer nur mühsam und langzeitlich zu erreichen. Aus diesem Grunde wurden die Förderungen im melodischen und rhythmischen Bereich fortgesetzt. Im Verlaufe des zweiten Schuljahres stellten sich auch hier Verbesserungen ein. Das spiegelte sich in den Schulleistungen wider. Hans hatte sich zudem körperlich deutlich stabilisiert und aufgehört, ein Problemkind zu sein. Jedoch beim Erwerb der Fremdsprache traten später erneut Lernprobleme auf.

Das Ergebnisprotokoll des zweiten Schülers (s. S. 107 und 108) weist deutliche Unterschiede auf.

Erläuterungen zum zweiten Beispiel:

Kurt ist ein Jahr älter als seine Klassenkameraden, weil er um ein Jahr vom Schulbesuch zurückgestellt wurde. Anlass dafür war sein allgemein schwaches intellektuelles und sprachliches Leistungsvermögen. Trotz logopädischer Behandlung, die über einen Zeitraum von 18 Monaten vor Schuleintritt durchgeführt wurde, bestanden immer noch Rudimente von Stammeln und Agrammatismus. Kurt fiel im Anfangsunterricht durch Unkonzentriertheit und rasche Ermüdbarkeit auf. Seine Aufmerksamkeit hielt nur kurze Zeit vor und es gelang nicht, ihn zur konstanten Mitarbeit zu führen. Er versagte in allen Fächern. Seine Leistungen im Schreiben, Lesen und Rechnen waren völlig unzureichend. Kurt konnte nur einige Buchstaben benennen, ohne in der Lage zu sein, diese zu einer Silbe oder einem Wort zu verbinden. Mechanisch vermochte er bis 10 zu zählen. Rechenoperationen gelangen ihm nur im Zahlenraum 1 bis 4. Einfache Wörter konnte er abschreiben, obwohl es dabei häufig zu Auslassungen und so genannten Aufmerksamkeitsfehlern kam. Die Schrift war nur schwer zu lesen, weil er die Linienführung nicht einhalten konnte und die Relationen von Ober-, Mittel- und Unterlängen nicht beachtete. Es kam zu vielen Überschreibungen und Korrekturen, die das gesamte Schriftbild zusätzlich unleserlich machten.

Ähnlich schwache Leistungen erreichte er im Zeichnen. Obwohl er bereits älter als sieben Jahre war, stellte er Menschen noch als Kopffüßler dar, räumliche Anordnungen von Einzelheiten als Streubilder. Im Musik- und Sportunterricht verhielt er sich meist aufgabenbezogen aktiv. Er sang fast melodiegetreu einfache Lieder mit. Im Sport fiel seine Ungeschicklichkeit bei der Koordinierung komplizierter Bewegungsabläufe auf.

Es gelang ihm kaum, einmal einen Ball zu fangen, gezielt zu werfen und zu balancieren. Gut waren seine Leistungen im Laufen. Hier zeigte er auch Ausdauer.

2. Beispiel: Protokollblatt zu beiden Differenzierungsproben

Name des Schülers: *M.*
Klasse: 1b

Vorname: *Kurt*

DP I
Alter am Untersuchungstag: 7;5

DP II
Alter am Untersuchungstag: 7;9

Optische Differenzierung

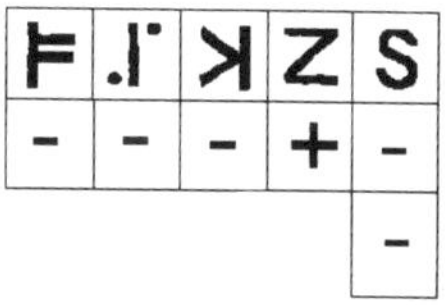

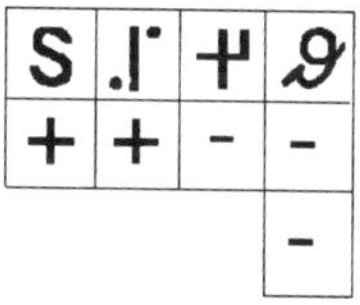

Phonematische Differenzierung

Kopf	–	Topf	+
Tanz	–	Gans	+
Sack	–	satt	–
krank	–	trank	–
backen	–	baden	+
Kanne	–	Tanne	–
Nagel	–	Nadel	–
Kamm	–	Kahn	+
Tasche	–	Tasse	+
Wache	–	wasche	+
			–

Petra	–	Peter	+
Tür	–	Tier	+
bemühen	–	bemühen	+
graben	–	traben	+
Konsum	–	Komsum	–
Seife	–	Seite	+
acht	–	acht	+
Postkutsche	–	Potzkusche	–
Nagel	–	Nadel	–
dem	–	den	–
			–

Kinästhetische Differenzierung

Post-kutsche	1
Alu-minium	1
Schell-fisch-flosse	0
	–

Konsum-genossenschaft	1
Krambam-buli	2
Elektri-zität	0
	–

Melodische Differenzierung

+   +

Rhythmische Differenzierung

– • •	1
• – • •	0
	–

• • – •	0
• • – • •	0
	–

Gesamtauswertung

opt.	phon.	kin.	mel.	rhythm.
–	–	–	+	–
F	F	F		F

opt.	phon.	kin.	mel.	rhythm.
–	–	–	+	–
F	F	F		F

Bemerkungen:
Aufnahme in eine Fördergruppe

Unterschrift des VL

Bemerkungen:
Vorstellung in der schulpsychologischen Beratungsstelle erforderlich

Unterschrift des VL

Auf Ermunterungen und persönliche Zuwendung reagierte er auffallend freudig und mit demonstrativer Anhänglichkeit. Er gab sich dann besondere Mühe, vermochte sich jedoch nur kurzzeitig einer Aufgabe zuzuwenden. Sehr bald suchte er sich durch Ersatzhandlungen zu betätigen.

Von Misserfolgen und kritischen Einwänden zeigte er sich wenig beeindruckt. Diese bagatellisierende Einstellung gegenüber unzureichenden eigenen Lernleistungen entsprang keiner Gleichgültigkeit, sondern war Ausdruck seiner Unfähigkeit, die Qualität von Leistungen real und selbstkritisch einzuschätzen.

Kurt kommt aus einer kinderreichen Familie. Sein Vater arbeitet im Schichtbetrieb in einer Molkerei, die Mutter ist Hausfrau. Als viertes von sechs Kindern wird er von der Mutter als Sorgenkind bezeichnet. Schon in der Schwangerschaft hatte die Mutter seinetwegen Beschwerden. Die Geburt wurde von ihr als kompliziert bezeichnet. Er habe als Säugling Ernährungsstörungen gehabt, war in den ersten Lebensjahren oft krank und musste wegen asthmatischer Anfälle wiederholt ins Krankenhaus. Er ist auch heute noch allergisch gegenüber Fischgerichten und Eierspeisen.

Zu laufen hatte Kurt erst mit zwei Jahren begonnen, noch später mit dem Sprechen. Weil er mit fünf Jahren immer noch sehr unverständlich sprach, erhielt er Sprachunterricht. Diesen besuchte er regelmäßig. Die Artikulation verbesserte sich, aber kaum Grammatik und Syntax in der Satzbildung. Noch heute kommt es häufig vor, dass er nachts einnässt, gelegentlich auch am Tage.

Die Zurückstellung vom Schulbesuch erfolgte mit Zustimmung der Eltern in der Hoffnung, dass Kurt Zeit gewinnt, seine Entwicklungsprobleme zu überwinden. Er konnte im letzten Jahr vor Schuleintritt einen Kindergarten besuchen. Dort gefiel es ihm gut und wie alle anderen Kinder freute er sich schließlich auf die Schule. Doch sehr bald sagte er zu seiner Mutter, im Kindergarten sei es besser gewesen.

Die Überprüfung in den einzelnen Sprachwahrnehmungsbereichen spiegelte die retardierte Entwicklung des Kindes wider. Obwohl ein Jahr älter als die anderen Kinder mit Lernproblemen in der ersten Klasse, zeigte er in den meisten Wahrnehmungsbereichen ein Niveau, wie es normalerweise fünfjährige Kinder übertreffen. Im phonematischen, kinästhetischen und rhythmischen Bereich traten massive Rückstände auf. Die daraufhin eingeleiteten Wahrnehmungsförderungen besuchte er gern und hatte Freude an den dort durchgeführten spielerischen Übungsaufgaben. Der Fördereffekt blieb jedoch gering. Bei der Kontrolluntersuchung mit der DP II bestanden in allen geprüften Sprachwahrnehmungsleistungen – mit Ausnahme der melodischen – förderbedürftige Rückstände. Die DP II hatte eine deutliche Förderresistenz aufgedeckt. Diese ist charakteristisch für global lernbehinderte Kinder. Da sich bei der Fortführung der Sprachwahrnehmungsförderung diese Tendenz der unzureichenden verbosensomotorischen Lernfähigkeit bestätigte, auch keine besseren Schulleistungen zu erreichen waren, wurde Kurt in einer schulpsychologischen Beratungsstelle vorgestellt. Die durchgeführten psychologischen Untersuchungen ergaben die Notwendigkeit (sein IQ betrug 0,80) einer sonderpädagogischen Betreuung des Kindes in einer Lernbehindertenschule. Das Vorhandensein einer Teilleistungsschwäche konnte ausgeschlossen werden.

2.2.4 Wann ist die Anwendung der »Differenzierungsprobe« angezeigt?

Die Differenzierungsproben sind kein Ersatz für eine umfassende Entwicklungsbeurteilung, auch wenn dem Niveau der lautsprachlichen Grundlagen (der Verbo-Sensomotorik) im Spektrum der psycho-physischen Struktur bei Vorschulkindern und jüngeren Schulkindern eine zentrale Kettengliedfunktion auf dem Wege zur Laut- und Schriftsprache und letzlich zum inneren Sprechen, also zur Entwicklung geistiger Fähigkeiten und zur Entwicklung sozialer Kompetenz zukommt. Nachfolgend werden mögliche Anwendungsfelder genannt.

2.2.4.1 Anwendungsmöglichkeiten der »Differenzierungsprobe für Vier- bis Fünfjährige (DP 0)«

Sprache und Denken durchlaufen in diesem Alter normalerweise eine besonders dynamische Entwicklung. Die intellektuelle und soziale Kompetenz vervollkommnen sich stürmisch. Sie signalisieren besonders sensibel das erreichte Entwicklungsniveau. Akute oder drohende Behinderungen eines Kindes zeigen im Niveau der Sprach- und Denkentwicklung fast immer deutliche Symptome der Retardierung. Weil sprachbezogene Wahrnehmungen eine unersetzbare Grundlage für die gesamte Sprach- und Denkentwicklung eines Kindes sind, ist ihre begleitende Diagnostik bei Behinderungen unentbehrlich. Durch diese ist es möglich, die erforderlichen Zugriffstellen für eine Frühförderung zu erkennen und zu nutzen. Das Vorschulalter bietet für die Frühförderung optimale Möglichkeiten.

In allen Einrichtungen, in denen Behinderte und von einer Behinderung bedrohte Kinder vorgestellt bzw. betreut werden, empfiehlt es sich, die DP 0 in das Ensemble der Untersuchungsmethoden einzubeziehen.

Wenn Eltern ihr Kind in diesem Alter dem Pädiater vorstellen, weil sie um die Entwicklung ihres Kindes besorgt sind, können aus dem Vergleich der DP 0-Befunde mit den Normen für diese Altersstufe Informationen über eventuell bestehende Defizite in der Sprach- und Denkentwicklung gewonnen werden. Die Konkretheit der Ergebnisse macht es den Eltern möglich, deren Bedeutung zu erkennen.

2.2.4.2 Anwendungsmöglichkeiten der »Differenzierungsprobe für Fünf- bis Sechsjährige (DP I)«

Sie liefert wichtige diagnostische Informationen bei Einschulungsentscheidungen, bei Kindern mit Sprachstörungen (Weuffen 1986), mit Schwierigkeiten beim Lesen- und Schreibenlernen (Breuer und Weuffen 1990), mit globalen und partiellen Lernbehinderungen (Breuer, H. und Gentes, F. 1978) und/oder Verhaltensauffälligkeiten (Franke 1988). Auch bei Aphasikern (Weuffen 1978) und erwachsenen Analphabeten (Kamper 1990) kann die DP I auf vorhandene verbosensomotorische Rückstände hinweisen.

Im Rahmen von Einschulungsentscheidungen

Rückstände in den sprachbezogenen Wahrnehmungsleistungen werden bei Vorschulkindern nur dann bemerkt, wenn sie deren Alltagsverhalten sichtlich beeinträchtigen. Mit der DP I werden auch subtilere bzw. massiv-partielle Mängel, die den Lese-Schreib-Lernprozess mitunter stark belasten können, sichtbar gemacht. An sich wären Reihenuntersuchungen mit der DP I zu Beginn des letzten Vorschuljahres sinnvoll, weil sich subtilere schriftsprachlich bezogene Wahrnehmungsmängel vor Schuleintritt nicht zu erkennen geben. Aber gerade zu diesem Zeitpunkt könnten diese Mängel prophylaktisch wirkungsvoll angegangen werden. Förderung zu diesem Zeitpunkt hätte den großen Vorteil, nicht als »Nachhilfe« nach schulischen Misserfolgen erlebt zu werden.

Steht die Frage einer Zurückstellung zur Entscheidung, dann würde diese unterstützt, wenn das betreffende Kind kurz vor Schuleintritt noch globale und massive Rückstände in der Verbo-Sensomotorik aufweist.

Für die Entscheidung einer vorzeitigen Einschulung dagegen spricht, wenn das vorgestellte Kind in den sprachbezogenen Wahrnehmungsbereichen gute Ergebnisse erreicht. Meist handelt es sich um besonders begabte Kinder. Aus Längsschnittuntersuchungen ist kein Fall bekannt, der bei voller verbosensomotorischer Sicherheit ein Jahr vor Schulbeginn in der Schule versagt hätte (Breuer/Petschaelis 1982).

Mit den Ergebnissen der »DP I« allein können Einschulungsentscheidungen allerdings nicht begründet werden.

Bei sprachauffälligen Kindern

Sprachgestörte Kinder weisen praktisch immer in mehreren Wahrnehmungsbereichen Rückstände auf. Das trifft besonders auf kombinierte Sprachstörungen zu. Ausnahmen finden sich bei einigen isoliert auftretenden Sprachauffälligkeiten, wie z.B. beim Stottern oder beim Sigmatismus.

Auch die so genannten gehemmten, schüchternen und zurückhaltenden Kinder, die sich sprachlich spontan kaum äußern, sind zu beachten. Als Ursache ihrer Gehemmtheit werden oft charakterliche Eigenarten angesehen. Tatsächlich liegt ihr aber nicht selten ein schwaches lautsprachliches Niveau zugrunde. Die DP I liefert bei sprachgestörten Kindern diagnostische Informationen, die für die Aufstellung eines Therapieplans und für prognostische Einschätzungen z.B. des Zeitaufwandes sehr wichtig sind (Weuffen 1986). Vom Niveau sprachbezogener Wahrnehmungsleistungen hängt u.a. der Dauereffekt einer logopädischen Therapie wesentlich ab (Breuer/Weuffen 1983).

Bei Geistigbehinderten

Geistig behinderte Kinder haben im Alter von fünf bis sechs Jahren (meist auch noch später) immer deutliche Rückstände in der Verbosensomotorik. Mit dem Schweregrad der geistigen Behinderung nehmen sprachbezogene Differenzierungsmängel zu und bleiben lange bestehen. Typisch für diese Kinder ist eine Häufung der Unzulänglichkeiten im rhythmischen Bereich. Außerdem besteht eine starke Förderresistenz. Das liegt an der zentralen Verankerung der Rückstände.

Es ist zwar nicht möglich, durch Wahrnehmungsförderung eine geistige Behinderung zu überwinden. Durch die sprachbezogene Sinnesförderung in Verbindung mit praktischen Tätigkeiten und sprachlicher Anregung können die Lernpotenzen dieser Kinder jedoch besser ausgeschöpft werden (Breuer/Gentes 1978).

Bei Kindern mit Lese-Rechtschreib-Schwäche (LRS) und anderen Lernschwierigkeiten im Anfangsunterricht

Die meisten dieser Kinder waren im Vorschulalter unauffällig, sie versagen aber in der Schule beim Lesen- und Schreibenlernen. Sie wiesen fast immer sprachbezogene Wahrnehmungsmängel auf. Diese fallen umso stärker ins Gewicht, je älter LRS-Schüler oder andere Schüler mit Lernschwierigkeiten zum Zeitpunkt der Untersuchung sind.

Aus Längsschnittuntersuchungen ist bekannt, dass die Lese-Rechtschreib-Schwäche eher überwunden wird, wenn die verbosensomotorischen Voraussetzungen intakt sind. Das zeigt sich vor allem auch beim Erwerb einer Fremdsprache. Rund 75% der erfolgreich geförderten LRS-Kinder zeigen hierbei ähnliche Schwierigkeiten wie beim Erwerb der schriftlichen Form ihrer Muttersprache. Bei allen anderen Kindern mit Lernschwierigkeiten im Anfangsunterricht lassen sich häufig Restsymptome von Sprachwahrnehmungsmängeln nachweisen. Ihre Kenntnis kann dem Lehrer helfen, seine individuellen Fördermaßnahmen gezielter durchzuführen.

Bei Kindern mit Verhaltensauffälligkeiten im Anfangsunterricht

Bei verhaltensgestörten Kindern werden oft auch Wahrnehmungsstörungen in den verschiedensten Körpersinnen (Tastsinn, Raum-Lage-Empfindungen usw.) festgestellt. Betreffen sie den Bereich der Sprachwahrnehmungen, führen sie zum schulischen Versagen, weil diffuse Wahrnehmungsleistungen die Orientierung in der Situation des Lernens und Spielens mit anderen Kindern erschweren. Im Elternhaus gibt es kaum Vergleiche mit Gleichaltrigen, sodass sich erst im Kindergarten oder in der ersten Klasse das Kind als anders, als unterlegen erlebt und dabei Unbehagen empfindet. Die Verhaltensstörung kann hier ihren Ausgang nehmen.

Hyperaktive Kinder z.B. haben Schwierigkeiten, die einzelnen Wahrnehmungen in ihrer modalen und serialen Beziehung richtig zu selektieren und in ihrer

Bedeutung im Handeln zu wichten (Augustin 1988). Sie erscheinen ihnen gleichwertig, ohne es zu sein. Die Folgen sind Impulsivität, Konzentrations- und Aufmerksamkeitsstörungen. Verhaltensstörungen stellen einen destruktiven Versuch zur Kompensation dar. Deshalb empfiehlt es sich, das sprachbezogene Entwicklungsniveau beziehungsgestörter Kinder ebenfalls zu prüfen.

Bei Aphasikern und erwachsenen Analphabeten

Jede Diagnose eines Aphasikers zur Aufklärung pädagogischer Ansatzstellen ist sehr komplex und zeitaufwendig. Im Rahmen der logopädischen Praxis hat sich eine Orientierungsdiagnose mit der DP I deshalb bewährt, weil mit ihr Ausfälle in sprachbezogenen Wahrnehmungsbereichen festgestellt werden, die für weiterführende Spezialuntersuchungen in den ermittelten Ausfallbereichen wichtige Hinweise geben. Dieser Rationalisierungseffekt bei der Diagnose bedeutet Zeitersparnis und kommt den Kompensationsbestrebungen in der Therapie zugute.

So unwahrscheinlich es anmutet, erreichen manche erwachsene Analphabeten, die eine Schule besucht haben, nicht das mit der DP I geforderte Sprachwahrnehmungsniveau (Kamper 1990). Unter Umständen haben diese Menschen die Schriftsprache deshalb nicht beherrschen gelernt oder sie wieder verlernt, weil unsichere lautsprachliche Grundlagen eine gedächtnismäßige Speicherung erschwerten. Ausbleibende Übungen verhinderten bei ihnen die Automatisierung des Gelernten.

2.2.4.3 Die Anwendungsmöglichkeiten der »Differenzierungsprobe für Sechs- bis Siebenjährige (DP II)«

Dieses Verfahren wird mit Kindern oder auch Erwachsenen durchgeführt, bei denen der Schreib-Lese-Lernprozess bereits abläuft bzw. ablief. Dadurch ist die »akustisch-sprechmotorische Assoziationskette um neue Elemente bereichert, nämlich um optisch-motorische Assoziationen, deren spezifisches Signal das gedruckte und geschriebene Wort ist. Diese Assoziationsreihe hat, analog dem Sprechen, eine sprechmotorische Reaktion zum Endglied.« (Ananjew 1963, S. 390) Werden die angestrebten Lernergebnisse des Schreibens und Lesens nicht oder nur unvollkommen erreicht, ist mit einer brüchigen Sprachwahrnehmungsgrundlage zu rechnen. Diese muss zum Objekt der Förderung werden.

Bei Schülern mit beständigen Schwierigkeiten beim Schreib-Lese-Lernprozess

In fast jeder Anfangsklasse finden sich Schüler, die trotz intensiver und aufwendiger Bemühungen des Lehrers die Grundfertigkeit des Lesens und Schreibens nicht oder nur unvollkommen erlernen. Trotz aller Bemühungen bleiben sie hinter ihren Altersgefährten zurück. Die DP II kann in diesen Fällen dem Lehrer helfen, eine der möglichen Ursachen für Lese-Schreib-Lernstörungen genauer abzuklären und damit seine methodischen Überlegungen anzuregen. Die DP II wird deshalb mit Kindern durchgeführt, die im Anfangsunterricht versagen. Damit unterscheidet sich die DP I prinzipiell vom pädagogischen Anliegen der DP II. Während Erstere vorwiegend prophylaktsich und frühschulisch orientiert ist, geht die DP II von den Symptomen einer bereits festgestellten massiven Schreib-Lese-Lernschwäche aus. Ermittelt der Lehrer mithilfe der DP II z.B. bei einem Schüler mit Leseschwierigkeiten Mängel in der optischen Differenzierungsfähigkeit, dann kommt es zunächst weniger auf einen höheren Übungsaufwand beim Lesen an. Wichtiger für den Schüler ist es, seine Fähigkeit zur Differenzierung und Versprachlichung subtiler optischer Modalitäten zu verbessern. Für ABC-Schützen ist es oft nützlicher, Grundleistungen ihrer Wahrnehmungstätigkeit durch entsprechende Spiele und Beschäftigungen zu vervollkommnen, als bestimmte Techniken des Schreibens und Lesens mechanisch zu fördern.

Bei Schülern in Schulen für Lernbehinderte und Geistigbehinderte

Gerade bei Geistigbehinderten kommt es sehr darauf an, ständig um eine höhere Präzision ihrer Sinnestätigkeit bemüht zu sein. Die Anwendung des DP II liefert in diesen Fällen Hinweise zur Schwere der geistigen Behinderung und zur Notwendigkeit einer speziellen Sinnesförderung.

Aus Längsschnittuntersuchungen ist bekannt, dass Lernbehinderte und vor allem Geistigbehinderte auch im höheren Schulalter auf der Ebene ihrer Sprachwahrnehmungsleistungen und Sinnestätigkeit große Mängel aufweisen. Da der Erfolg des Lernens in diesen Sonderschuleinrichtungen stark von einer anschaulichen und konkreten Methode abhängt, ist es dem Sonderpädagogen eine große Hilfe, wenn er von jedem Kind konkret weiß, in welchen Wahrnehmungsbereichen es intakt bzw. behindert ist.

Andere Anwendungsmöglichkeiten der DP II

Weitere Anwendungsmöglichkeiten der DP II liegen in der Ergänzung von Einblicken in individuelle Besonderheiten von Kindern und Erwachsenen, bei denen bereits mit der DP I Wahrnehmungsmängel ermittelt wurden und bei denen eine darauf abgestimmte Förderung tendenziell erfolgreich verlief. Die Ergebnisse der DP II zeigen, ob es die Förderung vermocht hat, die verbosensomotorischen Mängel nicht nur symptomatisch, sondern auch in ihrer oft tiefen Verankerung zu überwinden.

2.2.5 *Ursachen für Sprachwahrnehmungsdefizite und Konsequenzen für die Förderung*

Im Einzelfall die Frage nach den Ursachen zweifelsfrei zu beantworten ist für den Praktiker weder möglich noch notwendig. Sie wird für ihn eigentlich erst dann aktuell, wenn Fördereffekte ausbleiben. In diesen Fällen ist er veranlasst, die Zusammenarbeit mit Sonderpädagogen, Psychologen und Medizinern zu suchen. Dafür werden auch die meisten Eltern dankbar sein.

Wer eine Förderung von Sprachwahrnehmungen durchführt, wird feststellen, dass dabei sehr unterschiedliche Ergebnisse erreicht werden. Es gibt Schüler, bei denen es relativ schnell gelingt, selbst massive und globale Rückstände zu überwinden. Andere wiederum erweisen sich als förderresistent, d.h., es will nicht gelingen, vorhandene Defizite abzubauen. Normalerweise kommt es dann zur Veränderung der Förderstrategien und zu anderen didaktisch-methodischen Konsequenzen. Bei diesen Kindern lassen sich Fortschritte nur mit hohem und längerem Förderaufwand erreichen.

Unterschiedliche Effekte einer Förderung können die Folge einer unterschiedlichen Bedingtheit der Defizite sein. An welche Ursachen ist dabei zu denken? Allgemein lässt sich sagen, dass Defizite entweder auf dispositionellen Faktoren oder/und auf ungünstigen Umwelteinflüssen beruhen.

Demnach kann
1. mit dispositionellen Ausgangspunkten,
2. mit Folgen einer Deprivation bzw. ungünstigen Umwelteinflüssen,
3. mit einer ungeeigneten pädagogisch-didaktischen Vorgehensweise im Unterricht und
4. mit einem Zusammenwirken dieser Ursachenfaktoren gerechnet werden.

Welche Ursachenkonstellation den Ausgangspunkt darstellt, hat Einfluss auf die Ergebnisse der Förderung.

Dispositionelle Ausgangspunkte können sowohl vererbt sein als auch durch Schädigungen des kindlichen Gehirns in der prä-, peri- bzw. postnatalen Phase entstehen. Vom Ausmaß cerebraler Dysfunktionen hängt es ab, ob die geistige Entwicklung global oder nur partiell beeinträchtigt wird. Bei globalen cerebralen Störungen ist die Lernfähigkeit des Kindes insgesamt betroffen. Es lernt langsamer, beansprucht viele Hilfen und hat fast immer Mühe, den altersbezogenen Lernzielen gerecht zu werden. In besonders schweren Fällen ist es nicht möglich, ein solches Kind in einer Regelklasse optimal zu fördern. In diesen Fällen ist die Lernschwäche wahrscheinlich mehrfach determiniert (Johnson/Myklebust 1971). Der Besuch einer Sonderschule und die damit verbundene direktere, individuumbezogene Unterrichtsgestaltung kann hier helfen, die Beeinträchtigungen in bestimmtem Umfang zu kompensieren.

Minimale bzw. partielle cerebrale Dysfunktionen können zu Teilleistungsstörungen führen, ohne dass dabei die Intelligenz der Kinder betroffen sein muss. Teilleistungsstörungen, die sich in der Feinmotorik auswirken, äußern sich in einer unordentlichen Schrift, in ungeschickten Bewegungsabläufen, im verspäteten Sprechenlernen, im lange Zeit anhaltenden Stammeln usw. Teilleistungsstörungen können außerdem Mängel in der Raumorientierung, im Erfassen von Raum-Lage-Beziehungen oder in der akustischen und optischen Wahrnehmung serialer Abläufe und deren Diskrimination in sprachlichen Inhalten zur Folge haben. Die damit zusammenhängenden unpräzisen Sinnesdaten erschweren das automatisierte Erfassen sinnlich-wahrnehmbarer Kodeträger der Sprache und damit die Speicherung von präzisen Wort- und Satzschemata.

Teilleistungsstörungen als Folge minimaler cerebraler Dysfunktionen können auch andere Auswirkungen haben, die aber kaum Einfluss auf das Sprechen-, Schreiben- und Lesenlernen besitzen. Das betrifft z.B. die Rechenschwäche, die Farbblindheit, die Unmusikalität u.a.

Ein feiner Indikator für minimale cerebrale Dysfunktionen ist das Niveau der Regulation von Artikulationsprozessen. Da es möglich ist, dieses Niveau mithilfe physiopolygraphischer Untersuchungen zu erfassen, lassen sich Beziehungen zwischen dem erreichten Regulationsniveau und dem erreichten Stand in der Sprachwahrnehmungsentwicklung ermitteln.

Verlaufen Reifungsprozesse programmgemäß, wirkt sich das auf Lernprozesse des Spracherwerbs günstig aus. Es kann dann von einer Synchronie zwischen Reifen und Lernen gesprochen werden. Diese Ausgewogenheit ist gestört, wenn Reifungsprozesse verzögert oder fehlerhaft ablaufen oder/und weil angemessene Stimulierungen fehlen.

Als repräsentatives Beispiel für den Zusammenhang zwischen dem Reifungszustand des kindlichen Gehirns und dem Niveau sprachlicher Grundlagen kurz vor Beginn des Schreib-Lese-Lernprozesses sei nachfolgend das Ergebnis physiopolygraphischer Untersuchungen mitgeteilt.

Beim Nachsprechen von Wörtern und bei anderen sprachlichen Anforderungen (Gegenstände und Tätigkeiten benennen, Unterschiede bzw. Gleichheiten auf Bildern erkennen), wurden bei 37 Kindern mit guten und bei 63 Kindern mit schwachen Sprachwahrnehmungsleistungen zu Beginn des letzten Vorschuljahres u.a. der Kontraktionsverlauf der Artikulationsmuskulatur und Funktionen des vegetativen Systems (Puls, EMG rechter und linker Unterarm) aufgezeichnet. Die Registrierung der Myogramme und der bioelektrischen Aktivität erfolgte mithilfe eines Elektroenzephalographen und speziell hergestellter »Abnehmer« (Breuer/Lehmann/Steingart/Weuffen 1977). Die ermittelten Ergebnisse lassen Zusammenhänge zwischen dem Niveau der sprachlichen Grundlagen und dem allgemeinen Reifungszustand des Gehirns deutlich erkennen. Abbildung 2 zeigt den beschriebenen Sachverhalt für das Nachsprechen des Wortes »Haus«. Während Uwe nur eine kurze Kontraktionszeit der Artikulationsmuskulatur beim Nachsprechen benötigt (1), Puls und EMG-Verlauf im vegetativen Bereich unbeeinflusst ablaufen (3 bis 5), verbraucht Karin bei der gleichen Aufgabe im Bereich der Artikulationsmuskulatur und im EMG viel mehr Zeit und damit bedeutend mehr Energie, um das gleiche Ergebnis zu erreichen. Bei ihr haben wir es – im Unterschied zu Uwe – noch mit Reifungsrückständen beim Zusammenspiel und in der Anatomie der aufgezeichneten Hirnfunktionen zu tun. Die sprachliche Erregung im Gehirn breitet sich bei Karin noch diffus, unproduktiv aus. Damit ist Energieverlust verbunden, der negative Auswirkungen auf ihre Konzentrationsfähigkeit und Ermüdung hat. Die ökonomischen sprechmotorischen Aktivitäten und das Fehlen von »Nebenwirkungen« auf vegetative Funktionen bei Uwe sind Ausdruck eines altersgerechten Reifungszustandes des Gehirns, bei Karin dagegen sind Reifungsrückstände nicht zu übersehen.

Abb. 2: Physiologische Reaktionen bei der Sprachrezeption

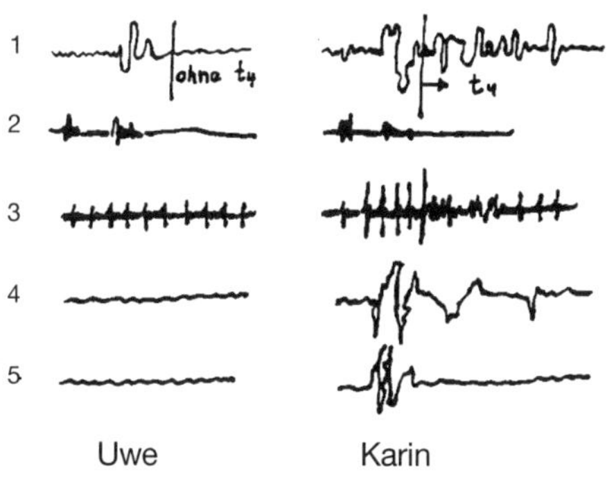

Erläuterungen:
1 = Kontraktionsverlauf der Sprechmuskeln
2 = Phonogramm von VL und Kind
3 = Puls
4 = EMG rechter Unterarm
5 = EMG linker Unterarm

Diese Unterschiede sind im Alltagsverhalten beider Kinder nicht zu bemerken. Erst in anamnestischen Daten fanden sich Hinweise. Uwe sprach bereits mit zehn Monaten die ersten Wörter, auch seine anderen Entwicklungsdaten entsprachen der Norm. Als er in die Schule kam, besaß er ein gutes lautsprachliches Niveau. Er artikulierte korrekt, verfügte über einen reichen Wortschatz und sprach grammatisch richtig. Das Lesen- und Schreibenlernen bereitete ihm keine Mühe.

Karin begann erst am Ende des zweiten Lebensjahres zu sprechen. Auch das Laufenlernen und andere motorische Entwicklungsdaten traten verspätet auf. In den ersten drei Lebensjahren erkrankte sie mehrmals schwer. Bei Schuleintritt artikulierte sie noch einige Laute ungenau, ihr Wortschatz war ausreichend; bei längeren Sätzen unterliefen ihr grammatische und syntaktische Fehler. Sie gehörte zu den Kindern, die im Umgang mit Erwachsenen wenig sprechen und deshalb fälschlicherweise als schüchtern und gehemmt bezeichnet werden. Während sie im Rechnen, in den musischen Fächern, im Sozialverhalten und bei praktischen Anforderungen keine Probleme hatte, gab es bei Karin große Schwierigkeiten beim Lesen- und Schreibenlernen. Damit ist die Indikation einer Teilleistungsstörung gegeben.

Dieser Zusammenhang zwischen einem sprachphysiologisch schwachen Ausgangsniveau und den späteren Schwierigkeiten beim Lesen- und Schreibenlernen lässt sich jedoch nicht bei allen Kindern mit Lernschwierigkeiten im Anfangsunterricht so eindeutig nachweisen. Der Überblick in Tabelle 15 zu den Ergebnissen der 37 Kinder mit guten (Gruppe I) und 63 Kinder mit schwachen (Gruppe II) Sprachwahrnehmungsleistungen ein Jahr vor Schulbeginn bestätigt dies. In der Tabelle 15 ist die durchschnittliche Kontraktionszeit der Artikulationsmuskulatur (die als Ausdruck des Reifungszustandes der sprachphysiologischen Grundlagen angesehen werden kann) erfasst. Jedes Kind hatte 60 der bereits angeführten einfachen sprachlichen Anforderungen zu erfüllen.

Tab. 15: Beziehungen zwischen der Kontraktionszeit der Artikulationsmuskulatur und dem Sprachwahrnehmungsniveau

Durchschnittliche Kontraktionszeit	Sprachwahrnehmungsniveau	
	+ (n = 37)	– (n = 63)
0–6 Sek.	94,6	28,6
6,1–12 Sek.	5,4	41,2
12,1 u. mehr Sek.	–	30,2

Die Kinder mit guten Sprachwahrnehmungsleistungen erreichten in 94,6% der Fälle sehr gute sprachphysiologische Werte (0 bis 6 Sekunden). Nur zwei Kinder erreichten schwächere Werte. In keinem einzigen Falle lagen diese im extrem schwachen Bereich (12,1 Sekunden und mehr). Die Kinder mit schwachen Sprachwahrnehmungsleistungen dagegen zeigten ein sehr heterogenes Bild. Während nur 28,6% gute sprachphysiologische Werte aufwiesen, fielen diese bei 41,2% deutlich schwächer und bei 30,2% extrem schwach aus.

In dieser Heterogenität der Kontraktionszeiten spiegelt sich die unterschiedliche Bedingtheit und prognostische Valenz des schwachen vorschulischen Sprachwahrnehmungsniveaus wider. Am erfolgreichsten verläuft die Förderung in Gruppe II bei jenen Kindern, die über ein altersentsprechendes Reifungsniveau des Gehirns verfügen. Bei den anderen Kindern benötigt die Förderung viel mehr Zeit und bleibt mitunter ohne sichtbare Verbesserungen.

Ähnlich verhielt es sich mit den anderen ermittelten physiologischen Daten. Tendenziell untergliederten sich die Ergebnisse der Kinder mit schwachen

Sprachwahrnehmungsleistungen in etwa drei (annähernd) gleich starke Gruppen: Fast ein Drittel der leistungsschwachen Kinder verfügte über ein altersentsprechendes Reifungsniveau der ermittelten physiologischen Funktionen, ein reichliches Drittel der Kinder wies noch Rückstände auf, ein knappes Drittel der Kinder hatte deutliche Reifungsrückstände. Diese Befunde stimmen fast völlig mit denen von Lempp (1979) überein. In seinen Untersuchungen weisen ein Drittel der Schulversager mit Sicherheit frühkindliche Hirnschäden auf, bei einem anderen Drittel sind für das Versagen umweltbedingte Ursachen verantwortlich, bei den anderen Kindern nimmt er eine Kombination biologischer und sozialer Ursachen für das Versagen an. Ähnliche Ursachenkonstellationen fand auch Feller (1982) für die in Tabelle 15 erfassten Kinder.

Einem Lehrer ist es natürlich nicht möglich, die Frage der Verursachung von Lernschwierigkeiten etwa mit physiopolygraphischen Untersuchungen zu klären. Wichtige Hinweise auf eine reifungsbedingte Lernschwäche liefern ihm anamnestische Daten. Um sie zu erfahren, muss er ein vertrauensvolles Verhältnis zu den Eltern des Kindes aufbauen.

Die Ergebnisse der angeführten Untersuchungen erklären, weshalb manche lernschwache Kinder auf Fördermaßnahmen gut ansprechen, während sich bei anderen Kindern Fördererfolge nur verzögert oder gar nicht einstellen wollen. Diejenigen Kinder, deren hirnorganischer Reifungszustand noch Rückstände aufweist, müssen bei gleichen Lernanforderungen ein Vielfaches an physiologischer Energie aufbringen, um dem Unterricht folgen zu können. Es darf dann nicht verwundern, wenn diese Kinder bald ermüden und zunehmend unkonzentriert wirken. Das ist keine Folge unzureichender Lernmotivation, sondern organisch bedingt. Besonders schwer haben es diejenigen Kinder, die neben reifungsbedingten hirnphysiologischen Rückständen gleichzeitig auch ein Defizit an sozial-kulturellen Anregungen erfahren.

Kinder aus sozialen Unterschichten sind unter LRS-Schülern eindeutig überrepräsentiert (Valtin 1977). Das hatte zur Folge, die LRS vorwiegend als ein soziales Problem zu sehen. Als Ursachen sah man den niedrigeren Bildungsgrad der Eltern, deren geringe berufliche Qualifikation, beengte Wohnverhältnisse, hohe Kinderzahl, geringes Einkommen und mangelnde sprachlich-kulturelle Anregungssituation an. Kinder aus solchen Verhältnissen erfahren weniger Anregungen für die Sprach- und Denkentwicklung als Kinder der Mittel- und Oberschicht. Dort wird auch ein guter Schulstart für den weiteren Schulerfolg höher bewertet und entsprechend angestrebt.

Es ist jedoch nicht angebracht, die Ursachen der LRS einseitig als reifungs- oder als sozialbedingt zu interpretieren. Die Ursachen dieser Lernschwierigkeiten sind komplex und multifaktoriell. Atzesberger (1981) fordert mit Recht, in jedem Einzelfall eine genaue Anamnese zur Aufklärung der Ursachen für LRS zu erheben. Das gehäufte Auftreten von Beschwerden in der Schwangerschaft, von Geburtskomplikationen, von Frühgeburten, Erkrankungen in den beiden ersten Lebensjahren, von Ernährungsstörungen, motorischen Retardierungen,

Sprachentwicklungsverzögerungen, Sprachstörungen, Linkshändigkeiten usw. bei ihnen wird auch von anderen Autoren hervorgehoben (Malmquist 1973; Schenk-Danzinger 1975; Kossow 1973; Becker 1977 u.a.). Diese Risikofaktoren finden sich häufig bei Kindern mit Lernschwierigkeiten. Sie werden im Vorschulalter leicht übersehen, weil die Kinder intellektuell bzw. sprachlich unauffällig bleiben. Den Umwelttheoretikern ist insofern zuzustimmen, als Mütter aus so genannten Unterschichten den mit diesen Risiken verbundenen Konsequenzen oft weit weniger sensibel gegenüberstehen und über weniger Kenntnisse und Möglichkeiten verfügen, mit ihnen fertig zu werden, als das bei Müttern aus der Mittel- und Oberschicht der Fall ist. Ein Beispiel für den Zusammenhang zwischen der beruflichen Qualifikation der Eltern und der Chance eines Kindes, seine Entwicklungsverzögerungen im Bereich der Sprachwahrnehmungen zu überwinden, zeigen Ergebnisse einer Untersuchung, in die Kinder einbezogen waren, die im letzten Vorschuljahr massive Rückstände in der sprachbezogenen Wahrnehmungstätigkeit aufwiesen. Im Verlaufe einer Längsschnittstudie ließ sich ermitteln, bei welchen Kindern diese vorschulischen Entwicklungsdefizite langzeitlich ungünstige Auswirkungen auf den Schulerfolg hatten bzw. bei welchen Schülern diese Defizite ohne Auswirkungen blieben. Das Ergebnis spricht für sich: Diejenigen Schüler, die trotz massiver vorschulischer Defizite in der Schule ohne Schwierigkeiten beim Lesen- und Schreibenlernen blieben, hatten in 80% der Fälle Eltern mit einer abgeschlossenen Berufsausbildung. Die Eltern derjenigen Kinder dagegen, die auch in der Schule Lese-Schreib-Lernschwierigkeiten aufwiesen, hatten nur in 20% der Fälle einen abgeschlossenen Beruf (Breuer, Ruoho 1989).

An diesem Beispiel wird der Einfluss sozialer Faktoren auf die Entwicklungschance eines Kindes mit ungünstigen Schuleingangsbedingungen deutlich.

Treffen sowohl biologische als auch soziale Risikofaktoren bei lernschwachen Kindern zusammen, verstärkt sich ihr entwicklungshemmender Einfluss. Die Förderung kann in solchen Fällen kurzzeitig auch keine Erfolge erreichen.

2.2.6 Zur Zusammenarbeit mit Eltern und Fachexperten

2.2.6.1 Die Zusammenarbeit mit den Eltern

Die Mehrzahl der Eltern nimmt an der schulischen Entwicklung ihrer Kinder lebhaften Anteil. Sie wissen, wie wichtig eine gute Schulbildung für das spätere Fortkommen ist. Ohne sie besteht wenig Möglichkeit, einen qualifizierten Beruf zu erlernen. Kinder aus engagierten Elternhäusern werden vom ersten Schultag an angehalten, fleißig zu lernen. Die Eltern kümmern sich um die Hausaufgaben und geben dabei die erforderliche Unterstützung. Wenn sie den Eindruck haben, dass ihr Kind mit der Erfüllung schulischer Anforderungen nicht zurechtkommt, suchen sie von sich aus den Kontakt zum Klassenlehrer ihres Kindes.

Leider nehmen nicht alle Eltern in dieser Weise Anteil, wenn ihre Kinder Probleme beim Lernen haben. Dafür kann es verschiedenste Gründe geben. Es gibt Eltern, die ihre eigene Schulzeit in schlechter Erinnerung haben und deshalb mit Voreingenommenheit den Schwierigkeiten des Kindes begegnen. Sie finden von sich aus nie den Weg zur Schule, obwohl sie u.U. sehr schnell bereit sind, dem Lehrer die Schuld am Versagen ihres Kindes zuzuweisen.

Zu nennen sind auch jene gleichgültigen Eltern, für die der Lehrer allein die Verantwortung für das Lernen trägt. Dafür würde er ja bezahlt.

Obwohl uninteressierte und gleichgültige Eltern die Ausnahme bilden, ist an eine solche Möglichkeit zu denken. Kinder, denen es an elterlicher Unterstützung fehlt, sind besonders benachteiligt. Ihnen sollte die Fürsorge des Lehrers in erhöhtem Maße gelten.

Der Lehrer kann also im Elternhaus mit unterschiedlichsten Einstellungen rechnen. Wie er diesen verschiedenen Anregungsbedingungen im Elternhaus gerecht wird, offenbart seine ethische Einstellung und berufliche Kompetenz.

Den Kindern das Lesen und (Recht-)Schreiben beizubringen, ist Aufgabe der Schule, nicht aber der Eltern. Diese Einsicht bestimmt die Rollen der Beteiligten, wenn es um die Zusammenarbeit von Lehrern und Eltern geht. Worauf kommt es dabei an?

1. Es hat sich als nützlich erwiesen, möglichst bald nach der Einschulung einen Elternabend durchzuführen (Breuninger/Beetz 1991). Noch ehe bei einzelnen Kindern Lernschwierigkeiten auftreten, sollen die Eltern in geeigneter Weise erfahren, dass die Möglichkeit dafür prinzipiell besteht. Lernschwierigkeiten sind weder zu dramatisieren noch zu bagatellisieren. Es sollte sachlich hauptsächlich auf Klippen im Schreib-Lese-Lernprozess hingewiesen werden, die Jahr für Jahr überraschend auftreten können. Auch bei Kindern, von denen man es nie erwartet hätte.
   An einigen anonymen bzw. konstruierten Beispielen könnte das demonstriert werden. Dabei sind mögliche Ursachen zu nennen und zu erläutern, wie auftretende Schwierigkeiten gemeinsam überwunden werden können.
2. Die Eltern sind auch darauf hinzuweisen, Lernschwierigkeiten auf keinen Fall zu einem häuslichen Drama auswachsen zu lassen (Portmann 1989). Alles Schimpfen, übermäßiges Üben, Strafen und der Entzug von Lieblingsbeschäftigungen tragen eher zur Verunsicherung des Kindes als zur Verbesserung seiner Leistungen bei. Untauglich sind auch ständige Vergleiche mit den Leistungen besser lernender Geschwister oder anderer Schüler. Solche Vergleiche entmutigen. In extremen Fällen können daraus neurotische Störungen entstehen (Bettnässen, Stottern, Nägelkauen u.a.). Im Gespräch mit den Eltern ist zu erkunden, in welcher Weise und mit welchen Methoden sie bisher versucht haben, die Lernschwierigkeiten zu überwinden. Ihre Mühen sind anzuerkennen. Sicher haben die Eltern aus der Sicht des Lehrers dabei auch Fehler gemacht. Aber auch das geschah in der Absicht, dem Kind zu

helfen. Deshalb sind kritisierende Hinweise zum Erziehungsstil entweder überhaupt zu unterlassen oder behutsam mit sachlichen Argumenten zur Sprache zu bringen. Dabei ist immer von den positiven Seiten des Kindes auszugehen und jeder Lernfortschritt zu würdigen. In diesem Zusammenhang berät der Lehrer die Eltern auch über die zweckmäßige Gestaltung des Arbeitsplatzes sowie der Arbeitsbedingungen zu Hause. Das Kind sollte sich erst nach einer Spielpause, möglichst im Freien, an seine Schulaufgaben setzen. Auch wenn bisher kaum darauf geachtet wurde, sollten Störungen jeder Art vermieden werden. Dazu gehören auch ein laufender Fernsehapparat und laute Musik.

3. Es ist davon auszugehen, dass Lernschwierigkeiten niemals die Folge eines bösen Willens des Kindes sind. Das Kind leidet darunter, wenn es die Leistungen seiner Mitschüler nicht erreicht. Es ist besonders gekränkt, wenn es als faul oder dumm bezeichnet wird. Das Selbstwertgefühl ist zu diesem Zeitpunkt besonders gefährdet.
4. Die Eltern sind zu fragen, ob das Kind vor Schuleintritt bereits an einer Sprachübungsbehandlung teilgenommen hat. Wird das bejaht, ist den Eltern zu erläutern, dass manchmal die Ursachen für behandlungsbedürftige Sprachstörungen im Vorschulalter auch der Ausgangspunkt für die Schwierigkeiten beim Erwerb der Schriftsprache in der Schule sein könnten.
5. Bei Kindern, die in allen Lernfächern große Mühe haben mitzukommen, sind besonders solche Hinweise der Eltern zu beachten, dass in der Schule der Lernstoff ihrer Meinung nach zu schnell behandelt wurde. Eltern, die diese Meinung äußern, bemerken zu Hause bei der Anfertigung der Schulaufgaben oft, dass ihre Kinder zusätzliche Erläuterungen benötigen, weil sie in der Schule nicht mitgekommen sind.
   Seltener werden Eltern den Lehrer drängen, schneller im Lehrstoff vorzugehen, weil sie von ihren Kindern den Eindruck haben, sie beginnen sich in der Schule zu langweilen. Diesem Drängen sollte in den ersten beiden Schuljahren mit Zurückhaltung begegnet werden. Das wichtigste Anliegen des Anfangsunterrichts besteht darin, stabile Grundlagen in den Kulturtechniken Schreiben, Lesen und Rechnen bei möglichst allen Schülern zu schaffen. Hoch begabte Schüler sind dem Gros der Klasse meist voraus. Sie sollten mit zusätzlichen Aufgaben beschäftigt werden, in dieser Etappe schulischen Lernens, aber niemals auf Kosten der Schüler, die schwerer lernen.
6. Die Hilfe für lernschwache Schüler muss immer individuell als Einzelhilfe gestaltet werden. Gerade in diesem Zusammenhang kann die Unterstützung durch das Elternhaus viel bedeuten. Um auch diese Eltern zum Verständnis für die Probleme ihres Kindes zu führen, ist zu versuchen, die Angelegenheit in einem vertraulichen Gespräch zu klären. In dessen Verlauf sind die guten Seiten des Kindes hervorzuheben. Es ist davon auszugehen, dass das Kind das Liebste ist, was die Eltern haben.
7. Wenn Kinder in eine zusätzliche Förderung einbezogen werden, ist es rat-

sam, die Eltern über deren Ziele und Durchführung zu informieren. Das ist insofern wichtig, weil die Sprachwahrnehmungsförderung von der üblichen Lernförderung abweicht. Im Vordergrund stehen spiel- und lustbetonte Übungen. Manche Eltern werden sich fragen, weshalb in einer Förderstunde für das Lesen und Rechtschreiben gemalt, gebastelt, gesungen und getanzt wird, Hör- und Sprechspiele durchgeführt werden, jedoch keine Lese- und Schreibübungen. Die Begründung dafür sollte vom Zusammenhang des Wahrnehmens und Verstehens von Sprache ausgehen. Wird diese Beziehung den Eltern einfühlsam vermittelt, gelingt es oft, sie als Mitstreiter zu gewinnen. Das beginnt mit einer positiven Kommentierung der Übungen und kann sich bei der Auswahl von Spielzeug, Bilderbüchern, Bastelmaterial und gemeinsamen Versuchen an Zungenbrechern usw. fortsetzen. Bei Büchern ist z.B. zu raten, für Schulanfänger solche mit großer Schrift, kurzen Sätzen und vielen Bildern auszuwählen.

2.2.6.2 Die Zusammenarbeit mit anderen Fachkräften

Andere Fachkräfte sind immer dann anzusprechen, wenn es dem Lehrer trotz intensiver Förderbemühungen nicht gelingt, ein Kind zu Lernfortschritten zu führen. Er wird sich zunächst fragen, woran die Erfolglosigkeit liegt, und versuchen, neue Wege zu finden, um dem Kind zu helfen. Wenn die Möglichkeiten der eigenen beruflichen Kompetenz offensichtlich ausgeschöpft sind, sollte der Lehrer darüber mit den Eltern unbedingt sprechen. Er wird z.B. erläutern, was er zur Förderung des Kindes unternommen hat, wie das Kind darauf reagierte und welche Beobachtungen er dabei gemacht hat. In manchen Fällen ist den Eltern zu empfehlen, einen Kinderarzt aufzusuchen, um abzuklären, ob u.U. die schnelle Ermüdbarkeit auf organischen Ursachen beruht. Vermutet der Lehrer eine intellektuelle Minderbegabung, besteht die Möglichkeit, sich an Psychologen in den nächstgelegenen Schulberatungs- und Erziehungsberatungsstellen zu wenden. Handelt es sich um eine massive Teilleistungsstörung beim Schreiben- und Lesenlernen, können die Eltern beim Bundesverband Legasthenie (Geschäftsstelle, Königstraße 32, 30175 Hannover) bzw. beim Bundesverband zur Förderung Lernbehinderter (Rolandstraße 61, 51147 Köln) den für sie zuständigen Ortsverband erfahren. Sollte bei einem Kind der ersten Klasse immer noch eine ausgeprägte Sprachstörung bestehen, so können sich die Eltern entweder an die Deutsche Gesellschaft für Sprachheilpädagogik (Leonberger Ring 1, 12349 Berlin) oder an den Deutschen Bundesverband für Logopädie (Bundesgeschäftsstelle: Augustinusstraße 11a, 50226 Frechen) wenden. Ansprechpartner können auch Sonderpädagogen in Schulen für Lernbehinderte oder Logopäden in logopädischen Beratungsstellen sein.

2.3. *Förderung*

2.3.1 *Allgemeine Hinweise*

Unter den Bedingungen des Frontalunterrichts sind der Förderung von Kindern, deren Entwicklung verzögert und verlangsamt verläuft, relativ enge Grenzen gesetzt. Der Frontalunterricht geht letztlich von der Vorstellung aus, dass alle Kinder eines Einschulungsjahrganges annähernd gleiche Lernvoraussetzungen besitzen. Damit wird das Tempo der Lernprozesse vom Gros der Klasse bestimmt, an dem sich auch der Lehrplan orientiert. Die Auffassung, dass sich das Lesen- und Schreibenlernen im Gleichschritt vollzieht, wird weder den besonders begabten noch den lernschwachen Schülern gerecht. Der Lehrer in einer Anfangsklasse kann durch methodisch-didaktische Sicherheit natürlich ausgleichend wirken, indem er besonders begabten Kindern zusätzliche Lernherausforderungen anbietet und lernschwachen Kindern durch persönliche Zuwendung hilft. Begabte Kinder sind relativ unabhängig von der Lehrmethode, die der Lehrer praktiziert. Anders ist es bei lernschwachen Schülern. Sie benötigen eine direkte Hilfe und Anleitungen, die ihrem individuellen Entwicklungsstand entsprechen. Gerade für die Förderung bietet der Frontalunterricht geringe Chancen (Scheerer-Neumann 1989; Tamm 1971).

Im Vorschulalter gestaltet sich die lernfördernde Interaktion der Eltern mit dem Kind in individueller Weise (Rauls 1988). Unter den Bedingungen des Schulunterrichts ist diese Art des individuellen Beachtens vom Lehrer nur begrenzt zu leisten. Seine Möglichkeiten zur Individualisierung von Lernprozessen reichen oft nicht aus. Hinzu kommt, dass lernschwache Kinder viele der an die Klasse gerichteten Informationen nicht verstehen, weil bei ihnen die vorausgesetzten Lernbedingungen noch nicht erreicht sind.

Dieses Dilemma lässt sich nur überwinden, wenn die durch den Frontalunterricht überforderten Kinder individuellen Förderunterricht in Kleingruppen erhalten. Nur hier ist es möglich, eine ursachenbezogene und am erreichten Entwicklungsstand orientierte Förderung durchzuführen.

Wie bei jeder Tätigkeit, so spielt auch bei der Förderung die Motivation des Kindes und seine emotionale Befindlichkeit eine maßgebliche Rolle für die Eigenaktivität des Kindes und damit für den Übungsgewinn. Nur wenn die als Förderung konzipierte Tätigkeit dem Kind Spaß und Freude macht, bewirkt sie den angestrebten Erfahrungsgewinn (Breuninger/Betz 1991). Eines ist für jede Förderung besonders wichtig: die permanente Versprachlichung des Tuns, der Merkmale, Unterschiede und Ergebnisse vor allem auch durch das Kind.

Bei der Auswahl von Übungsbeispielen darf deshalb nicht nur das direkte Förderziel gesehen werden, sie müssen vor allem den Möglichkeiten des Kindes angemessen sein, um ihm Erfolgserlebnisse zu sichern. Dem kommen Überraschungen, Spannendes, Geselliges und Fröhliches entgegen. Auch Anstrengungen, die im Erfolg enden, stimulieren die Aktivitätsbereitschaft.

Die richtige Auswahl, Zusammenstellung und Variation der Übungsbeispiele obliegt dem Pädagogen. Nur er weiß, was das Kind kann, was er ihm zumuten darf und was es noch lernen soll. Ausgangspunkt jeder Förderung sind bereits beherrschte Funktionen. Wird das Kind auf diesem Ausgangspunkt »abgeholt«, fühlt es sich sicher und gewinnt an Selbstvertrauen. Darauf aufbauend, sind die Anforderungen kleinschrittig und letztlich immer realisierbar zu erhöhen.

Individuelle Förderung und starre Übungsprogramme schließen einander aus. Trainingsprogramme sind nur nützlich, wenn sie disponibel auf die vorhandenen und inzwischen erreichten Leistungsmöglichkeiten des Kindes eingehen.

In diesem Buch steht die Förderung von Sprachwahrnehmungsleistungen im Mittelpunkt. Die Förderung hat es mit komplexen, integrativ voneinander abhängigen Funktionssystemen, also mit einer systematischen Förderung der ganzen Persönlichkeit des Kindes zu tun (Lotzmann 1979).

Die Verfasser haben lange überlegt, ob es sinnvoll und notwendig ist, den mit der Förderung betrauten Pädagogen spezielle Förderhinweise in Form von Übungsbeispielen anzubieten. Der Vorwurf, dass damit Rezepte verteilt werden, liegt nahe. Wenn wir uns dennoch für die Zusammenstellung von Förderhinweisen entschlossen haben, so deshalb, weil viele Teilnehmer von Weiterbildungslehrgängen immer wieder darum gebeten haben. Dabei wurde vor allem auf die Anregungsfunktion solcher Übungsbeispiele für die eigene kreative Gestaltung von Fördereinheiten hingewiesen. Bei der Auswahl der Übungsbeispiele wurde davon ausgegangen, dass sie sich in Förderstunden mit Kleingruppen, teilweise auch im Unterricht, sinnvoll eingliedern lassen. Wenn z.B. dem Lehrer bekannt ist, dass ein Kind phonematische Schwächen hat, wird er es besonders bei den Aufgaben unterstützen, bei denen es sich um die Unterscheidung ähnlich klingender Laute handelt (stimmhaft – stimmlos, Dehnung – Kürzung). Ein Kind mit sprechmotorischen Schwächen wird der Lehrer zum langsamen und deutlichen Lesen ermuntern. Für alle Wahrnehmungsbereiche wurden Anregungen zur Einzelförderung sowie zur Gruppenförderung aufgenommen. Jeder Pädagoge, der verbosensomotorisch retardierte Kinder fördert, wird sich eine Sammlung von Veröffentlichungen zulegen, in denen Anregungen für die Gestaltung von Übungen zu finden sind. Dazu gehören Bücher mit Kinderreimen, Kinderliedern, Bastelaufgaben, Malübungen, Sprech- und Bewegungsspiele usw.

Derartige Übungen haben mit dem Schreiben und Lesen scheinbar wenig zu tun. Da es sich aber um Kinder mit unzulänglichen Sprachwahrnehmungsleistungen handelt, dienen sie indirekt dem Schreiben- und Lesenlernen.

Es werden damit Voraussetzungen vervollkommnet, über die alle anderen Kinder bereits bei Schuleintritt verfügen. Ihre bereits ausgeformten Sprachwahrnehmungsleistungen ermöglichen es ihnen, den Anforderungen an die neue Qualität von Differenzierungsleistungen, die das Lesen- und Schreibenlernen fordern, gerecht zu werden.

»Leider stehen Spiele und spielorientierte Lernaktivitäten in der Schule immer noch unter Legitimationsdruck, d.h., stets ist zu überlegen und nachzuweisen, ob mit der ›ewigen Spielerei nicht zu viel Zeit vertrödelt wird‹, ob das Stoffpensum rechtzeitig erfüllt wird, ob alle Schüler genug lernen und in ihren Leistungen gefördert werden etc. Nun, dass Kinder etwas, nein: sehr viel lernen beim Spiel, wissen die am besten, die selbst mit Kindern spielen. Dennoch kann es nicht schaden, im Einzelfall die Wahl einer Spiel- oder Kommunikationsaktivität abzusichern.« (Naegele/Haarmann 1991)

Das Lesen- und Schreibenlernen selbst stellt natürlich auch ein sehr intensives Sprachwahrnehmungstraining wahr. Visuelle, akustische, sprech- und schreibmotorische Analyse- und Syntheseprozesse finden laufend statt. Das stellt für alle Kinder, die mit ausgeformten sprachbezogenen Differenzierungsleistungen mit dem Lernen in der Schule beginnen, kein Problem dar. Für Kinder mit sensomotorischen Defiziten jedoch ist es sehr schwer, diese qualitative neue Stufe zu meistern. Der Unterricht bezieht sich direkt und konkret auf Morpheme und Grapheme. Die Kinder lernen, Laute und Buchstaben isoliert und in Verbindungen zu erkennen. Auf das Schreiben und Lesen bezogen, handelt es sich hierbei um eine direkte Form des Wahrnehmungstrainings.

Die nachfolgenden Übungsbeispiele für die einzelnen Wahrnehmungsbereiche zielen hauptsächlich auf indirekte Formen der Förderung. An einigen wenigen Beispielen wird gezeigt, wie akustische, visuelle und sprechmotorische Übungen direkt auf der Ebene der Schriftsprache, also mit Lauten und Buchstaben, erfolgen könnten. Die Konzentration der Übungen auf indirekte Förderung erfolgte deshalb, weil direkte Übungsformen im Unterricht laufend durchgeführt werden. Die wenigen Beispiele, die als direkte Übungen vorgeschlagen werden, sollen den Zusammenhang indirekter und direkter Übungsmöglichkeiten andeuten. Für direkte Rechtschreibübungen gibt es viele sehr gute Anleitungen (z.B. Triebel/Maday 1982).

Die vorgestellten Übungen werden variiert und wiederholt. Da es sich um Minuten-Übungen handelt, können sie in den Unterricht und in andere Tätigkeitsformen eingebaut werden.

2.3.2 Förderung der optisch-graphomotorischen Differenzierungsfähigkeit

Ziel dieser Förderung ist es, die Kinder zur genauen Beobachtung bzw. Beachtung auffälliger und unauffälliger Details bei der Unterscheidung, Aussonderung, Zuordnung, Darstellung und Gestaltung von Merkmalen der

> Form, Größe, Länge, Dicke, Breite, Höhe, Farbe, des Richtungsverlaufs, der Abstände, der Häufigkeit usw.

anzuregen. Dabei sollen die Kinder lernen, ihre Beobachtungen sprachlich auszudrücken. Auch können die unterschiedlichsten Techniken, Methoden und Materialien zur Anwendung kommen. Es geht nicht nur um die Erfassung dieser

Modalitäten. Ebenso wichtig sind Übungen, in denen das Kind auf eine exakte Gestaltung zu achten hat. Es geht dabei auch um die

Koordination von Auge und Hand.

Dazu gehören Reihungen und Gruppierungen. Nachvollzug von Richtungs- und Mengenmerkmalen, Anordnung gleicher oder verschiedener Merkmale in Mustern, die Beachtung und Nutzung von Begrenzungen, Treppen- und Bogenzugfolgen, Schneide-, Knet- und Reißübungen, Basteln und Bauen nach Vorlagen, aber auch nach eigenen Vorstellungen. Sie begünstigen die Genauigkeit visueller Wahrnehmungen und feinmotorischer Fertigkeiten.

Zu den Grundübungen gehören außerdem Malen und Zeichnen. Seitens der Erzieher sind dabei Anregungen zu geben, die das Kind auf einzelne Merkmale bzw. Details aufmerksam machen. Die sprachliche Kommentierung des Tuns trägt dazu bei, die Bewusstheit der Modalitätsbeachtung zu erhöhen.

Freie Themengestaltungen zeigen besonders gut, welches Niveau der Detailbeachtung ein Kind bereits erreicht hat (etwa bei der Darstellung eines Menschen). Zeigen sich dabei noch Rückstände, ist in einer Unterhaltung mit dem Kind das Gespräch auf mögliche, aber noch nicht gestaltete Einzelheiten hinzuführen.

Jedem Pädagogen ist zu empfehlen, sich eine Mappe mit Ausschnitten aus Zeitungen, Kinderzeitschriften und Bilderbüchern anzulegen.

In den folgenden Übungsbeispielen sind dafür Anregungen gegeben, die jederzeit thematisch und förderorientiert erweitert werden können. Außerdem bietet das im Handel angebotene Spiel-, Bastel-, Bau- und andere Beschäftigungsmaterial für Vorschul- und jüngere Schulkinder viele Möglichkeiten, es auch für die Förderung zu nutzen. Besonders geeignet sind:

Steckkästen, Puzzle-, Domino-, Karten-, Würfel-, Labyrinth-, Such- und Computerspiele.

Zuordnungs- und Vergleichsbilder lassen sich zusammenstellen. Um die Detailbeachtung visueller Gegebenheiten zu verbessern, sind die Kinder zum

Bauen, Schneiden, Reißen, Basteln, Malen, Falten, Zeichnen

anzuregen. Für die Herstellung von Ornamenten, Dekors und Schmuckfiguren bieten sich im Verlauf eines Jahres vielfältige Anlässe.

Die Förderung der optischen Differenzierungsfähigkeit und feinmotorischen Fingerfertigkeiten dient auch der Verbesserung der Konzentrationsfähigkeit. Bei Übungsspielen, die Schriftzeichen benutzen, gehen Transfereffekte auf die phonematische und kinästhetische Differenzierungsfähigkeit aus. Umso mehr ist bei der Motivierung der Kinder von deren Ansprüchen an Spaß, Selbstbetätigung und überraschenden Erfolgen auszugehen. Niemals sollte man Leistungen des Kindes, um die es sich vergeblich bemüht hat, unbeachtet lassen oder abwertend beurteilen. Es ist gerade die Freude an der Tätigkeit, durch die noch vorhandene Unzulänglichkeiten in der Identifikation visueller Modalitäten und in der feinmotorischen Perfektion überwunden werden können. Ein Kind, dessen Arbeitsergebnisse negiert oder als schwach bezeichnet werden, würde die Motivation und Bereitschaft zur Aktivität gerade auf jenen Tätigkeitsfeldern verlieren, in denen es sich vervollkommnen müsste.

Übungsbeispiele

Sortieraufgabe

Stäbchen von verschiedener Länge, Farbe, Dicke usw. sind nach bestimmten Merkmalen (der Größe, der Farbe ...) zu ordnen. Es können auch Kugeln, Knöpfe, Wollfäden, Blätter und anderes Material sortiert werden. Der Schwierigkeitsgrad hängt von den zu beachtenden Unterschieden ab (fast gleich lang, fast gleich dick ...).

Perlenkette fädeln

Auf Schnur oder Wollfaden sind verschiedenfarbige Kugeln, Würfel, Ringe aufzufädeln. Vorbereitet sind Schnur oder Wollfaden mit einem Knoten an einem Ende, um das Abgleiten der Perlen usw. zu verhindern. Die Reihenfolge der aufzufädelnden Kugeln usw. wird angesagt. Es kann auch nach einer Vorlage gefädelt werden. Dabei lässt sich der Schwierigkeitsgrad steigern:

1 rote und 1 weiße Perle ...
1 blauer Ring, 1 gelber Ring, 1 roter Ring, 1 blauer Ring ...
1 roter Ring, 1 gelber Würfel, 1 blaue Perle, 1 roter Ring ...

Fingerspiele

Mit den Fingern wird geturnt: Zeigefinger auf Daumen, Mittelfinger auf Daumen, Ringfinger auf Daumen, kleiner Finger auf Daumen. An beiden Händen versuchen. Andere Fingerübungen finden: den Mittelfinger auf den Zeigefinger legen, darauf den Ringfinger, zum Schluss den kleinen Finger auf den Ringfinger. An beiden Händen versuchen.

Mit den Fingern beider Hände ein Dach bauen, die Finger ineinander verschränken und abwechselnd sich bücken lassen; Finger begegnen sich ...

Bauen mit Bausteinen

Bauen nach Vorlagen, nach Aufforderung oder eigener Fantasie: So hoch wie möglich soll der Turm sein; Bauen von Brücken, Hütten, Häusern, Zäunen, Möbeln, Fahrzeugen usw.

Ich sehe etwas, was du nicht siehst

In einem Raum fragt zuerst die Lehrerin: »Ich sehe etwas, was ihr nicht seht, und das ist weiß.« Ist der Gegenstand erraten, übernehmen Kinder das Fragen. Außer Farben können auch Formen genannt werden: Es ist rund, es ist klein, es ist weit oben …

Schattenspiele

Vor einer Lichtquelle werden an der Wand oder auf der Leinwand mit den Händen Figuren geformt und ihre Bezeichnung erraten.

Verschlüsse finden

Zu verschiedenen Gläsern und Flaschen sind die dazugehörigen Verschlüsse zu finden und aufzuschrauben. Oder: Jedes Kind erhält eine Flasche oder ein Glas und sucht den Verschluss dazu.

Sortierübungen

Vor jedem Kind liegen auf dem Tisch durcheinander kleine Steinchen, Getreide- und Obstkörner, Erbsen und Bohnen usw. Diese sind zu sortieren und getrennt in mehrere Behälter zu schütten.

Kleintiere beobachten

Auf dem Hof oder während eines Spazierganges sind im Gras oder am Ufer eines Baches Insekten zu suchen und in ihren Bewegungen zu beobachten und nachzuahmen.

Zublinzeln

Kinder sitzen im Kreis. Eines blinzelt jemandem zu. Wer gemeint ist, es bemerkt und sagt, ist der nächste »Blinzler«. Ist die Gruppe größer, können auch zwei Kinder blinzeln.

Berufe raten

Von der Lehrerin oder den Kindern werden typische Bewegungen ausgeführt. Der Beruf ist zu erraten: Maler, Chauffeur, Näherin, Dirigent usw.

Clown spielen

Kinder ziehen Grimassen, die anderen ahmen sie nach.

Werkzeuge erraten

Das Kind hat die Augen geschlossen. Es werden ihm Gegenstände in die Hände gegeben: Hammer, Zange, Feile, Schraubenzieher. Die Gegenstände sind zu erraten. Das gleiche Spiel ist möglich, wenn sich die Gegenstände unter einer Decke befinden und vom Kind zu betasten sind, ohne dass sie gesehen werden. Es können auch andere Objekte ertastet werden.

Wie sieht der andere aus?

Kinder sehen sich andere Kinder an. Sie sagen, welche Farbe die Haare, die Augen haben, welche Kleidungsstücke sie tragen. Dieses Spiel lässt sich auch als Ratespiel durchführen. Ein Kind sagt: »Sie hat dunkle Haare, ist ziemlich groß, hat blaue Augen und trägt eine Kette. Wer ist das?« Unter Umständen müssen weitere Einzelheiten genannt werden: »Sie hat blaue Schuhe an ...«

Zuordnungsspiel

Auf einem Zeichenblatt sind geometrische oder andere Figuren vorgezeichnet: Balkenkreuze, Kreise, Quadrate, Rechtecke, Ringe, Dreiecke, Sterne, Rhomben, Vielecke usw. Im Umschlag befinden sich ausgeschnittene Figuren. Sie passen genau auf die Vorlagen. Jedes Kind sucht seine Vorlage und legt die Figur darauf. Anstelle geometrischer Figuren können auch figürliche Darstellungen gewählt werden: Autos, Häuser, Menschen, Tiere, Spielzeug.

Jagdspiel

Der Schein von zwei Taschenlampen (eine hat die Lehrerin, die andere das Kind bzw. es jagen sich zwei Kinder) fällt auf die Wand. Der eine wird gejagt, der andere ist Jäger. Wenn der Gejagte getroffen ist, ist er der Jäger.

Strichmännchen nachahmen

Auf einem Tisch liegen Karten mit Strichmännchen-Abbildungen. Diese zeigen unterschiedliche Körperhaltungen. Ein Kind sieht auf eine Karte und ahmt die Körperhaltung des Strichmännchens nach. Alle anderen Kinder machen es ihm nach. Dann holt das nächste Kind eine Karte, auf der eine andere Körperhaltung dargestellt ist.

Faltübungen

Ein Blatt Papier wird in verschiedener Weise gefaltet. Zunächst wird das genaue Falten gelernt. Den Kindern wird gesagt und gezeigt, wie zu falten ist. Es entstehen Briefumschläge, Schiffe, Flugzeuge, Türen, Helme usw.

Dominospiele

Dominosteine mit Punkten oder Abbildungen von Gegenständen werden zu einer Straße gelegt. Es kann einzeln oder paarweise gespielt werden.

Schwarzer Peter

Das bekannte Kartenspiel »schwarzer Peter« lässt sich vielfältig variieren.

Würfelspiel

In der Mitte des Tisches liegt ein Haufen bunter Stäbchen unterschiedlicher Länge. Jedes Kind würfelt und darf sich vom Haufen so viele Stäbchen nehmen, wie es Punkte gewürfelt hat. Es wird dreimal gewürfelt. Dann legt jedes Kind mit seinen gewürfelten Stäbchen eine Straße, indem es Stäbchen an Stäbchen legt. Das erste Kind legt die Straße in der Mitte des Tisches und merkt sich seine Straße. Daneben legt das andere Kind seine Straße. Wer hat die längste Straße? Nicht mehr als vier Kinder beteiligen.

Legespiel mit kleinen Kugeln

In einer Pappunterlage sind Löcher in regelmäßigen Abständen zeilenweise eingestanzt (im Handel erhältlich). Dazu werden nach einer Vorlage Muster nachgelegt. Die Muster können auch nach Diktat gesteckt werden. Dazu werden Reihe, Anzahl und Farbe genannt. Es lassen sich auch Muster erfinden.

Pappnähen

Auf eine Pappe (handlicher Größe) sind verschiedene Musterkonturen durch Löcher markiert. Die Kinder nähen mit Nadel und Faden die Muster nach. Es entstehen verschiedene Figuren (Kreuze, Vierecke, Dreiecke, Häuser, Treppen usw.). Mit geschlossenen Augen wird auf der Pappe eines anderen Kindes ertastet, welches Muster es genäht hat.

Punkte verbinden

Auf einem Zeichenblatt sind Punkte gezeichnet. Ihre Verbindung lässt unterschiedliche Figuren entstehen (Haus, Tisch, Auto, Stern, Stuhl ...). Der Schwierigkeitsgrad hängt u.a. von der Entfernung zwischen den Punkten ab.

Märchenbilder bauen

Mithilfe von Würfeln wird nach einer Vorlage ein Märchenbild zusammengefügt. Es lassen sich sechs Märchenbilder zusammensetzen. Auch Baukästen mit anderen Bild-Themen lassen sich verwenden.

Lesezeichen malen

Auf einem vorbereiteten Kartonstreifen sind untereinander vier Punkte gemalt. Nach Diktat malen die Kinder an alle Punkte zuerst einen Strich nach oben, dann nach unten, dann nach links, dann nach rechts. Statt der Striche können Kreise oder Blätter gemalt werden. Zum Schluss kann in eine vorgestanzte Öffnung am unteren Ende des Lesezeichens ein Wollfaden zu einer Bommel durchgezogen werden.

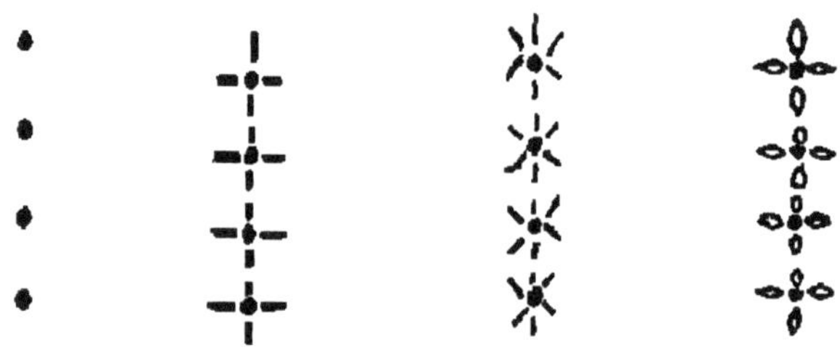

Steckkastenspiel

Im Deckel eines Kastens sind verschieden geformte Öffnungen eingelassen, in die jeweils ein entsprechendes Klötzchen passt. Wenn die dazugehörige Öffnung gefunden ist, fällt das Klötzchen in den Kasten. Die Schwierigkeit der Aufgabe hängt von der Ähnlichkeit der Konturen der Öffnung und ihrer Anzahl ab.

Postkartenpuzzle

In Briefumschlägen befinden sich zerschnittene Postkarten. Die Teile sind zusammenzusetzen. Der Schwierigkeitsgrad erhöht sich entsprechend der Anzahl und Form der Einzelteile. Außer Postkarten lassen sich auch andere, z.B. auf zerschnittenem Kartonpapier abgebildete Szenen, Gegenstände usw. zusammensetzen.

Einzelheiten finden

Es werden Bilder mit vielen Einzelheiten betrachtet. Dabei wird gefragt: »Wo ist das Auto? Was siehst du vor dem Auto, was siehst du hinter dem Auto, was rechts neben dem Auto?« usw. Möglichst viele Raum-Lage-Bezeichnungen benutzen und nachsprechen lassen, z.B.: »Vor dem Auto steht ein Mann« usw.

Wer trifft den Luftballon?

Auf einem Blatt Papier oder auf einer Tafel ist ein Luftballon gezeichnet. Um ihn herum schwirren Pfeile. Welche von den Pfeilen treffen den Luftballon? Der Schwierigkeitsgrad hängt von der Nähe der Pfeile am Luftballon und der Richtung ab.

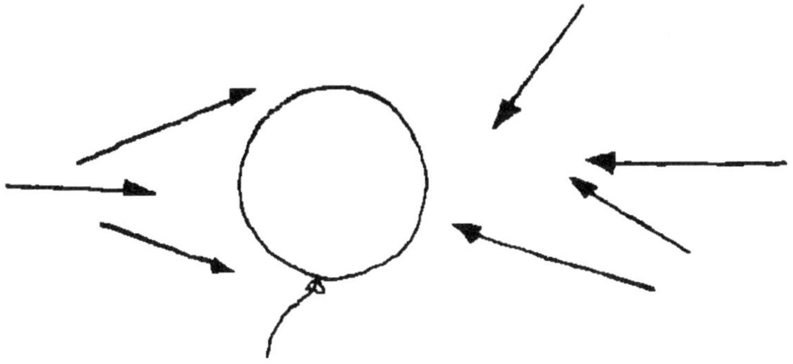

Körperteile zeigen und benennen

Die Kinder stehen hinter der Erzieherin. Diese steht vor einem Spiegel, damit sie die Kinder beobachten kann. Ist kein Spiegel vorhanden, dreht sich die Erzieherin nach jeder Übung um. Den Kindern werden von der Erzieherin Körperstellungen zum Nachahmen vorgemacht. Sie spricht dabei, was zu machen ist, die Kinder sprechen nach: Wir heben den rechten Arm ganz nach oben. Wir stellen beide Beine weit auseinander. Wir heben das linke Bein. Wir gehen nach unten in die Hocke. Wir heben die Arme nach vorn. Wir heben den rechten Arm zur Seite. Wir fassen uns mit der rechten Hand an das rechte Ohr. Nun mit der linken Hand an das linke Ohr. Mit der rechten Hand an das linke Ohr« usw. Die Bewegungen können von den Kindern auch an einer Puppe oder am Teddy vollzogen werden.

Verrückte Bilder

Auf Bildern sind verrückte Dinge zu sehen: Ein Zug fährt auf der Straße, ein Auto auf dem Wasser, am Fuß ist ein Handschuh, ein Fisch sitzt im Vogelnest, ein Schneemann steht mitten in Blumen, ein Schwein mit Flügeln schwebt am Himmel, der Hund hat Federn, der Vogel ein Fell, das Auto einen Propeller, das Schiff fährt auf Rädern usw. Was stimmt auf dem Bild nicht?

Muster legen

Muster werden mit Stäbchen nach Vorlagen gelegt. Kurze und lange Stäbchen, breite und dünne werden angeboten.

Unterschiede finden

Zwei Bilder werden miteinander verglichen. Sie enthalten viele gleiche Einzelheiten. In einigen Details gibt es jedoch Unterschiede: In einem der beiden Häuser sind weniger Fenster, nur auf einem Dach sitzt ein Vogel, auf dem einen Bild sind zwei Hühner zu sehen, auf dem anderen drei, auf einem Bild hat das Auto ein Nummernschild, auf dem anderen Bild nicht usw. Fast in jeder Kinderzeitschrift finden sich derartige Suchaufgaben.

Suchbilder

Die Kinder betrachten Bilder, auf denen alle Schuhe durcheinander liegen. Welche Paare gehören zusammen? Auf einem anderen Bild ist zu sehen, dass Werner aufgestanden ist und im Bad steht. Dort liegt alles durcheinander. Was braucht er, um sich zu waschen, Zähne zu putzen und sich zu kämmen? Anderes Bild: Ingrid will frühstücken. Auf dem Tisch befinden sich alle möglichen Dinge. Was kann man davon essen und trinken? Themen können beliebig gewählt werden.

Muster nachzeichnen

Auf einem Zeichenblatt ist der Anfang einer Musterabfolge vorgezeichnet. Die Muster sind fortzusetzen.

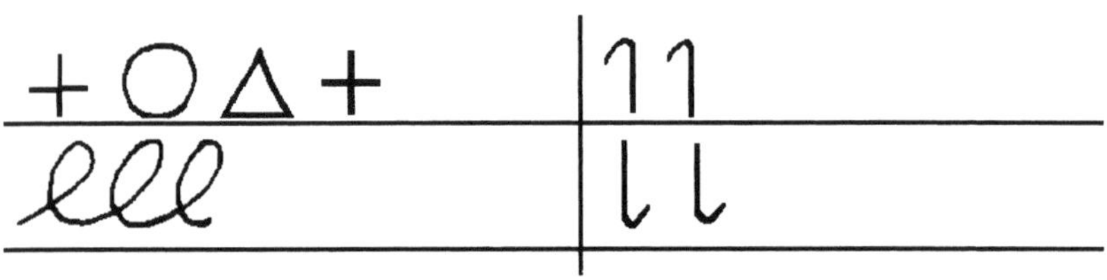

Betrachtungen durch eine Lupe

Kinder beschreiben, was sie durch die Lupe alles sehen. Sie betrachten ihre Fingernägel, einen Wollfaden, eine Blume, ein Haar, ein Blatt usw.

Was ist anders?

Zwei Kinder werden nach draußen geschickt. Vorher prägen sie sich bestimmte Dinge ein. Während sie vor der Tür warten, verändern die anderen Kinder die Plätze der Stühle, die Lage von Gegenständen und den Sitzplatz. Wenn die Kinder zurück in den Raum gerufen werden, ist von ihnen zu sagen, was sich verändert hat: Welche Kinder haben ihren Platz vertauscht, welche Gegenstände stehen anders, liegen jetzt mehr oder weniger Klötzchen auf dem Tisch usw.

Lego-Spiele

Mit Legosteinen werden Vorlagen nachgebaut.

Zielball- und Murmelspiele

Murmeln werden in ein Loch zu rollen versucht, Bälle sind in ein Ziel zu werfen. Die Schwierigkeit steigert sich mit der Entfernung und der Größe des Zieles.

Mikadospiel

Alle beobachten, ob sich in dem Stäbchenhaufen etwas bewegt, wenn ein Stäbchen gehoben wird.

Spurensuche

Die Kinder stellen fest, bei welchem Haus die einzelnen Kinder ankommen.

Ringe malen

Auf einem Zeichenblatt sind in Kreisen mehrere Ringe gemalt. Jeder Ring ist in einer anderen Farbe auszumalen. Auf Genauigkeit achten. Die Schwierigkeit hängt von der Breite der Ringe ab.

Labyrinth durchfahren

Auf einem Zeichenblatt sind mehrere Labyrinthe gezeichnet. Mit einem Zeichenstift sind sie zu durchfahren, ohne dass die Ränder des »Ganges« berührt werden. Mit rechter und linker Hand durchführen. Der Schwierigkeitsgrad hängt u.a. von dem Wandabstand und der Streckenlänge ab.

Muster zeichnen

Auf kariertem Papier sind jeweils auf der linken Hälfte Vorlagen gezeichnet. Diese sind auf der rechten Seite abzuzeichnen. Der Schwierigkeitsgrad hängt von der Kompliziertheit der Vorlagen ab.

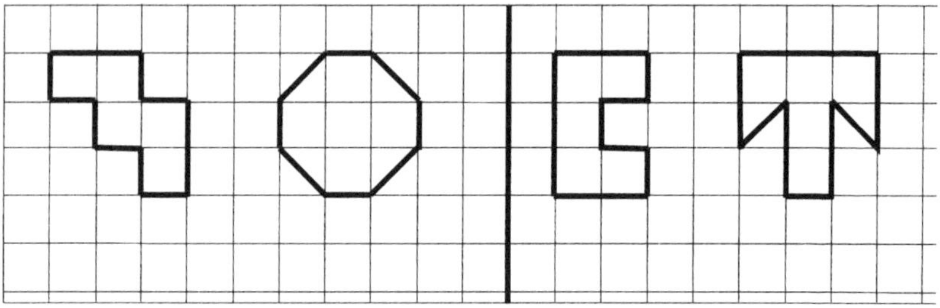

Telefonspiel

Es ist herauszufinden, wer mit wem telefoniert.

Fische angeln

Es ist herauszufinden, wer welchen Fisch geangelt hat.

Was passt zusammen?

Neben einem aufgezeichneten Muster sind andere, fast gleiche nebeneinander gestellt. Nur eines davon ist mit dem ersten identisch. Die anderen in der Reihe weisen kleine Unterschiede auf. Was ist gleich, was ist verschieden? Der Schwierigkeitsgrad kann durch geringe Detailabweichungen verändert werden.

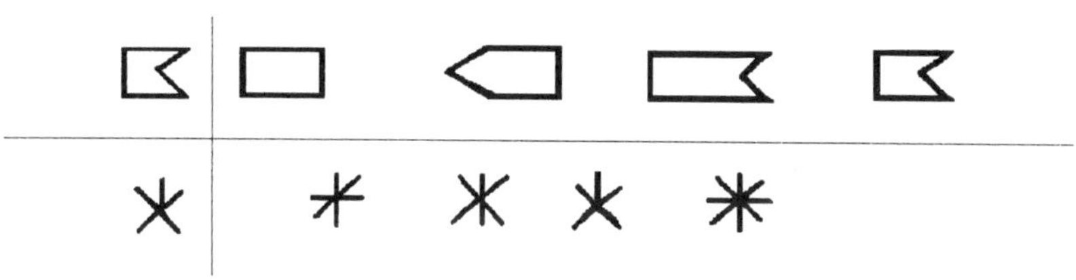

Wiedererkennen von Buchstaben

In einer Mustervorlage sind bestimmte Buchstaben zu finden. Der gefundene Buchstabe wird mit Farbstift durchgestrichen.

Wie lang sind die Buchstaben?

Die Kinder lernen an ein- bis zweisilbigen Wörtern, deren Buchstaben lautgetreu geschrieben werden, wie lang die einzelnen Buchstaben sind. Dazu wird eine Liste mit geschriebenen Wörtern vorbereitet. (Die Wörter können auch untereinander an die Tafel geschrieben werden.) Die Länge der Buchstaben wird von den Kindern mit Strichsymbolen in die Heftzeile eingetragen (Hefte der 1. Klasse), so dass die Kinder Mittel-, Ober- und Unterlängen unterscheiden lernen.

Buchstaben suchen

In einer ungeordneten, mehrzeiligen Buchstabenfolge soll das Kind bestimmte Buchstaben finden und unterstreichen. Wer mit dem ersten Buchstaben fertig ist, sucht den nächsten Buchstaben und unterstreicht ihn mit einer anderen Farbe.

a m n o m a n n o m a o n a m
(zuerst wird das n gesucht, dann das m)

d p q b p q b d d b q b
(zuerst wird das d gesucht, dann das q usw.)

ei e i ie ei i e ie e ei
(zuerst wird das ie gesucht, dann das i usw.)

Die Anzahl und Auswahl der vorgegebenen Buchstaben kann verändert werden. Es ist auch möglich, die Buchstaben nicht auf einer Zeile, sondern wie in einem Streubild anzuordnen:

o
a m a
o n
m a
o a n

Wo hat sich der falsche Buchstabe versteckt?

Die Kinder erhalten ein Blatt mit mehreren Reihen von gleichen Buchstaben. In jeder Zeile haben sich zwei falsche Buchstaben versteckt. Sie sind zu finden.

m, m, m, m, m, m, n, m, m, m, n, m, m,
m, m, n, m, m, m, m, m, m, n, m, m, m,
m, n, m, n, m, m, m, m, m, m, m, m, m,

Im obigen Beispiel hat sich das n versteckt. Diese Übung lässt sich auch mit anderen Buchstaben durchführen, etwa mit a und o, w und v, ei und ie, d und b usw.

Wo hat sich das »wo« versteckt?

Auf einem Blatt sind einsilbige Wörter entweder auf Zeilen oder als Streubild geschrieben. Unter diesen Wörtern ist ein bestimmtes Wort zu suchen. In unserem Falle das »wo«. Es ist zu unterstreichen.

am in wir wo was da ob so wer wo auf an
ob zu wo hier um wo wer am bald bis wo

Es können die Anzahl der Zeilen und die zu suchenden Wörter verändert werden.

Wo fehlen die Umlautstriche?

Die Kinder erhalten Reihen eines Buchstabens mit Umlautzeichen. Sie sollen die Buchstaben finden, die in der jeweiligen Zeile keine Umlautzeichen haben. Wo sie fehlen, sind sie nachzutragen. Die Aufgabe wird erschwert, wenn sich der Abstand zwischen den Buchstaben oder ihre Größe verringert.

ä ä ä a ä a ä ä a ä a a ä ä ä ä
ü ü u u ü u u ü ü u ü u ü ü u ü
ö ö ö o ö o ö ö ö o ö o ö o ö o
äu äu au äu äu au äu au äu au äu au

Aus Punkten werden Buchstaben

Auf einem Blatt sind Punkte so angeordnet und verteilt, dass Buchstaben entstehen, wenn man sie mit Strichen verbindet. Die Kinder sollen herausfinden, was für ein Buchstabe gemeint ist.

Wo wohnen sie?

Aus einem Haus schauen viele Kinder. Die vorbereiteten Kästchen mit den jeweils gleichen Kindergesichtern sind auf die entsprechenden Fenster zu legen.

Wo wohnen die Buchstaben?

Aus einem großen Haus schauen Buchstaben aus dem Fenster. Aus vorbereiteten Kärtchen sind die gleichen Buchstaben zu finden und auf die jeweiligen Fenster zu legen.

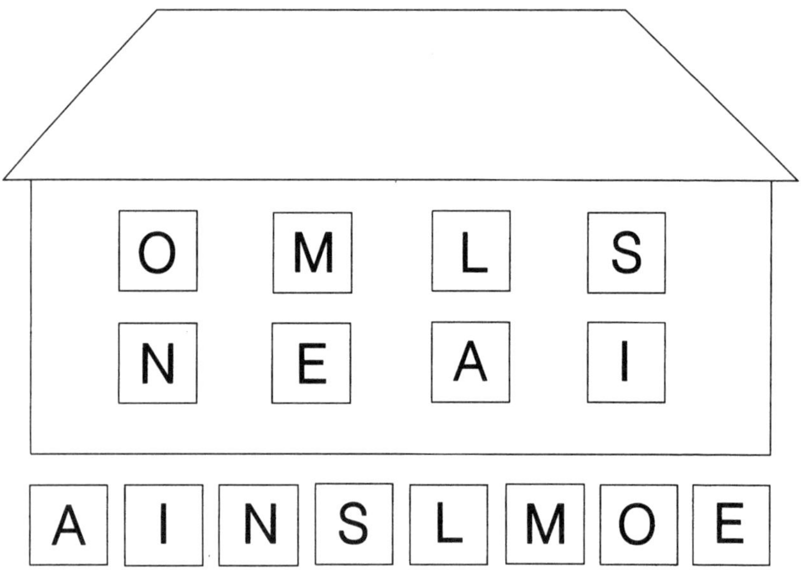

Wo ist mein Fenster?

Vor einem großen Haus stehen viele Kinder. Auf den Fenstern stehen ihre Namen. Jedes Kind erhält ein Blatt, auf dem das große Haus mit den vielen Fenstern gezeichnet ist, und kleine Kärtchen, die auf die jeweiligen Fenster zu legen sind.

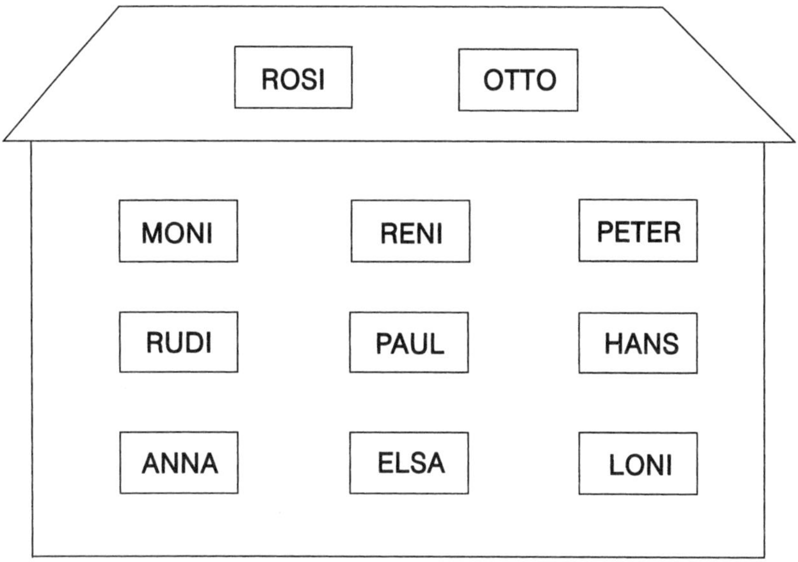

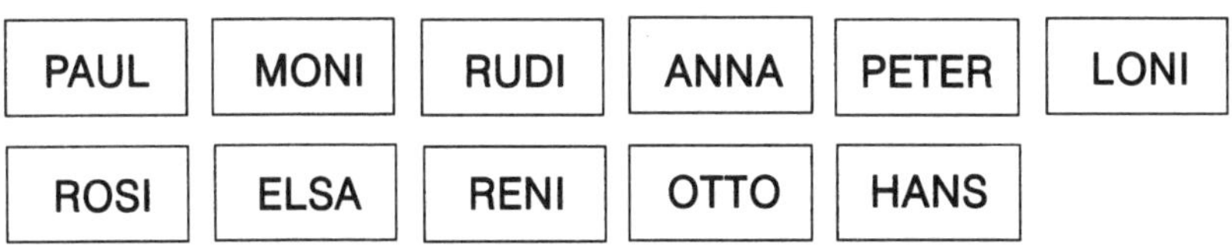

2.3.3 *Förderung der phonematischen Differenzierungsfähigkeit*

Phonematische Differenzierungsfähigkeit wird benötigt, um subtile Unterschiede der Sprachlaute heraushören zu können. Die dafür erforderliche Konzentration zur Sensibilisierung des auditiven Analysators lässt sich durch zielgerichtete Übungen erhöhen. Ein Vorschulkind ist nur in Ausnahmefällen in der Lage, Einzellaute innerhalb eines sprachlichen Ganzen abgehoben vom sprachlichen Hintergrund herauszuhören. Die Kinder sind imstande, die anschaulich gegebenen Gegenstände in ihren Besonderheiten zu kennzeichnen und zu vergleichen. Sie sagen z.B.: »Eine Tasche nimmt man zum Einkaufen, eine Tasse nimmt man zum Trinken.« Bei der Frage, was aber in den Wörtern »Tasche« und »Tasse« anders ist, spielen die phonematischen Unterschiede von »sch« und »ss« in beiden Wörtern noch keine Rolle. Erst mit dem Schreiben- und Lesenlernen und der dafür benötigten Lautanalyse und Buchstabenkenntnis wird diese Fähigkeit benötigt.

Die phonematische Differenzierungsfähigkeit ist als eine ganz spezifische akustische Leistung anzusehen, die eigentlich nur in Verbindung mit der menschlichen Sprache gefordert ist.

Bei der Förderung der phonematischen Differenzierungsfähigkeit gilt es deshalb immer, die unmittelbare Verbindung von Wortbedeutung und Phonemqualität herzustellen. Es reicht für die Förderung nicht aus, einzelne Phonemunterschiede für sich isoliert diskriminieren zu lassen. Das muss immer in Verbindung mit Begriffen geschehen, deren Bedeutung das Kind begreift. Das gelingt den Kindern dann am besten, wenn sie im Handeln und in der Kommunikation zur Beachtung von Lautunterschieden genötigt sind.

Eng ist die Beziehung zwischen phonematischer Vervollkommnung und artikulatorischer Leistung. Das Kind beginnt auf subtilere phonematische Unterschiede bewusst zu achten, wenn es durch Hinweise lernt, Aussprachefehler zu korrigieren.

Das Unterscheiden von klangähnlichen Phonemen zwischen Wörtern setzt ein bestimmtes akustisches Entwicklungsniveau voraus. Übungen, die auf die Verbesserung des auditiven Gehörs gerichtet sind, helfen, die Entwicklung der phonematischen Differenzierungsfähigkeit zu verbessern. Dieser Zusammenhang zwischen dem Gehör und der Spracherfassung wird bei schwerhörigen Kindern deutlich. Ihre schwache akustische Fähigkeit erschwert es ihnen, Phonemunterschiede zu diskriminieren und beim eigenen Sprechen zu kontrollieren.

Wenn ein Kind trotz qualifizierter Förderung seine phonematischen Schwächen nicht überwindet, dann ist vom Facharzt zu überprüfen, ob und welche Art der Hörschwäche vorliegt.

Das Niveau der phonematischen Differenzierungsfähigkeit eines Kindes hängt nicht nur von den physiologischen Voraussetzungen seines Gehörs ab.

Auch seine sprachliche Umgebung hat darauf Einfluss. Sprechen z.B. die Kommunikationspartner undeutlich oder nuschelig, dann braucht das Kind oft wesentlich länger, um Phonemunterschiede zu erfassen. Es kann aber – unter dem vitalen Zwang zur Phonemdifferenzierung – u.U. bei diesen Umgebungsbedingungen zu einer höheren Sensibilität für Phonemvergleiche kommen, weil nur dadurch sinnvolles Handeln möglich wird. Das gelingt in der Regel aber nur normal intelligenten Kindern. Sie gelangen zur Phonemunterscheidung über die schnelle Erfassung des semantischen Kontextes.

Bei den nachfolgend zusammengestellten Übungsaufgaben kommt es darauf an, sie regelmäßig und kurzzeitig durchzuführen. Es hat wenig Sinn, einzelne Übungen über einen längeren Zeitraum auszudehnen, weil phonematische Unterscheidung ein hohes Maß an Konzentrationsfähigkeit verlangt. Wenngleich alle Übungen zur Vervollkommnung der sprachbezogenen Wahrnehmungsleistungen immer auch Konzentrationsübungen sind, so gilt das für die Übungen zur Vervollkommnung der phonematischen Differenzierungsfähigkeit in besonderem Maße. Die vorgeschlagenen Hilfsmittel für einzelne Übungen (klingendes Schlagwerk, Musikinstrumente, Tonträger, Geräuschquellen usw.) sind zwar hilfreich, jedoch bildet die menschliche Sprache immer das eigentliche Übungsmedium. In Verbindung mit zielgerichteten und lustbetonten Tätigkeiten der Kinder erfüllt sie die Hauptfunktion im Rahmen der Förderung phonematischer Differenzierungsleistungen.

Die Übungen zur phonematischen Differenzierungsfähigkeit besitzen vielfältige Transfereffekte, vor allem auf dem kinästhetischen, melodischen und rhythmischen Bereich. Andererseits profitiert die phonematische Differenzierungsfähigkeit von Übungen in diesen Bereichen.

Übungsbeispiele

Geräusche sind mit geschlossenen Augen zu erraten

Alltagsgeräusche sind zu unterscheiden und ihre Quellen zu nennen: Klappern mit dem Schlüsselbund, Tür aufschließen, Licht anknipsen, Wasser umgießen, mit Löffel im gefüllten Glas umrühren, an die Tür klopfen, mit Wasser gurgeln, Ball auf dem Fußboden hüpfen lassen, eine Uhr aufziehen, Schreibmaschinenklappern, Uhrticken, Schnarchen usw.

Geräusche zuordnen

Die Geräusche sind zu unterscheiden, ohne dass die betreffenden Gegenstände gesehen werden. Mit gleichen oder verschiedenen Gegenständen werden akustisch ähnliche Geräusche erzeugt: Packpapier und Seidenpapier knüllen, beide Papierarten zerreißen; Stoff zerreißen; geschlossene Büchsen mit verschiedenem Inhalt (Sand, Erbsen, Nägel, Wasser, Gummitiere usw.) schütteln; den Fußboden fegen, mit der Bürste schrubben; Teller aus verschiedenem Material (Plastik, Holz, Keramik usw.) aufeinander stapeln; Türen, Fenster, Schränke öffnen und schließen usw.

Wo piepst es?

Die Kinder stehen mit geschlossenen Augen in der Mitte des Raumes. Im Raum bewegt sich ein Kind und sagt leise »piep«. Es ist zu raten, woher das Piepen kam. Es kann auch ein tickender Wecker gesucht werden, der an verschiedenen Orten versteckt wird.

Geräusche raten

Auf einer Kassette oder einem anderen Tonträger sind verschiedene Tierstimmen zusammengestellt. Beim Abspielen ist zu erraten, um welche Tierstimme es sich handelt. In ähnlicher Weise können Verkehrsgeräusche, Küchengeräusche, Handwerkergeräusche, Geräusche im Bad usw. zusammengestellt werden.

Schuhspiel

Die Erzieherin fordert zum Nachsprechen auf:
Die Herrenschuhe sagen krach – krach …
Die Damenschuhe sagen tripp – tripp …
Die Kinderschuhe sagen dippel – dippel …
Die Holzpantoffeln sagen klapp – klapp …
Die Filzschuhe sagen schlipp – schlipp …
Die Filzpantoffeln sagen schlippdi – schlappdi …
Ohne Schuhe geht es so patsch – patsch …
(Wer macht dippel – dippel oder schlipp – schlipp usw.?)

Wörter heraushören

Den Kindern wird die Geschichte vom Hund Ali erzählt. Sie heben immer die Hand, wenn beim Erzählen der Name Ali vorkommt. »Ich habe einen guten Freund. Er heißt Ali. Mit ihm spiele ich jeden Tag. Darüber freut sich Ali. Wenn Ali mich sieht, wedelt er mit dem Schwanz. Auch meine Eltern lieben Ali sehr. Wenn Ali nach draußen gehen möchte, stellt er sich an die Tür und jault. Wenn die Tür aufgemacht wird, springt Ali hoch. Ist die Tür auf, saust Ali wie ein Blitz nach draußen.« Geschichten mit ähnlichen Signalwörtern, bei deren Hören die Hand gehoben (geklatscht, getrampelt, gewinkt usw.) wird, erfinden.

Rufsignale unterscheiden

Die Erzieherin nennt Rufsignale für einzelne Kinder. Wenn sie damit ruft, kommen die Gerufenen zu ihr. Für Peter gilt »he – du«, für Moni »ha – ha«, für

Christian »hi – hi«, für Ulla »ho – ho«, für Dieter »hu – hu«. Mit anderen Varianten kann der Schwierigkeitsgrad variiert werden (wa – wa, ma – ma, na – na, la – la, ka – ka usw.).

Wer ist es?

Ein Kind legt seinen Kopf in den Schoß der Erzieherin oder eines anderen Kindes. Die Erzieherin zeigt auf ein Kind. Dieses geht leise zum hockenden Kind und klopft, als ob es eintreten wolle. Es ahmt dabei die Stimme eines Tieres nach. Das hockende Kind errät, wer bei ihm angeklopft hat. Statt Tierstimmen können auch andere Geräusche gewählt werden. Es kann auch mit verstellter Stimme gefragt werden: »Wer bin ich?« …

Falsche Wörter erkennen

In der Geschichte sind falsche Wörter versteckt. Sie sind zu erkennen. Wer ein falsches Wort hört, hebt die Hand und sagt das richtige Wort. »Es ist ein kalter Hintermorgen (Wintermorgen). Mutti schießt (schließt) alle Fenster. Draußen schneit es ganz viel Klee (Schnee). Ich ziele (ziehe) mich ganz schnell an. Dann hole ich Brötchen beim Wecker (Bäcker). Nun spitzen (sitzen) wir beim Frühstück. Mutti stellt eine Milchtanne (Milchkanne) auf den Fisch (Tisch). Dann essen wir gemütlich unsere Pfötchen (Brötchen).« – »Wenn ich Geburtstag habe, gibt es Kakao in Taschen (Tassen). Dazu gibt es Kuchen mit Fahne (Sahne). Ich bekomme viele schöne Lachen (Sachen): Spielzeug und zum Lesen Tücher (Bücher). Das schönste Geschenk ist der Musball (Fußball).«

Wörter verzaubern – Reimwörter bilden

Wie kann man ein Wort verzaubern? Die Erzieherin nennt Beispiele: Hase – Hose, Nase – Vase, Reise – leise, Bus – Busch. Die Kinder suchen selbst Beispiele oder ein Kind gibt ein Wort vor, alle anderen Kinder versuchen, es zu verzaubern.

Vokale singen

Die erste Strophe eines bekannten Kinderliedes wird gesungen. Anschließend wird das Lied wiederholt, jedoch alle Vokale (auch Um- und Zwielaute) werden nur auf einen Vokal gesungen. Zuerst richtig:

> Fuchs, du hast die Gans gestohlen,
> gib sie wieder her, gib sie wieder her …

Dann:

> Fuchs du hust du Guns gustuhlen,
> gub su wudur hur, gub su wuder hur …

Feichs dei heist dei Geins geisteilein,
geib sei weideir heir, geib sei weideir heir …

Fochs do host do Gons gostohlon,
gob so wodor hor, gob so wodor hor …

Andere Lieder wählen, u.U. auf einen Vokal nur eine Liedzeile versuchen.

Laute heraushören

Aus einsilbigen Wörtern ist ein Signallaut (z.B. a oder i) herauszuhören. Wenn der verabredete Laut gehört wird, heben die Kinder schnell ihren Arm.

Ball, Hut, Bach, Haus, Fuß, Los, Gans, Tal, Stuhl, Spiel, Weg, viel, mit, du, die …

Wo steht der Laut?

Die Kinder sagen, ob sich der gewählte Laut am Anfang oder am Ende des Wortes befindet. Begonnen wird mit Anlaut, dann folgt der Auslaut. Zuerst sind Vokale, später Konsonanten als Signallaut zu wählen. Diese Übung nur kurzzeitig ausdehnen, dafür aber regelmäßig.

Wir suchen das A

Abend, Lisa, Atem, Lena, alt, da …

Wir suchen das O

Ofen, hallo, Radio, oben, Ohr, so, Floh …

Wörter verändern

Was passiert, wenn wir statt eines a ein o sagen? Die Erzieherin gibt Wörter vor, z.B.:

Tanne – (Tonne)	Waage – (Woge)	Bass – (Boss)
Hase – (Hose)	Made – (Mode)	lachen – (lochen)

das a durch ein u ersetzen:

hat – (Hut)	Schale – (Schule)	Pappe – (Puppe)
Fass – (Fuß)	Hand – (Hund)	Kammer – (Kummer)

das a durch ein i ersetzen:

Knacken – (knicken)	Wald – (Wild)	sagen – (siegen)
Nacht – (nicht)	Wand – (Wind)	Mast – (Mist)

das o durch ein u ersetzen:

Mond – (Mund)	Ohr – (Uhr)	Posten – (pusten)
Schloss – (Schluss)	Gott – (gut)	Ross – (Ruß)

Wortreihen

Es ist in einer Folge von vier Wörtern zu erkennen, welches der vorgesprochenen Wörter zweimal vorkommt:

Suppe, Salat, Suppe, Braten
Hans, Peter, Hans, Lieschen
Eierkuchen, Pudding, Obst, Pudding
Ball, Kreisel, Puppe, Ball
Mutti, Vati, Schwester, Mutti
Bausteine, Klötzchen, Bausteine
Hamburg, Bremen, Berlin, Hamburg, Häuser
München, Berlin, Leipzig, Berlin

Froschgeschichte

Wenn das Wort »Frosch« in der Geschichte vorkommt, gehen die Kinder in die Hocke. Ist »Frosch« wieder zu hören, hüpfen sie wie ein Frosch nach vorn.

»Mitten in der Wiese gibt es einen kleinen Teich. In dem Teich lebt ein grüner Frosch. Wenn die Sonne scheint, sitzt der Frosch auf einem Seerosenblatt. Das Blatt sagt zum Frosch: ›Willst du noch lange auf mir sitzen?‹ Der Frosch sagt: ›Warum fragst du?‹ – ›Ja, lieber Frosch, allmählich wirst du mir zu schwer.‹ Der Frosch antwortet: ›Habe noch etwas Geduld, weil ich hungriger Frosch eine Fliege fangen muss.« Als er das sagte, flog am Kopf des Frosches eine Fliege vorbei. Da sagt das Blatt: ›Ja, lieber Frosch, hättest du besser aufgepasst, dann wärst du jetzt satt und ich brauchte keinen Frosch zu tragen.‹ Natürlich ärgert sich der Frosch, dass er nicht aufgepasst hat. Er hüpft vom Seerosenblatt ins Wasser und schwimmt weg. Ob unser Frosch noch eine Fliege gefangen hat?«

Fahrradgeschichte

Bei der Geschichte vom Fahrrad machen die Kinder beim Wort »Fahrrad« mit beiden Armen eine kreisende Bewegung, als würden sie zwei Räder in die Luft zeichnen.

»Zu seinem Geburtstag durfte sich Peter etwas Besonderes wünschen. Sein größter Wunsch war seit langem ein Fahrrad. Als seine Mutti den Wunsch hörte, fragte sie: ›Warum willst du unbedingt ein Fahrrad haben?‹ Peter erzählte, dass alle seine Freunde ein Fahrrad besitzen. Gerd z.B. hat ihm sein Fahrrad schon einmal geborgt. Dabei habe er gelernt, Fahrrad zu fahren. Einmal wäre er fast mit dem Fahrrad umgefallen. Aber Gerds Vater war dabei und habe das Fahrrad festgehalten. Der Geburtstag kam immer näher. Peter träumte schon von seinem Fahrrad. Und tatsächlich, vor dem Geburtstagstisch stand ein herrliches Fahrrad. Die anderen Geschenke hat sich Peter erst sehr viel später angesehen. Zuerst fasste er an den Lenker des Fahrrades.

Er führte das Fahrrad auf den Hof. Alle staunten, wie Peter schon gut mit dem Fahrrad fahren konnte. Peter drehte mit seinem Fahrrad drei Runden auf dem Hof. Dabei klingelte er. Er war glücklich, endlich auch ein Fahrrad zu besitzen. Dafür dankte er den Eltern.«

Ich sehe was, was du nicht siehst

Die Erzieherin nennt einen Vokal oder Konsonanten und lässt von den Kindern Wörter suchen, einen Gegenstand im Raum oder auf einem Bild suchen und benennen, der mit diesem Laut beginnt. Dann spielen die Kinder: »Ich sehe was, was du nicht siehst, und das fängt mit ›T‹ (bzw. ›K‹ ›S‹ ›R‹ usw.) an.« Wer ein richtiges Wort gefunden hat, darf das nächste Rätsel stellen.

Moni und Toni

Die Erzieherin erzählt von Moni und Toni. Beide haben Geburtstag und einen Geschenkkorb. Die Erzieherin nennt Gegenstände, die entweder für Moni oder Toni bestimmt sind. Ein Kind wird benannt, die Geschenke in den richtigen Korb zu legen.

»Toni bekommt Bausteine, Moni bekommt eine Puppe, Toni bekommt ein Sprungseil, Toni bekommt einen Apfel, Moni bekommt einen Apfel, Toni bekommt ein Heft, Moni einen Radiergummi ...« Bei der nächsten Übung werden die Bezeichnungen der Gegenstände klanglich immer ähnlicher. »Toni bekommt eine Tasche, Moni bekommt eine Tasse, Toni bekommt eine Hose, Moni bekommt eine Rose, Toni bekommt einen Stock, Moni bekommt einen Rock, Toni bekommt einen Nagel, Moni bekommt eine Nadel ...« Die Übung wird erschwert, wenn außer Moni und Toni auch noch Loni und Soni mitspielen.

Wörter suchen

Die Kinder sitzen im Kreis. Ein Kind steht mit dem Ball in der Kreismitte. Es fordert die Kinder auf, Wörter zu finden, die mit einem bestimmten Anlaut beginnen (Vokale und Konsonanten, z.B. »O«). Dann wirft es einem Kind den Ball zu. Dieses Kind nennt ein Wort mit dem geforderten Anlaut »O« und wirft den Ball zurück. Die Anlaute werden verändert.

Alles was fliegt

Wenn von der Erzieherin ein Wort mit einem bestimmten Anlaut genannt wird, werfen die Kinder die Arme hoch.

Stuhlpolonaise

Kinder gehen um zwei Stuhlreihen, die Lehne an Lehne stehen. Wenn die Erzieherin ein Wort mit einem vereinbarten Anlaut nennt, setzen sich die Kinder. Für das letzte Kind fehlt ein Stuhl. Dieses Kind nennt jetzt einen anderen Anlaut. Die Kinder gehen wieder um die Stühle, dabei nennt die Erzieherin die Wortreihe, bis sich die Kinder wieder setzen können.

M und N unterscheiden

Es werden Wörter gesucht, die entweder mit »N« oder »M« beginnen. Die Wörter können nur gefunden werden, wenn das Rätsel gelöst wird: »Mann kann damit nähen (Nadel).« – »Es ist ein kleines graues Tier und piepst (Maus).« – »Manche essen sie gerne mit Tomatensoße (Nudeln, Makkaroni).« – »Wenn man essen will, was drin ist, muss man sie aufknacken (Nuss).« – »Sie ist weiß. Wir trinken sie auch zum Frühstück (Milch).« Es können auch andere phonemähnliche Laute gewählt werden.

Laute hören

Bei bestimmten Vokalen oder Konsonanten klatschen die Kinder in die Hände. Es ist zu klatschen, wenn z.B. ein »i« aus einer Vokalreihe gehört wird:

u, u, o, e, i, a, i, e, o, u, i, i, u, i, a, e, u, i usw.

Klangähnliche Konsonanten erschweren die Übung.

Unterschiede erklären

Die Kinder sollen sagen, worin sich die von der Erzieherin vorgesprochenen Wörter unterscheiden. Sie sagt, dass sich die Wörter ähnlich anhören. Manchmal würde sie aber auch gleiche Wörter sagen. Die Erzieherin spricht jeweils zwei Wörter vor:

Tier – Tür	Maus – Laus
Raum – Baum	Haus – Haus
Wanne – Wanne	Faden – Magen
Wanne – Kanne	Garten – Karten
Buch – Tuch usw.	

Wörter suchen

Den Kindern werden Wörter ohne deren Anfangsbuchstaben genannt bzw. geschrieben vorgelegt. Sie sollen den Anfangsbuchstaben suchen und damit das Wort ergänzen:

. ach	(Dach)	(Fach)	…		
. uch	(Buch)	(Tuch)	…		
. ein	(Bein)	(fein)	(mein)	(sein)	(kein)

. and (Sand) (Band) (Land) (Rand) (Wand)
. aus (Haus) (Maus) (Laus)

Positionen der Buchstaben in Kästchen eintragen

Die Kinder erhalten Kärtchen mit Bildern. Darunter sind Kästchen in der Zahl der Buchstaben für das Bild. Sie tragen den gesuchten Buchstaben in das entsprechende Kästchen ein. Wo steht das »a«?

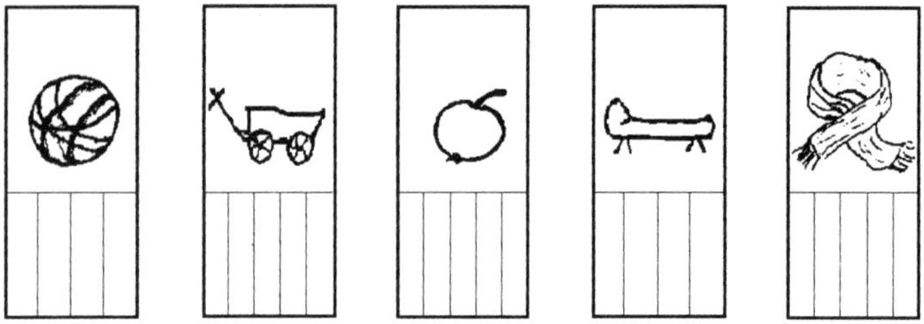

Buchstaben ordnen

Die Kinder erhalten einen Brief, auf dem Wörter und Buchstabenreihen zu sehen sind. Aus den durcheinander geratenen Buchstaben ist ein richtiges Wort zu machen.

fTale	eBesn	uAto	Pppue	llBa	ogVel

Wörter suchen

Auf einem Blatt Papier sind in einem Kreis Buchstaben aufgeschrieben. Aus jeder Buchstabengruppe lässt sich ein Wort bilden. Wie heißt das Wort?

Auf welche Seite gehören sie?

Ein Strich teilt das Blatt Papier in zwei gleiche Teile. Alle Wörter mit einem »m« werden auf die linke Seite, die mit einem »n« auf die rechte Seite geschrieben. Die Lehrerin diktiert, die Kinder schreiben.

»Nagel«, »Nadel«, »Malen«, »Nebel«, »Baum«, »summen«, »Sonne«, »Kahn«, »Kamm« …

Diese Aufgabe lässt sich auch mit anderen, leicht zu verwechselnden Lauten durchführen:

d – t, g – k, b – p.

Welcher Buchstabe soll es sein?

Die Kinder erhalten ein Blatt mit aufgeschriebenen Wörtern. Der erste Buchstabe muss gefunden werden. Die Aufgabe kann lauten:

Wo gehört das »K«, wo gehört das »G« hin?
.anne, .ehen, .lück, .lasse, .rug, .lang, .ras, .las, .nabe, .äfer, .ans, .eben ...

Wo gehört ein »T«, wo gehört ein »D« hin?
.afel, .ür, .ach, .asten, .orf, .aumen, .rinken, .reten, .rei ...

Wo gehört ein »P«, wo gehört ein »B« hin?
.aul, .all, .lume, .ilz, .rinz, .rot, .aden, .raten, .apier...

Diese Übung lässt sich auch variieren, indem z.B. ein Inlaut gesucht wird.

Rätselraten

Es wird mit einem Wort begonnen, die Kinder achten auf den letzten Laut. Er ist der Anfangslaut des nächsten Wortes. Von diesem ist wiederum der letzte Laut der Beginn des nächsten Wortes. Jedes Kind versucht sich dabei.

BALL --- LAMPENSCHIRM --- MUTTI --- IGEL ---

Was wird aus dem Wort?

Ein Wort steht entweder an der Tafel oder auf einem Blatt und wird gesprochen. Dann sollen die Kinder das Wort sprechen, wenn ein Buchstabe fehlt.

Andere Varianten

Was wird aus Lampe, wenn das p fehlt, das l fehlt, das a fehlt, das e fehlt. Ähnliches wird mit anderen Wörtern durchgeführt.

2.3.4 Förderung der kinästhetischen Differenzierungsfähigkeit

Die Verbesserung der Sprechmotorik nimmt in der Förderung lese-rechtschreibschwacher Schüler einen zentralen Platz ein. Das hängt u.a. mit der engen Beziehung zwischen sprechmotorischen Fertigkeiten und phonematisch-rhythmischen Differenzierungsfähigkeiten zusammen.

Die Sprechmotorik wurzelt in der allgemeinen Motorik. Das kommt unter anderem darin zum Ausdruck, dass der Anteil motorisch retardierter Kinder unter den Kindern mit schwachen sprachbezogenen Wahrnehmungsleistungen und sprachgestörten Kindern mit Artikulationsstörungen unverhältnismäßig groß ist. Es treten aber auch Fälle auf, bei denen zwischen den grob- und feinmotorischen Leistungen Unterschiede zugunsten der Feinmotorik bestehen. Die Kinder wirken allgemein ungeschickt, sie sind aber sehr fingerfertig.

Die sprechmotorischen Leistungen hängen in erster Linie vom koordinierten Zusammenspiel der Sprechorgane bzw. von der am Sprechen beteiligten Muskulatur ab. Den koordinierten Bewegungen von Lippen, Zunge und Atemtechnik kommt besonderes Gewicht zu.

Im Ergebnis von Sprechakten manifestieren sich im Gehirn Artikulationsvorstellungen bzw. Sprechmuster, an denen sich das Kind beim Schreiben von Wörtern orientiert. Die Präzision der im Gedächtnis gespeicherten Laut-, Wort- und Schreibbewegungsvorstellungen spiegelt sich in der Rechtschreibung wider. Zur Basisförderung bei unzulänglichen sprechmotorischen Leistungen gehören sportliche Übungen, die das Bewegungsgefühl, die Balancesicherheit und allgemeine Geschicklichkeit erhöhen. Tanzen, Gymnastik, Ball-, Bewegungs- und Geschicklichkeitsspiele unterstützen hierbei. Das Manipulieren mit Spiel- und Baumaterialien, mit Stabilbaukästen und Lego-Spielen ist ebenso dienlich wie großflächiges Malen, Basteln und Handarbeiten. Falt-, Reiß- und Klebeübungen fördern die Handgeschicklichkeit und motorische Sicherheit insgesamt.

Das Bedürfnis zur motorischen Aktivität im Vorschul- und jüngeren Schulalter drängt geradezu nach einer Verbindung von Bewegung und Sprechen. Dieser Zusammenhang wird von vielen Lehrern im Lese- und Schreibunterricht durch die Verwendung von Lautgebärden genutzt. Die Verbindung vereinbarter Gebärden für verschiedene Laute hilft lese-rechtschreib-schwachen Kindern, weil damit das Lerntempo gedehnt wird. Außerdem erhält das Laut- und Buchstabengedächtnis zusätzliche Stützpfeiler: durch die Gebärdenmotorik und optische Assoziation. Dadurch kann sich das Kind an Modalitäten von Lauten und Buchstaben besser erinnern. Dummer und Hackethal beschreiben im Kieler Leseaufbau (1984) die stufenweise Einführung der Laut-Buchstaben-Verbindungen. Inzwischen ist mit dieser Methode vielen lese-rechtschreib-schwachen Kindern geholfen worden. In diesem Zusammenhang seien auch die Handzeichen nach Kossow (1975), das Mund-Hand-System nach Hofmann (1975) und die Lautgebärden nach Kraft genannt. Allen diesen Verfahren ist die Nutzung zusätzlicher sinnlicher Assoziationen für das Lesen- und Schreibenlernen gemeinsam. Auch bei Lernbehinderten erweist sich diese Methode als besonders vorteilhaft (Radigk 1986).

Die Zunge ist das wichtigste Organ des Sprechapparats. Sie spielt bei der Überwindung von Artikulationsmängeln eine große Rolle. Das Wichtigste für die

Verbesserung der Artikulationsfähigkeit ist ein gutes sprachliches Vorbild und die Ermunterung zum Sprechen. Damit die Kinder ihre Sprechorgane funktionell immer besser beherrschen lernen, kommt es auf spaßige, lustbetonte und herausfordernde Sprechsituationen an. Abzählverse, Zungenbrecher, Kinderreime sowie das Nachsprechen von komplizierten Wörtern und Versen regen zur eigenen Sprechbewährung an. Notwendige Korrekturen sind so vorzunehmen, dass das Kind von sich aus den Drang nach besseren, vollkommeneren Sprechleistungen hat. Es muss über eigene Fehler lachen können. Nur dann machen Wiederholungen Vergnügen und Fehler werden überwunden.

Die nachfolgenden Übungsbeispiele stellen eine Auswahl aus den vielfältigen Übungsmöglichkeiten dar. Jeder Pädagoge sollte entsprechende Spezialliteratur und Kinderbücher zur Hand nehmen und seine Handbücherei ständig ergänzen. Die ausgewählten Übungen dienen der Anregung und Orientierung. Oft ist es möglich, durch geringfügige Veränderungen im Übungsaufbau oder durch die Einbeziehung lokaler Traditionen, z.B. bei Kinderreimen und Abzählversen, analog zu den Übungsbeispielen in der Literatur situationsbezogene Übungsbeispiele zu entwerfen. Der Lehrer wird dabei auch den Entwicklungsstand und Besonderheiten des Lehrstoffs mit einbeziehen.

In förderresistenten Fällen kann der Lehrer dem Kind mithilfe eines Spiegels den Artikulationsablauf und die Lage der Zunge und Lippen demonstrieren, damit es sich selbst kontrollieren kann. Der Lehrer macht alle Übungen vor und kommentiert sie. Das dient einer bewussten Kontrolle der eigenen Sprechtätigkeit durch das Kind.

Bei Artikulationsstörungen übernimmt der Sprachheilpädagoge die Betreuung des Kindes. Er verfügt über fachliche und instrumentelle Voraussetzungen, die in diesen Fällen erforderlich sind.

Von der Förderung der kinästhetischen Differenzierungsfähigkeit geht ein positiver Transfereffekt auf die phonematische und rhythmische Differenzierungsfähigkeit aus.

Übungsbeispiele

Mimik-Spiele

Die Kinder ahmen den Lehrer nach. Er verzieht sein Gesicht zum Lachen, Weinen und Grimassieren, als würde er sehr aufmerksam sein, sich anstrengen. Die Kinder ahmen den Gesichtsausdruck nach. Sie können auch vor der Nachahmung sagen, dass jetzt z.B. gelacht, geweint, aufmerksam beobachtet wird usw.

Zungenturnen

Jedes Kind steckt die Zunge so weit wie möglich raus. Dann lässt es sie im »Mauseloch« (Mund) verschwinden. Der Vorgang »Zunge rein – Zunge raus«

(Maus rein – Maus raus) wird mehrmals wiederholt. Das Tempo wird variiert: schnell, langsam. Die Zunge geht im »Mauseloch« auf die linke Seite, dann auf die rechte Seite. Andere beobachten: »Wo ist die Zunge?«

Die Zunge kreist um den Mund herum, kommt dabei möglichst dicht an die Kinn- und Nasenspitze. Die Zunge bei geöffneten Lippen wird hin- und her-»geschleudert« (langsam – schnell). Besonderen Spaß machen die Übungen vor einem großen Spiegel.

Apfel essen

Wir spielen »Apfel essen«. Der Mund bleibt geschlossen. Weil der Apfel so gut schmeckt, versuchen wir, mit geschlossenem Mund während des Kauens zu sprechen. Das hört sich wie ein moduliertes »M« an. Beim Kauen geht die Zunge nach oben, zur Seite, hinter die Zähne, vor die Zähne, ganz nach hinten, ganz nach vorn an die Lippen. Die Übung kann auch mit einem Apfelstückchen real durchgeführt werden.

Zungenturnen

Bei weit geöffnetem Mund wird die Zungenspitze abwechselnd hinter die oberen und die unteren Schneidezähne gelegt. Wenn wir den Mund nicht ganz schließen, können wir Wind machen (so hört es sich an: ssssss, tsss, tzzz). Nach den Übungen sprechen die Kinder den Reim:

»Es regnet, es regnet, es regnet seinen Lauf,
und wenn's genug geregnet hat, dann hört's auch wieder auf.«

Beim »S« wird die Stellung der Zunge beobachtet.

Schnelle Zunge

Die Zunge tippt schnell an die vorderen Zähne an. Dabei sprechen die Kinder abwechselnd: tu, tu, tü … und dü, dü, dü … Nach der Übung wird ein Reim gesprochen:

»Tross, tross, tresel,
Der Bauer hat nen Esel.
Tross, tross, tram,
der Bauer hat ein Lamm.
Tross, tross, trein,
der Bauer hat ein Schwein.
Tross, tross, trüben,
der Bauer hat viel Rüben.«

Neue Reime erfinden.

Lippenturnen

Wir turnen mit den Lippen. Die Lippen nach oben und unten weit auseinander, dann sprechen wir »A«. Die Lippen geschlossen, wir sprechen »M«. Die Lippen rund, wir sprechen »O«, die Lippen breit, wir sprechen »I«, die Lippen abwechselnd auseinander und zur kleinen Öffnung gerundet. Dabei sprechen wir »A«, »O«, »A«, »O«, wir spitzen die Lippen und sprechen ein »U« usw. Nach der Übung sprechen wir:

»Meister Müller mahle mir mein Maß Mehl.«
»Morgen muss mir meine Mutter Milchmus machen.«

Kleine Sätze mit gleichem Wortanlaut bilden.
Die Kinder suchen Wörter mit gleichem Anlaut, die sich zu einem kleinen Satz zusammenstellen lassen, z.B.:

Anna aß am Abend Ananas.
Bubi baut Bad.
Dora darf den Daumen drehen.
Gabi gibt gern grüne Gurken.

Lippenturnen

Die Lippen bilden einen Schornstein. Nun können wir es wie die Dampflokomotive machen: »Sch, sch, sch …« Ein Kind ist die Lokomotive, die anderen Kinder fassen sich an und sind Wagen. Alle helfen beim »sch, sch, sch …« mit. Die Kinder bewegen sich im Kreis, sprechen und führen passende Bewegungen aus.

»Ich kann's nicht schaffen, ich kann's nicht schaffen, es ist so schwer.«

Die Kinder fahren in die andere Richtung:

»Ich schaff es schon, ich schaff es schon …«
»Ich schaff's schon schnell, ich schaff's schon schneller.«
»Schneller, schneller – schneller.«
»Schade, schade, schon bin ich da.«

Kinnturnen

Das Kinn ist ein Fahrstuhl. Er fährt auf und ab, erst langsam, dann schneller. Das Kinn wird wie bei einem Wiederkäuer hin und her bewegt. Dann wird versucht, das Kinn einzuziehen und vorzuschieben, hin und her zu schieben.

Spiegelübung

Alle sitzen vor einem Spiegel. Die Kinder sehen ihr Gesicht und das ihres Lehrers. Alle machen nach, was er ihnen vormacht: Stirn in Falten legen, Zähne zeigen, einen runden, einen breiten, einen spitzen, einen weit geöffneten Mund machen, lächeln, Lippen einziehen, Backen aufblasen, ein Auge schließen, mit dem

Zeigefinger nacheinander auf Auge, Mund, Ohren und Kinn zeigen. Diese Übungen werden mit geschlossenen Augen wiederholt.

Lippenübung

Ein Pferd wird zum Stehen gebracht. Brrr, brrr. Das Pferd will nicht stehen bleiben, deshalb: Brrrr, Brauner, brrrr, Brauner! Das Pferd steht. Es wird zum Weitergehen aufgefordert: Hüü, Brauner, hüü.

Fingerturnen

Eine Hand liegt auf dem Tisch. Die Finger sind gespreizt. Die Hand wird zurückgezogen, dann wird nur der kleine Finger auf den Tisch gelegt. Die anderen Finger folgen. Sie werden benannt. Mit der rechten Hand und mit der linken Hand üben. Dann mit beiden Händen gleichzeitig.

Wattepusten

Ein Wattebausch wird an einem Faden befestigt und in der Höhe des Mundes vor dem Kind aufgehängt. Es bläst den Wattebausch zurück und ist bemüht, dass er beim Zurückpendeln die Lippen nicht berührt. Er ist wieder wegzublasen. So lange und sparsam wie möglich blasen.

Seifenblasen

Jedes Kind hat einen Napf mit Seifenwasser und ein Trinkröhrchen. Es wird in das Seifenwasser getaucht. Dann wird versucht, eine möglichst große Seifenblase zu pusten und fliegen zu lassen. Ganz vorsichtig! Wer kann die schönste Seifenblase machen? Welche Seifenblase hält am längsten, fliegt am weitesten und ist am buntesten?

Kammblasen

Um einen kleinen Kamm wird Seidenpapier gelegt. Dann wird versucht, Musik zu machen. Wir blasen ein Lied. Kinder blasen gemeinsam und allein.

Zungenturnen

Mehrmals hintereinander wird te, te, te … und dann de, de, de … gesprochen. Wir achten auf die Lage der Zunge hinter den Schneidezähnen, ziehen sie ein wenig zurück und machen mit der Zunge einen Buckel. Wir sprechen k, k, k, k … und dann g, g, g … Sprechübungen schließen sich an:

> »Große Uhren machen tick – tack, tick – tack,
> kleine Uhren gehen schneller, tick, tack, tick, tack,
> die kleinen Armbanduhren machen: ticketacke, ticketacke
> rrrrrrr – knacks – kaputt!«

Pferdeklappern

Die Zunge klappert so, wie ein Pferd mit den Hufen klappert. »Klick – klack, klick – klack ...« Das Pferd geht langsam, immer schneller, dann wird es müde und geht sehr langsam. Dabei können die Kinder im Kreis »traben«.

Geräusche nachahmen

»Wie knarrt eine Tür, wenn sie alt und nicht geölt ist?«
»Wie hört sich ein Auto an, wenn es losfährt?«
»Wie hört sich ein Motorrad an, wenn es losbraust?«
»Welche Geräusche macht ein Zug, wenn er abfährt, während der Fahrt und wenn er bremst und stehen bleibt?«
»Wie hört sich ein Flugzeug an?«
»Wie hört es sich an, wenn jemand gurgelt?«

Mehlteller

Auf einen mit Mehl bestreuten Teller werden kleinere Gegenstände gelegt (Bonbon, Radiergummi, Apfelstückchen, Radieschen, Korken usw.). Das Kind angelt sich mit seinen Lippen einen Gegenstand vom Teller, ohne die Hände zu benutzen. Wer wird nicht weiß?

Fingerspiel

Einzeln die Finger zeigen und dazu sprechen:

»Das ist der Daumen,
der schüttelt die Pflaumen,
der liest sie auf,
der trägt sie heim
und der isst sie ganz allein.«

Buchstaben malen

Der Lehrer malt einen Buchstaben in die Luft, er kann ihn auch mit dem Finger an die Wandtafel malen. Die Kinder raten, welcher Buchstabe geschrieben wurde, und schreiben ihn selbst in die Luft. Nach einiger Übung können auch kurze Worte erraten werden. Dieses Spiel können auch jeweils zwei Kinder miteinander durchführen. Sie malen Buchstaben bzw. Wörter mit dem Finger in die Luft, auf den Tisch, auf den Rücken des Spielpartners usw.

Weltraumrakete

Die Kinder sitzen in einer startenden Weltraumrakete. Sie heben langsam die Hände und schaukeln hin und her. Dabei begleiten sie das Aufstiegen der Rakete mit gleitenden Vokalen von uuu – ooo – eee – iii. Der Ton ist anfangs tief und wird immer höher. Am Ziel verlassen die Kosmonauten die Rakete und unterhalten sich über Mikrofon: da, de, di, do, du … Antwort: ta, te, ti, to, tu … Oder: ga, ge, gi, go, gu … und ka, ke, ki, ko, ku.

Stille Post

Die Kinder sitzen mit der Erzieherin im Kreis. Sie flüstert einem Kind neben ihr ein Wort ins Ohr. Das Wort wird im Kreis dem Nachbarn flüsternd weitergegeben. Schließlich kommt es bei der Erzieherin wieder an. Diese sagt es laut und fragt, wer das Wort so gehört hat. An welcher Stelle der Kette hat sich das Wort verändert? Einzelne Wörter und kurze Sätze weitergeben.

Bewegungsgegensätze

Mit dem rechten Fuß, mit dem linken Fuß auf der Stelle treten. Dann stampfen mit dem rechten Fuß, mit dem linken normal auftreten. Dann wechseln: mit dem linken normal auftreten, mit dem rechten Fuß stampfen. Dann im Kreis gehen und mit beiden Füßen stampfen wie ein Elefant, anschließend schleichen wie eine Katze, die eine Maus fangen will. Dann bewegen sich die Kinder mit ausgebreiteten Armen wie ein Flugzeug, wie ein Adler, wie eine kleine Meise. Dazu machen sie jeweils lange und kurze Schritte. Die Bewegungen können mit la, la begleitet werden.

Abzählverse

Die Kinder zählen ab, weil sie Fangen oder Verstecken spielen wollen. Der erste Fänger wird mit einem Vers ermittelt:

»Ine, Trine, Tintenfass,
Regen macht den Pudel nass,
Sonne macht ihn wieder trocken,
mach dich auf die Socken.«

Jede Silbe wird mit einer zeigenden Handbewegung verbunden. Der Abzählende weist nacheinander auf die Kinder. Auf wen bei der letzten Silbe gezeigt wird, ist »frei«, d.h., er braucht nicht zu fangen.

»Eins, zwei, drei – lieber Mai.
Hast die Erde warm gemacht,
hast die Blumen mitgebracht,
eins, zwei, drei – du bist frei.«

»A, e, i, o, u – raus bist du.
Raus bist du noch lange nicht, sag mir erst, wie alt du bist.«

»Eine kleine Mickymaus wanderte ums Rathaus,
wiedewupp, wiedewapp und du bist ab.«

»Eine Katze wollte mausen,
schwuppdiwupp – du bist schon draußen.
Eine Wurst vom Küchenbord,
schwuppdiwupp – du kannst schon fort.
Doch der Koch hat es gesehen,
schwuppdiwupp – du kannst schon gehn.
Fangt die Katze, gerbt ihr Fell,
schwuppdiwupp – fang auch so schnell.«

»Eins, zwei, drei und du bist frei.«

»Köpfe, Hände, Beine – schon bis du alleine.«

»Eins, zwei, drei vier – hole mir ein Bier.«

Zungenbrecher

Es werden lustige und schwer zu artikulierende Sätze nachgesprochen.

»Müllers Max und Schneiders Fritze mit der weißen Pudelmütze.«
»Der Metzger wetzt das Metzgermesser.«
»Zwischen zwei Zwetschgenzweigen saßen zwei zwitschernde Schwalben.«
»Zwei zischende Schlangen sitzen zwischen zwei spitzen Stangen.«
»Bierbrauer Brauer braut prima Braunbier.«
»Bürsten mit braunen Borsten bürsten besser als Bürsten mit weißen Borsten.«
»Der Cottbuser Postkutscher putzt den Cottbuser Postkutschkasten.«
»Fischers Fritze fischte frische Fische.«
»Schneiderschere schneidet scharf, scharf schneidet Schneiderschere.«
»Kleine Kinder können keine kleinen Kirschkerne knacken.«
»Wir würden gern weiße Wäsche waschen, wenn wir wüssten, wo warmes Wasser wäre.«
»Hinter Hansens Hinterhaus hab ich hundert Hasen husten hören.«

Nachsprechen und raten

»Der Gärtner muss die Blumen gießen,
der Jäger muss die Hasen … (schießen).«

»Der Bauer muss die Samen säen,
der Schneider muss die Hosen … (nähen).«

»Die Köchin muss das Essen kochen,
der Schaffner muss den Fahrschein … (lochen).«

»Der Junge muss den Pastor grüßen,
der Jäger muss den Hasen … (schießen).«

Buchstaben finden

Die Erzieherin spricht ein Wort und fragt die Kinder, welchen Buchstaben sie ausgelassen hat:

B.ume, .ule, Bro., Fen.ter, Luf., Spiel.eug, .opf, B.aten usw.

Wer einen richtigen Buchstaben erraten hat, darf das Wort an die Tafel schreiben. Wer kann zu diesem Wort und einem anderen Buchstaben ein neues Wort finden?

Wörter bauen

Genannt wird ein Buchstabe. Ein Kind nennt ein Wort, das damit anfängt. Es nennt einen anderen Buchstaben. Dazu wird wieder ein Wort gesucht usw. Es können auch Vorsilben gegeben werden. Die Lösungen lassen sich auch aufschreiben.

Schwierige Wörter

Wörter mit gehäuften Konsonantenverbindungen werden nachgesprochen:

»Doppelstockbett«, »Staubsaugerkrach«, »Reißverschluss«, »Münztelefon«, »Zwetschgenzweige«, »Schalbennest«, »Blumentopferde«, »Brennnesselblatt«, »Balkonblume«, »Kuckucksblume«, »Knochenknacker«, »Hauptverkehrsstraße«, »Verkehrspolizist«, »Brummkreisel« …

Aus den Wörtern können kurze Sätze gebildet werden.

Rätsel sprechen und lösen

»Fällt vom Himmel, macht dich nass, sag mir doch, was ist denn das?«
»Es hängt an der Wand und gibt jedem die Hand!«
»Ihr braucht mich, wollt ihr sauber sein, ihr taucht mich in das Wasser ein, reibt ihr die Hände, schäumt es schön und große Blasen kann man sehn.«
»Vom Himmel fällt es und tut nicht weh, ist weiß und kalt, das ist der …«
»Welche Mutter macht gluck, gluck, gluck, wenn sie ihre Kinder ruft?«
»Wer putzt das Mäulchen, wer spielt mit dem Knäulchen, wer hat weiche Tätzchen, das ist unser …«
»Es ist aus Glas, doch durchsehen kannst du nicht. Schaust du hinein, so siehst du dein Gesicht.«
»Es steht auf dem Mist, wie bunt er doch ist. Er kräht, was er kann, das ist der …«
usw.

Reime lernen

Zeilenweise wird nachgesprochen und auswendig gelernt.

»Ei das ist ein Späßchen,
jetzt waschen wir das Näschen.
Jetzt waschen wir den Bauch,
da freut das Kind sich auch.
Die Stirn, die Augen, das Gesicht,
ein liebes Kind, das weint auch nicht.
Nun noch die Hände,
ei der daus,
wie siehst du frisch gewaschen aus!«

»Wer alle Tage Bonbons isst,
Pudding und Schokolade,
der weiß auch nicht,
wann Sonntag ist.
Und das ist wirklich schade.«

»Morgens früh um sechs
kommt die kleine Hex,
morgens früh um sieben
schabt sie gelbe Rüben,
morgens früh um acht
wird Kaffee gemacht,
morgens früh um neune
geht sie in die Scheune,
morgens früh um zehne
holt sie Holz und Späne,
feuert an um elfe,
kocht sie bis um zwölfe
Fröschebein und Krebs
und Fisch.
– Hurtig,.Kinder,
kommt zu Tisch!«

»Montag fängt die Woche an.
Dienstag sind wir übel dran.
Mittwoch sind wir in der Mitte.
Donnerstags gibt's eine Schnitte.
Freitags gibt's gebratnen Fisch.
Samstag tanzt man um den Tisch.
Sonntag gibt's ein Schweinebrätle
und dazu ein Krautsalätle.«

2.3.5 *Förderung der melodischen Differenzierungsfähigkeit*

Die Fähigkeit, melodisch-intonatorische Nuancen gut unterscheiden zu können, stellt eine Basiskomponente für den Erwerb der Sprache dar, weil bestimmte semantische Aspekte nur mithilfe melodisch-intonatorischer Kodeträger ausgedrückt werden können. In der lautsprachlichen Kommunikation kommt es nicht nur darauf an, was gesprochen wird, sondern auch, wie etwas gesagt wird. Melodische Akzente geben dem Gesprochenen oft erst die angestrebte Diktion, ohne die eine Aussage nicht voll verstanden werden könnte. Es ist z.B. ein großer Unterschied, mit welcher Erwartung an den Kommunikationspartner die beiden Wörter »komm her« melodisch betont werden: liebevoll, ablehnend, drohend, ermunternd, verächtlich, erwartungsfroh, gleichgültig usw.

Die melodische Differenzierungsfähigkeit wird zur Identifikation sowohl emotionaler wie kognitiver Zusammenhänge benötigt. Der oft vorgebrachte Einwand, dass auch unmusikalische Kinder über ein hohes Niveau der Lautsprache und der Intelligenz verfügen können, übersieht den Unterschied zwischen Musikalität und Sprachverstehen. Zwischen Sprache und Musik gibt es Gemeinsamkeiten. Beide enthalten melodisch-rhythmische Elemente. Für das Verstehen von Sprache jedoch wird ein Standard der melodischen Differenzierungsfähigkeit benötigt, der sich an der unteren Grenze von Musikalität bewegt. Um melodisch-intonatorische Modalitäten des Sprechers zu identifizieren und beim eigenen Sprechen zu realisieren, ist die Beherrschung eines relativ einfachen Melodiespektrums erforderlich. Dem entsprechen Kinder- und Wiegenlieder. Sie haben eine einfache Melodieführung und geringe -spannweite.

Melodische Förderung – bezogen auf die Anforderungen des Sprechens – ist darauf zu richten, melodisch unsicheren Kindern das Erlebnis von Melodieunterschieden zu vermitteln und Melodienuancen eigenaktiv produzieren zu lassen. Ein Weg dazu führt über das Musikhören, ein anderer über die Koordination von Melodie, Rhythmus, Bewegung und sprachlichen Inhalt, möglichst in der Verbindung von Gefühlserleben und -entäußerung.

Bei der Förderung der melodischen Differenzierungsfähigkeit kommt es zunächst darauf an, die Freude der Kinder am Singen zu entwickeln. Das Singen muss Spaß machen, für die Kinder reizvoll sein. Dabei ist an die Bedürfnisse der Kinder nach Bewegung und erlebnisbetonten Übungsinhalten anzuknüpfen. Wenn die Liedinhalte die Erfahrungswelt der Kinder ansprechen, sie in überraschender Weise erweitern und ihre Gefühlswelt treffen bzw. widerspiegeln, singen die Kinder gern. Dazu gehört lustiges, trauriges, besinnliches, belehrendes, dynamisches, lobendes, tadelndes, beruhigendes und ermunterndes Liedgut. Für Lehrer in Anfangsklassen sollte es selbstverständlich sein, über ein Repertoire von geeigneten Kinderliedern zu verfügen.

Freude am Singen wird unterstützt, wenn die Tonlage den stimmlichen Möglichkeiten des Kindes entspricht. Nur dann vermag es seine Sicherheit in der Melodieführung, im Singtempo und -takt, in der Unterscheidung der Tonhöhen und in der richtigen Atemführung zu vervollkommnen. Wichtig sind auch musikbegleitende Bewegungen wie Tanzen, Kinderreigen und Singspiele. Es ist immer von Vorteil und sollte deshalb für Vorschulerzieher und Lehrer selbstverständlich sein, wenn sie die Kinder im Zusammenhang mit melodisch-rhythmischen Tätigkeiten auf einem Instrument begleiten können. Ein Instrument ist viel mehr als nur begleitendes Beiwerk. Es übt eine unterstützende, anregende, Hemmungen abbauende Funktion aus, unabhängig davon, ob es sich um die Begleitung mit einer Gitarre, einem Klavier, einer Geige oder einem Schifferklavier handelt. Die Bereitschaft der Kinder, sich mit Instrumenten des klingenden Schlagwerks selbst zu begleiten oder es mit einem anderen Instrument zu versuchen, wächst in dem Maße, wie ihnen die Instrumente vertraut werden. Auch Kreisspiele in ihrer Kombination von Singen, Bewegen und Rollenübernahme sind besonders nützlich, weil sie die Einheit von Sprache, Melodie und Rhythmus betonen.

Übungsbeispiele

Töne unterscheiden

Auf einem Instrument werden abwechselnd zwei gleiche bzw. unterschiedliche Töne vorgespielt. Die Kinder raten, ob die Töne gleich oder verschieden sind. Der Schwierigkeitsgrad hängt vom Kontrast zwischen den ungleichen Tönen ab.

Leise – laut

Bei verschiedenen Geräuschen wird zwischen laut und leise, lauter und leiser unterschieden: mit Musikinstrumenten, Händeklatschen, Sprechen, Singen, Klappern, Füßestampfen, Klopfen, Rufen ... Ein Kind, das andere soll leiser oder lauter sprechen.

Hohe Töne – tiefe Töne

Zwischen hohen und tiefen Tönen ist zu unterscheiden. Töne werden vorgespielt oder vom Lehrer gesungen. Begonnen wird mit einem Ausgangston. Dabei hören die Kinder zu. Dann wird gefragt, ob der nächste Ton höher oder tiefer ist. Die Kinder sollen das mit dem Heben oder Senken der Arme zeigen.

Lieb oder böse

Einfache Sätze wie: »Komm zu mir!«, »Gehe in das andere Zimmer!«, »Höre auf!« usw. werden zunächst ohne Gefühlsbetonung gesprochen. Dann üben die Kinder, wie der Satz gesprochen werden muss, wenn geschimpft wird oder wenn man ganz lieb ist. Als Partner können eine Puppe oder ein Teddy genommen werden.

Wir sind Schauspieler

Die Kinder erhalten Kärtchen, auf denen jeweils ein weinendes, ein lachendes, ein drohendes, ein gleichgültiges Gesicht abgebildet ist. Der Lehrer spricht einfache Sätze vor, z.B. »Gib mir das Auto«, »Gib mir das Buch«, »Gib mir den Schlüssel« usw. Die Satzstruktur kann verändert werden: Entsprechend der Kärtchen sollen die Kinder den Satz melodisch entsprechend akzentuieren.

Rollen spielen

Ein Satz wird vorgegeben, z.B. »Wer hilft mir den Korb tragen?«, »Die Suppe mag ich nicht« usw. Die Kinder erhalten eine Rolle als kleines Kind, als alte Frau, als feine Dame, als Ausländer, als freche Göre usw. und sprechen gemäß der übertragenen Rolle den Satz.

Lieder fortsetzen

Ein Lied wird gemeinsam gesungen. Dann beginnt ein Kind allein zu singen. Auf ein Zeichen des Lehrers hört es auf und ein anderes Kind setzt das Lied fort. Zum Schluss singen wieder alle gemeinsam.

Mein Lieblingslied

Es kann zur Tradition werden, dass Kinder an ihrem Geburtstag ihr Lieblingslied vorsingen oder andere Kinder bitten, es zu singen.

Musik hören

Es werden Märchenspiele, Singspiele, Lieder usw. vorgespielt. Bei den einzelnen Melodiepassagen wird gefragt, ob der Sänger oder das Instrument etwas Fröhliches, Trauriges, Schnelles, Langsames, Lautes oder Leises gemeint hat. Hat nur ein Sänger gesungen oder waren es mehrere? Hat nur ein Instrument gespielt oder waren es mehrere?

Puppenschlaflied

Ein Kind summt so, dass die Puppe einschlafen kann. Es wiegt dabei seine Puppe rhythmisch im Arm. Auch die anderen Kinder wiegen dabei ihre Puppe und sagen, ob sie eingeschlafen ist. Wenn nicht, können sie es mit eigenem Summen versuchen.

Liedanfang finden

Auf der Triola, dem Klavier usw. probieren die Kinder, einen Liedanfang zu finden. Wenn sie sicher sind, dass sie einen gefunden haben, dürfen sie den Liedanfang vorspielen. Die anderen raten, was es für ein Lied ist.

Sätze singen

Die Kinder singen einen beliebigen Satz. Mit Mimik und Gebärde unterstützen sie den Ausdruck:

»Gleich werde ich dich auffressen.«
»Ich habe einen riesigen Hunger.«
»Ich werde dich jetzt streicheln.«
»Kannst du mir etwas schenken?«
»Ich freue mich so, dass meine Oma kommt.«
»Wir gehen durch einen ganz dunklen, tiefen Wald.«
»Pass auf, da kommt ein Auto.« usw.

Lieder zeichnen

Die Kinder denken an ein Lied, welches auch die anderen Kinder kennen. Sie malen ein Bild, das zu dem Lied passt. Die anderen schauen sich das Bild an und erraten, welches Lied gemeint ist. Dann singen sie es gemeinsam. Wenn es nicht erraten wird, singt es der Zeichner.

Zweitonruf

Jedes Kind wünscht sich eine Blume. Der Name der Blume wird im Zweiklangton gerufen:

»Tul – pe«, »Ro – se«, »Nel – ke«, »Gänse – blümchen«, »Butter – blume« usw.

Statt Blumennamen können Namen von Tieren, Spielzeug, Kleidungsstücken und anderen Gegenständen gerufen werden.

Auf dem Markt

Die Kinder spielen Verkäufer auf dem Markt. Als Verkäufer preisen sie ihre Waren im Zweitonruf den Käufern an:

»Hier gibt es Ra – dies – chen.«
»Kauft frische Ei – er!«
»Wer kauft Pflau – men?«
»Hier kauft man frische Fi – sche.«
»Hier gibt es was zum Spie – len.«

Kinder können auch Käufer sein:

»Wo gibt es But – ter?«
»Wer verkauft Ho – nig?«
»Hat jemand Würst – chen?«
»Bei wem gibt es Ku – chen?«

Käufer fragen, Verkäufer antworten:

»Wo gibt es Ei – er?« – »Hier gibt es ganz frische Ei – er.«
»Wer hat Blu – men?« – »Bei mir gibt es viele Blu – men.«

Intonationsunterschiede

Die Lehrerin intoniert die Silben na, na, na in verschiedener Intonation. Einmal »lieb«, dann »schimpfend«, dann »erzählend«. Die Kinder raten, ob die Mutti schimpft, lieb ist oder erzählt. Die Kinder sprechen zu ihrer Puppe oder zu ihrem Teddy mit »na, na, na« einmal liebkosend, dann schimpfend, dann erzählend. Andere Kinder raten, was gesagt wurde.

Nachsingen

Die Lehrerin singt auf die Silbe la, la, la eine kurze Melodie vor. Die Tonfolgen können auch auf einem Instrument gespielt werden. Die kurzen, unbekannten Melodiefragmente werden von den Kindern nachgesungen.

Lieder summen

Wenn die Kinder über ein bestimmtes Liedrepertoire verfügen, werden sie aufgefordert, die Lieder zu summen. Das kann auf m, s, n, l geschehen. Die Lieder können auch auf dem Kamm geblasen werden.

Stimmungen ausdrücken

Der Lehrer spricht einen Satz und lässt ihn in der gleichen Intonation von den Kindern wiederholen. Die Intonation kann traurig, fröhlich, schnell, hastig, langsam, bittend, wütend, ungeduldig, tief, hoch, vornehm, nuschelig oder fragend sein. Beispiel für mögliche Sätze:

»Bring mir das Buch her.«
»Ich möchte, dass du herkommst.«
»Geh auf den Platz zurück.«
»Da kommt ein großer Autobus.«
»Ich habe einen riesigen Hunger und einen großen Durst.«
»Jetzt wollen wir ganz leise sein und genau zuhören.« usw.

Die Stellung der Wörter im Satz kann verändert werden. Die Kinder können eigene Sätze suchen. Die anderen sollen sagen, ob es traurig, fröhlich oder böse gemeint war.

Wie Leute sprechen

Kinder sprechen wie eine Dame, wie ein strenger Polizist, wie ein Baby, wie ein müder Wanderer, wie ein Betrunkener, wie ein ganz stolzer König, zum Beispiel:

»Ach, Eis mit Früchten esse ich gern.«
»Hätte ich doch im Lotto gewonnen.«
»Lasst doch die schönen Blumen auf der Wiese stehen.«

»Du bist viel zu schnell gefahren.«
»Ich will noch nicht ins Bett.«
»Komm her zu mir.« usw.

Wir dirigieren

Wir hören Musik. Die Kinder spielen einen Dirigenten und führen mit den Armen (u.a. mit einem Dirigentenstock) Bewegungen nach dem Takt der Musik aus. Der Lehrer kann auch ein Kind auswählen, das sich vor die Gruppe stellt und dirigiert, wenn diese singt. (Auch als rhythmische Übung geeignet.)

Frage und Antwort

Auf die Frage »Wie heißt du?« singt jedes Kind seinen Namen: »Ich heiße Bettina.« Die anderen Kinder singen nach. Varianten: Tier- und Blumennamen.

Kurze und lange Töne zeichnen

Auf der Flöte werden kurze und lange Töne vorgespielt. Die Kinder sagen, ob der Ton kurz oder lang war. Bei einem langen Ton breiten sie ihre Arme weit auseinander, bei einem kurzen Ton legen sie die Hände aneinander. Schließlich können für lange Töne auf dem Zeichenblatt Striche, für kurze Töne Punkte gemalt werden.

Feuerwehr

Die Melodie wird improvisiert. »Feuerwehr komm schnell herbei, Feuerwehr komm schnell herbei. Es brennt, es brennt, es brennt. Tatüü, ta-taa.« Bei »es brennt« werden die Hände über dem Kopf zusammengeschlagen, beim ta-tüü-ta-taa wird besonders laut gesungen. Die Kinder erfinden Variationen:

»Polizist komm schnell herbei, Polizist komm schnell herbei.
Ein Dieb, ein Dieb, ein Dieb.«
»Schiedsrichter komm schnell herbei, Schiedsrichter komm schnell herbei.
Ein Tor, ein Tor, ein Tor.«

Musikhören und Malen

Die Kinder hören Musik. Diese wird wiederholt, dabei malen die Kinder auf ein großflächiges Papier (Plakate, Packpapier, Tapetenreste). Sie tupfen ihre Finger in Farbtöpfe und wählen Farben, die zu der Musik passen. Es ist freigestellt, ob die Kinder die Farben tupfen oder streichen und welchen Inhalt sie gestalten wollen. Am Ende der Übung erzählen sie, was sie sich beim Malen alles ausgedacht haben.

Schlaf, Kindchen, schlaf

Jedes Kind hält eine Puppe im Arm. Gemeinsam wird gesungen:

> »Schlaf, Kindchen, schlaf, der Vater hütet die Schaf, die Mutter schüttelt's Bäumelein, fällt herab ein Träumelein, schlaf, Kindchen, schlaf.«

Die Kinder wiegen die Puppen in den Armen, singen immer leiser und wiegen immer langsamer. Zum Schluss sitzen die Kinder ganz ruhig und schließen die Augen. In dieser Pose verharren sie einige Sekunden.

Zeigt her eure Füße

Kinder singen gemeinsam im Kreis: »Zeigt her eure Füße, zeigt her eure Schuh und sehet den fleißigen Waschfrauen zu.« Abwechselnd werden der rechte und linke Fuß vorgestellt. Danach singt ein Kind allein: »Sie waschen, sie waschen, sie waschen den ganzen Tag.« Dabei führen alle Kinder mit den Händen Waschbewegungen aus. Der Anfang des Liedes wird wiederholt. Ein Kind singt wieder allein: »Sie hängen, sie hängen, sie hängen den ganzen Tag.« Hierbei vollführen die Kinder den Bewegungsablauf des Wäscheaufhängens. In der nächsten Strophe heißt es: »Sie bügeln, sie bügeln, sie bügeln den ganzen Tag.« Auch hier führen die Kinder entsprechende Bewegungen aus. Es können andere Tätigkeiten erfunden werden, die Aktivitäten von Vorsingen, Chor- und Solosingen ermöglichen.

Singspiel Hänschen klein

Die Kinder übernehmen im Lied »Hänschen klein« eine Rolle und gehen singend im Kreis. In der Mitte des Kreises stehen die Mutter und das Hänschen. Bei den entsprechenden Textstellen geht Hänschen von der Mutter weg und bewegt sich außerhalb des Kreises in entgegengesetzter Richtung der Kinder. Die Mutter schlägt die Hände vor das Gesicht und schluchzt. Hänschen kehrt in den Kreis zurück, fasst die Mutter an den Händen und singt allein »Lieb Mama, ich bin da!« und hüpft mit der Mutter im Kreis herum. Die anderen Kinder klatschen.

Häslein in der Grube

Die Kinder stehen im Kreis und fassen sich an den Händen. Ein Kind ist das Häschen und hockt sich in der Kreismitte hin. Während die Kinder das Lied vom Häslein in der Grube singen, hüpft ein Kind im Kreis herum und sucht ein anderes, das es als Häschen ablöst.

Wir tanzen

Die Kinder hören Musik. Jedes Kind tanzt zunächst für sich allein, versucht die Musik in seinen Bewegungen auszudrücken. Dann sucht sich das Kind einen Tanzpartner.

Kamm blasen

Den Kindern wird die Technik erklärt, dann versuchen sie, ein Lied zu blasen. Als Einzel- und Gruppenspiel geeignet.

Kapelle spielen

Die Kinder begleiten sich beim Singen mit Klanghölzern, Rasseln, Tamburin usw.

Lieder raten

Ein Kind beginnt ein Lied zu summen. Die anderen versuchen es zu erraten. Wer zuerst richtig geraten hat, darf den nächsten Liedanfang summen. Den Liedanfang kann auch der Lehrer summen. Wenn das Lied von einem Kind erraten wurde, singt es weiter. Es darf dann selbst ein Lied zu summen beginnen.

2.3.6 Förderung der rhythmischen Differenzierungsfähigkeit

Rhythmus als Gliederungsprinzip ist Voraussetzung und Ergebnis für Erkenntnistätigkeit. Jeder Sprech-, Lese- und Schreibakt vollzieht sich in einer festgelegten Abfolge von Artikulemen, Graphemen, Betonungen, Pausen und anderen Akzentuierungen. Die abstrakte Begrifflichkeit der sprachlichen Symbole erhält im lebendigen Sprachverkehr durch Tonfall, Stimmton, Klangcharakter, Lautstärke, Tempo und Akzentuierungen eine situativ bezogene Bedeutung und Emotionalität. In der Schriftsprache spiegelt sich der sprachliche Rhythmus in der Wahl der Wörter, ihrer Abfolge und durch Satzzeichen im Satz wider.

Es kommt für ein Kind darauf an, seriale Abfolgen in ihren unterschiedlichsten Modalitäten zu erkennen, zu behalten und selbst zu beherrschen.

Rhythmische Abfolgen können akustische, optische, motorische u.a. Wahrnehmungsinhalte betreffen. Der Förderung bietet sich ein weites Feld unterschiedlichster Inhalte. Sie soll erreichen, das Kind zum Bewusstwerden gegliederter Einheiten zu führen. Diese Gliederungen ermöglichen Analyse- und Syntheseprozesse und bilden das Grundgerüst für die Speicherung im Gedächtnis.

Übungen zur Förderung im rhythmischen Bereich eignen sich besonders gut, wenn sie auch andere Wahrnehmungsbereiche einbeziehen und in Form von Spielen Freude bereiten. Das unterstützt besonders das kurzzeitige Behalten. Durch variierte Wiederholungen entsteht schließlich ein stabiler Gedächtnisbesitz. Dabei dürfen die rhythmischen Muster nicht zu kompliziert sein, weil es sonst nicht gelingt, die Reihenfolge der Gliederungselemente zu behalten.

Wesentlich unterstützt wird die Erfassung der Gliederung durch Melodie und Bewegung. Rhythmusförderung bedeutet sowohl Konzentrations- als auch

Gedächtnisschulung. Günstig ist es für den Lehrer, wenn er akustisch-motorische Übungen mit einem Instrument begleiten kann. So lassen sich schwierige Passagen jederzeit unterbrechen und eventuell auch wiederholen. Bei Schallplatten usw. ist das immer mit Zeitverlust verbunden. Das beeinträchtigt das Einprägen.

Für viele rhythmische Differenzierungsübungen können Klanginstrumente von den Kindern benutzt werden, z.B. Klanghölzer, Triangel, Tamburin, Pauken, Trommeln, Raspeln, Schüttelhölzer u.a. Es sind vor allem jene Kinder zu beachten, denen die Koordination von Singen und Bewegen, von Hören, Sehen, Tasten und Zuordnen nicht harmonisch-gleitend gelingt. Diese Kinder sind unauffällig zu unterstützen.

Zu empfehlen sind Singspiele und andere Übungen, die zugleich Sprache, Bewegung und positive Emotionen vereinen. Der Tanz vereinigt diese Elemente in besonders günstiger Weise. Auch andere Tätigkeiten (Zeichnen, Bauen, Musterlegen usw.) sind als rhythmische Übungen möglich. Kinderreime und Abzählverse erfüllen ebenfalls diese Funktion. Sie machen nicht nur Spaß, sie lassen sich auch wegen ihres eingängigen Rhythmus sehr gut behalten. Das unterstützt die Automatisierung angestrebter rhythmischer Vollzüge und Gliederungen.

Rhythmische Differenzierungsschulung ist ein zentraler Ausgangspunkt der Förderung elementarer kognitiv-basaler Funktionen. Rhythmische Differenzierungsschwächen machen sich im Schreib-Lese-Lernprozess besonders belastend bemerkbar, weil dieser Lernprozess ebenfalls über das Erfassen von Einzelheiten verläuft und sich in einem erkannten Ganzen realisiert. Einzelheiten in ihrer Bedeutung und Gliederung erfassen ermöglicht es, gemeinsame Merkmale zu vereinen.

Immer kommt es auf die Abfolge, Serialität, der oft komplex strukturierten Reize an. Deshalb muss ein rhythmisches Differenzierungstraining das gesamte Arsenal derjenigen sensorischen Träger berücksichtigen, die als Kodemerkmale für Semantisches in der Sprache infrage kommen.

Eine so verstandene rhythmische Differenzierungsförderung erreicht vielfältige Transfereffekte: Es kommt zur Vervollkommnung der artikulatorischen Fähigkeiten (durch Sprechen und Singen), der visuellen Differenzierung (durch Beachten von optischen Details), der phonematischen Differenzierung (durch das Heraushören klangähnlicher Laute). In vielen Fällen führen die Anforderungen in der rhythmischen Differenzierung auch zur Vervollkommnung grob- und feinmotorischer Bewegungsabläufe.

Die nachfolgend angeführten Beispiele geben zwar repräsentativ Hinweise für eine rhythmische Differenzierungsschulung. Sie sollten aber vom Pädagogen fantasievoll variiert und ergänzt werden. Ihm ist zu empfehlen, sich aus der Fülle der einschlägigen Literatur, der eigenen Erfahrungen und Einfälle eine Sammlung von Kinderreimen, Kinderliedern, Abzählversen und Tanzspielen anzulegen.

Übungsbeispiele

Klatschrhythmen begleiten

Kinder sitzen im Kreis, sprechen und klatschen dabei in die Hände: »Wir klatschen in die Hände: klatsch – klatsch – klatsch.« Für das Klatschen gibt der Lehrer verschiedene Rhythmen vor: laut – leise; leise – laut – leise; leise – leise – laut; laut – laut – leise – leise. Die Kinder können ihr Klatschen auch sprachlich begleiten. Bei jedem Klatschen sagen sie z.B. »bum« oder »sum« usw. Es kann mit den Füßen gestampft oder mit den Fingern geklopft werden. Auch Orff-Instrumente lassen sich nutzen. Die Kinder können stehen, im Kreis laufen oder sitzen.

Bewegungskoordination

Die Kinder gehen und laufen im Kreis nach einem vorgegebenen Rhythmus. Dieser wird durch Tamburinschlag unterstützt. Zwischen Gehen und Laufen wechseln.

Koordination von Bewegung und Rhythmus

Die Kinder gehen und laufen im Kreis nach vorgegebenen Rhythmen. Dabei klatschen sie. Zur Unterstützung Orff-Instrumente einsetzen.

Namen klatschen

Jedes Kind spricht laut, deutlich und langsam seinen Namen. Dann sprechen die Kinder den Namen und klatschen dabei. Der Lehrer klatscht einen Namen und bewegt dabei die Lippen. Die Kinder erraten, welcher Name gesprochen wurde. Anstelle des Händeklatschens können auch Klanghölzer usw. eingesetzt werden.

Armkreisen

Kinder laufen im Kreis. Während des Gehens kreisen sie mit den Armen zweimal nach vorn, dann zweimal nach hinten usw. Auch andere Abfolgen wählen.

Echo-Spielen

Frage-, Ruf- und Antwortsätze werden silbenweise betont nachgerufen: »Pe – tra – wo bist du?« – »Ich spie – le im Gar – ten.« – »Ti – lo, was machst du?« – »Ich ho – le die Bröt – chen.« usw.

Perlen aufreihen

Bunte Perlen werden auf einer Schnur nach einem vorgegebenen Muster aufgereiht: schwarz-weiß-weiß, schwarz-weiß-weiß usf. Es können auch andere Musterfolgen und Farben gewählt werden.Die Kinder arbeiten nach Diktat, später arbeiten sie selbstständig. Es kann aber auch nach einer Vorlage gefädelt werden. Wird die Spitze des Fadens gewachst, erübrigt sich die Benutzung einer Nadel.

Klötzchenmuster legen

Die Kinder legen einen Würfel, dann zwei Stäbchen und wieder einen Würfel. Sie setzen das Muster in einer Reihe fort. Die Muster können variiert werden: verschiedenfarbige, verschieden große und verschieden geformte Klötzchen.

Muster zeichnen

Die Kinder malen nacheinander: Kreuz – Kreis – Dreieck, Kreuz – Kreis – Dreieck usw. Die Musterfolge kann als Randverzierung oder zeilenweise gemalt werden. Die Figuren lassen sich verändern und können in der Farbe variieren.

Papierketten

Die Kinder kleben verschiedenfarbige Papierstreifen (Länge ca. 15 cm, Breite 1 cm, Klebefläche 2 cm) zu einem Ring. Die Reihenfolge der Farben wird vorgegeben. Reihenfolge der Farben und Muster verändern, eventuell auch die Größe der Ringe. Mit den Ringen eine Kette kleben.

Kugelspiel

Auf ein Lochbrett werden Kugeln in einer vorgegebenen Reihe gelegt. Die Abfolgen der farbigen Kugeln können gewechselt werden. Es lassen sich auch nach einem Muster Figuren legen. Die Kinder sollen periodische Folgen selbst finden.

Muster flechten

Die Flechtstreifen werden entsprechend einer Vorlage in das Flechtblatt eingeschoben. Das Musterflechten kann nach eigenen Einfällen erfolgen.

Glockenläuten

Die Kinder sprechen nach: »Große Glocke macht bum … bum …« Mit den Armen schwingen die Kinder im Takt mit. »Die mittelgroße Glocke macht bim, bam … bim, bam …« Die mitschwingenden Armbewegungen verlaufen entsprechend schneller und kürzer. »Die kleine Glocke macht: bim, bim, bim …« Entsprechend schneller sind die Bewegungen. Eine Variante lässt sich mit einem Pferd gestalten: »Das alte Pferd macht traab, traab … traab, traab …« Dazu wird der Rhythmus mit den Händen geklatscht. »Das junge Pferd macht trab, trab, trab … trab, trab, trab …«

Über kreuz klatschen

Zwei etwa gleich große Kinder stehen sich gegenüber. Sie heben die Hände in Schulterhöhe und klatschen. Zuerst in die eigenen Hände, dann mit der rechten Hand in die rechte Hand des Gegenübers, dann wieder in die eigenen Hände. Dann mit der linken Hand in die linke Hand des Gegenübers. Wieder in die eigenen Hände usw.

Wir tanzen

Musik mit unterschiedlichen Grundrhythmen (Marschmusik, Walzer, Polka, Rock usw.) wird von einer Schallplatte oder Kassette abgespielt. Dazu tanzen die Kinder.

Mein rechter Platz ist leer

Die Kinder sitzen im Kreis auf Stühlen. Ein Platz bleibt leer. Ein Kind, dessen rechter Platz leer ist, ruft: »Mein rechter, rechter Platz ist leer, ich wünsche mir die Gudrun her.« Während des Rufens klopft das Kind mit der Hand auf dem leeren Platz die Silben. Jedes Kind soll einmal Rufer sein.

Bewegungen erfinden

Die Kinder bewegen sich vorwärts: wie eine schleichende Katze, wie ein hoppelnder Hase, wie ein stolzierender Pfau, wie eine Schlange, wie ein fliegender Vogel, wie eine Raupe, wie ein marschierender Soldat, wie eine tanzende Fee, wie ein alter Opa usw.

Wachklopfen

Alle Kinder stellen sich schlafend. Ein Kind läuft zwischen ihnen herum und schlägt einen langsamen Rhythmus auf dem Tamburin. Es bleibt bei einem Kind stehen und verändert den Rhythmus, jedoch ohne lauter zu werden. Das ist das Zeichen für das Kind aufzuwachen. Es übernimmt das Tamburin und setzt das Spiel fort. Die Signalfunktionen können auch durch andere Instrumente übernommen werden.

Richtungsgehen

Die Kinder stehen in einer Reihe. Ein Kind schlägt auf das Tamburin. Einmal geschlagen: Alle Kinder gehen einen Schritt nach vorn; zweimal geschlagen: Alle Kinder gehen einen Schritt zurück; zweimal sehr leise geschlagen: Die Kinder gehen in die Hocke; zweimal laut geschlagen: Die Kinder hüpfen.

Schnell – langsam

Die Kinder bewegen sich nach Paukenschlägen, die im Tempo wechseln. Sie laufen, gehen sehr langsam, trippeln. Das kann auch im Stand erfolgen. Dazu können Bewegungen mit den Armen ausgeführt werden.

Verreisen

Die Kinder werden aufgefordert, in einen gedachten Koffer gedachte Kleidungsstücke einzupacken. Ein Kind beginnt: »Ich packe in den Koffer eine Hose (bzw. ein anderes Kleidungsstück).« Das nächste Kind setzt fort und nennt zunächst das vom Vorgänger genannte Kleidungsstück und nennt ein neues hinzu. Es sagt: »Ich packe in den Koffer eine Hose und eine Jacke.« Das nächste Kind muss die bisherigen Kleidungsstücke wiederholen und ein neues nennen. Es sagt: »Ich packe in den Koffer eine Hose, eine Jacke und ein Hemd.« In dieser Weise wird das Spiel fortgesetzt. Es können auch Spielzeuge, Lebensmittel usw. eingepackt werden.

Wer will fleißige Handwerker sehn?

»Wer will fleißige Handwerker sehn,
der muss zu uns Kindern gehn.
Stein auf Stein, Stein auf Stein,
das Häuschen wird bald fertig sein.«

Bei den ersten beiden Zeilen gehen die Kinder im Kreis und singen mit. Sie deuten durch Bewegungen die Tätigkeit der jeweiligen Handwerker an. Für andere Berufe sind entsprechende Verse zu suchen, wobei typische Bewegungen der Handwerker ausgeführt werden.

Ringel, Ringel, Reihen

Die Kinder bilden einen Kreis und singen:
»Ringel, Ringel, Reihen,
wir sind der Kinder dreien.
Wir treten untern Hollerbusch
und machen alle husch, husch, husch.«

Bei der letzten Zeile gehen die Kinder in die Hocke. Ähnliche Spiele gibt es viele.

Backe, backe Kuchen

»Backe, backe Kuchen,
der Bäcker hat gerufen,
wer will guten Kuchen backen,
der muss haben sieben Sachen ...«

Die Kinder singen und klatschen. Andere Kinderlieder verwenden.

Abzählverse

Die Kinder lernen verschiedene Abzählverse, z.B.:
»Ene, mene, mu – raus bist du.«
»Eins, zwei, drei – du bist frei.«
»Ich und du, Müllers Kuh,
Bäckers Esel, das bist du.«

Die Kinder stehen im Kreis, eines zählt ab und spricht dabei den Abzählvers. Bei jeder Silbe deutet es auf ein Kind. Wen die letzte Silbe trifft, scheidet aus bzw. ihm fällt die vereinbarte Aufgabe zu. Koordination zwischen Sprechen und Zeigen ist wichtig. Andere Abzählverse verwenden.

Lieder erraten

Bekannte Kinderlieder werden gesungen bzw. gesummt. Dazu wird der Rhythmus geklatscht. Danach werden die Lieder nur im »Kopf« gesungen und dazu laut geklatscht. Geklatschte Lieder sind zu erraten.

Wundergarten

Der Lehrer beginnt:

»Ich will euch was erzählen, von der Tante Rählen.«

Danach malt er an der Tafel ein Bild und lässt die Kinder die folgenden Sätze im Chor wiederholen.

»Diese Tante hat einen Garten und das war ein Wundergarten.«
Die Zeichnung wird ergänzt.
»In dem Garten stand ein Baum und das war ein Wunderbaum.«

Es wiederholen die Kinder jeweils den zweiten Teil des Satzes, auch in den folgenden Sätzen. Die Zeichnung wird jeweils ergänzt.

»An dem Baume waren Äste und das waren Wunderäste.«
»An den Ästen waren Zweige und das waren Wunderzweige.«
»An den Zweigen waren Blätter und das waren Wunderblätter.«
»In den Blättern war ein Nest und das war ein Wundernest.«
»In dem Nest lagen Eier und das waren Wundereier.«
»Aus den Eiern kamen Vögel und das waren Wundervögel.«
»Diese Vögel hatten Federn und das waren Wunderfedern.«
»Aus den Federn ward ein Bettchen und das war ein Wunderbettchen.«
»Vor dem Bettchen stand ein Tischchen und das war ein Wundertischchen.«
»Auf dem Tischchen lag ein Buch und das war ein Wunderbuch.«
»In dem Buche stand geschrieben, du sollst deine Eltern lieben.«

Die entstehende Zeichnung ist nach jeder Zeile zu ergänzen. Möglichst an einer Tafel zeichnen. Zur Erleichterung kann die Ergänzung für die nächste Zeile schon jeweils vorher gezeichnet werden.

Trillerpfeife morsen

Der Lehrer pfeift auf der Trillerpfeife kurze und lange Signale in kurzen Abständen. Die Kinder ahmen die Länge und Anzahl der Signale nach. Anstelle der Trillerpfeife können auch Hupen oder Mundgeräusche eingesetzt werden. Zur Ergänzung können die Kinder bei kurzen Signalen einen kurzen, bei langen Signalen einen langen Schritt gehen.

Lichtsignale morsen

In einem verdunkelten Raum leuchtet die Taschenlampe in Abständen kurz oder lang mehrmals auf. Die Erzieherin morst, die Kinder versuchen, den Morserhythmus zu klatschen oder mit Rufsignalen wiederzugeben.

Reimwörter suchen

Die Erzieherin spricht eine Zeile vor und lässt in der nächsten Zeile das Reimwort von den Kindern finden:

»Im Hause steht ein Tisch,
im Wasser schwimmt ein ...«
»Die Kinder sitzen im Haus,
im Keller sitzt die ...«
»Es tanzen auf der Wiese
der Hans und auch die ...«
»Im Zimmer steht ein Schrank,
im Garten steht die ...«
Die Kinder können eigene Reime finden.

Kindergedicht

»Meine Mu, meine Mu, meine Mutter schickt mich her,
ob der Ku, ob der Ku, ob der Kuchen fertig wär.
Wenn er no, wenn er no, wenn er noch nicht fertig wär,
käm ich mo, käm ich mo, käm ich morgen wieder her.«

Der Text wird rhythmisch akzentuiert vorgesprochen und zu verschiedenen Gelegenheiten wiederholt. Die Kinder sprechen nach, bis sie in der Lage sind, den Vers selbstständig aufzusagen. Andere Kinderreime werden in ähnlicher Weise gelernt.

Wozu sind die Hände da?

Bekannte Kinderlieder werden gesungen bzw. auf einem Instrument vorgespielt. Die Kinder erfinden eigene Bewegungen, mit denen sie die Melodie und den Text begleiten. Dabei singen sie mit. Alle möglichen Kinderlieder, bekannte Volks- und Popmusik können verwendet werden, um Bewegung und Musik in Einklang zu gestalten.

Tempovarianten

Die Kinder lernen den Vers:
»Langsam, langsam fängt es an,
immer schneller wird es dann.
Sause schnell, sause schnell, dreht sich unser Karussell,
bis der große Schwung vergeht
und sich's wieder langsam dreht – und dann steht.«

Die Kinder drehen sich entsprechend dem Verstempo. Das Drehen kann auch mit angefassten Händen von mehreren Kindern durchgeführt werden.

Tierbewegungen raten

Kinder sitzen im Kreis und hören Musik. Ein Kind tritt in den Kreis und ahmt die Bewegungen eines Tieres nach. Die anderen Kinder erraten, um welches Tier es sich handelt. Wer es errät, tritt als Nächster in den Kreis.

Silben zählen

Zu einem an der Tafel stehenden Satz werden die Silben jedes Wortes geklatscht. Für jede Silbe darf das Kind ein Stäbchen nehmen. Dann wird erzählt, wie viel Silben der Satz hat, u.U. die Anzahl der Silben für einzelne Wörter bestimmen.

Silben suchen

Jedes Kind erhält Kärtchen, auf denen Silben geschrieben stehen. Es werden die Kärtchen nebeneinander gelegt, die ein Wort ergeben. Diese Aufgabe anfangs für zweisilbige, später für dreisilbige Wörter durchführen lassen.

Silben anhängen

Kinder erhalten Kärtchen, auf denen die erste Silbe eines Wortes steht. Sie suchen unter den anderen Kärtchen die zweite Silbe und schreiben sie an die erste Silbe dran.

Wörter bilden

Das erste Kind schreibt auf ein Blatt Papier eine Silbe und schiebt das Blatt zum Nachbarn. Dieser fügt eine Silbe an, damit ein sinnvolles Wort entsteht. Wenn der dritte Schüler noch ein sinnergänzendes Wort findet, schreibt er es auf. Beispiele:

Gar – ten – bank	Au – to – bahn
Kir – chen – turm	Ho – nig – ku – chen

3. Lautsprachlicher Grundfertigkeiten – ihre Diagnose und Förderung

3.1 Anliegen der »Kurzverfahren zur Überprüfung des lautsprachlichen Niveaus Fünf- bis Sechsjähriger (KVS I) und Sechs- bis Siebenjähriger (KVS II)«

Schulisches Lernen ist vor allem sprachliches Lernen. Sind die sprachlichen Grundfertigkeiten nicht ausreichend entwickelt – entsprechen sie nicht dem Niveau der Altersnorm – ist jede Form des Lernens, vor allem aber das Lernen in der Schule davon behindert. »Die dringende Forderung nach der Früherkennung sprachlicher Defizite und nach der Frühförderung gerade in diesem Bereich ist unabdingbar.« (Bundschuh, 1980, S. 156; Strasser 1997)

Auf welche lautsprachlichen Grundfertigkeiten kommt es an?

Die lautsprachlichen Grundfertigkeiten auf die ein ABC-Schütze am Schulanfang angewiesen ist (Breuer und Weuffen 1990), betreffen auf der *Lautebene* die Fähigkeit zur normgerechten Artikulation. In umfangreichen Längsschnittuntersuchungen (n = 328 und n = 373) wurden mit dem nachfolgend beschriebenen »Kurzverfahren zur Überprüfung des lautsprachlichen Niveaus fünf- bis siebenjähriger Kinder (KVS) nach BREUER/WEUFFEN« bei den Kindern im letzten Vorschuljahr 8,2%, bei den Erstklässlern 5,6% Kinder mit Artikulationsmängeln ermittelt. Diese Stammelfehler konnten in den meisten Fällen durch logopädische Behandlungen behoben werden. Wenn dies nicht gelang, hatten die Kinder später praktisch immer Probleme in der Rechtschreibung: »Denn so, wie man spricht, so schreibt man.« (Grüning 1999)

Auf der *Wortebene* ist am Schulanfang ein altersentsprechender Wortschatz gefragt. Er repräsentiert das Wissens- und Kommunikationspotenzial des Schulanfängers, auf das er sich beim Lernen stützen kann (Breuer und Weuffen 1998). Vom Wortschatz hängt es ab, ob und wie gesprochene Sprache verstanden wird. Bereits Verstandenes ist im Gedächtnis aufbewahrt und kann genutzt werden. Vom Wortschatz hängt auch ab, in welchem Maße sich ein Schüler im Unterricht oder in anderen Kommunikationssituationen aktiv beteiligen kann. Die Unterschiede im Umfang und im Inhalt des Wortschatzes sind zwischen den Schülern eines Einschulungsjahrganges enorm. Der Anteil von Schulanfängern mit einem unzureichenden Wortschatz liegt bei 12–15%. In den genannten Längsschnittuntersuchungen wurde bei Kindern mit deutscher Muttersprache im letzten Vorschuljahr und bei Erstklässlern in ca. 13% ein Wortschatz gefunden, der unter der Altersnorm liegt. Der deutsche Wortschatz von Kindern mit einer anderen Muttersprache ist oft so gering, dass sie dem Unterricht nicht folgen können. Die mitgeteilten Angaben beziehen sich auf den aktiven Wortschatz der Kinder.

Auf der *Satzebene* sind zunächst zwei lautsprachliche Grundfertigkeiten zu unterscheiden. Das *Sprachgedächtnis* und das *Sprachverstehen.* Die Fähigkeit, den Inhalt von Sätzen zu verstehen und eigene Gedanken grammatisch-syntaktisch korrekt, d.h. logisch folgerichtig zu formulieren, macht den ständigen Rückgriff auf die im Langzeitgedächtnis gespeicherten Wort- und Satzschemata erforderlich. Sprachverstehen und Sprachgedächtnis bilden beim Denken und Kommunizieren eine Einheit. Ein diagnostisch verwertbarer Indikator für diese lautsprachlichen Voraussetzungen zeigt sich u.a. in der Fähigkeit des Kindes, altersentsprechend formulierte Handlungsaufforderungen umzusetzen. In der Art und Weise wie das Kind diese Handlungsaufforderungen handelnd umsetzt wird erkennbar, ob der sprachliche Inhalt der Aufforderung verstanden wurde. Ein anderer Indikator zeigt sich in der Fähigkeit des Kindes, Vorgänge und Sachverhalte zu beschreiben. Beide Indikatoren weisen eine hohe Übereinstimmung auf. Berndt (1984) und Steffen (1985) ermittelten nach Vorgaben in umfangreichen Untersuchungen bei Vorschulkindern und Erstklässlern zwischen 16,2% und 20,7% nicht-altersgemäße Lernvoraussetzungen im Sprachgedächtnis und Sprachverstehen.

Sprachgedächtnis schließt Wortschatz und Satzbildungsregeln ein. Schülern, die in diesen lautsprachlichen Grundfertigkeiten auf der Satzebene Schwierigkeiten haben, fällt es im Anfangsunterricht schwer, die logische Abfolge von Lernschritten zu verstehen. Das trifft für die später als lernbehindert erkannten Schüler praktisch ausnahmslos zu. Diese Kinder weisen im Vorschulalter durchweg Schwächen auf der Satzebene auf. Kemmler (1975) formuliert in Auswertung ihrer umfangreichen Längsschnittuntersuchungen: »Bei dem Gewicht, den Wortschatz und Sprachverständnis für den Schulerfolg haben, kann ein gutes Sprachmilieu in der frühen Kindheit gar nicht überschätzt werden.« (S. 72)

In den folgenden drei Übersichten wird dargestellt, wie sich das lautsprachliche Niveau auf die Lernergebnisse im Anfangsunterricht auswirkt. In ihren Untersuchungen ging Steffen bei einer unausgelesenen Normalpopulation (n = 287) diesen Beziehungen nach. Sie verglich die Lernergebnisse von Schülern mit einem altersentsprechenden (Gruppe A) mit den Lernergebnissen von Schülern mit einem nicht-alterentsprechenden lautsprachlichen Niveau (Gruppe B).

Tab. 16: Beziehungen zwischen lautsprachlichem Niveau am Schulanfang und Lesen am Ende der Klasse 2 (n = 287)

Lautsprachliches Niveau	Leseleistung		
	gut	ausreichend	schwach
Gruppe A (n = 209)	172 (82,3%)	34 (16,3%)	3 (1,4%)
Gruppe B (n = 78)	44 (56,4%)	20 (25,6%)	14 (17,9%)

Tab. 17: Beziehungen zwischen lautsprachlichem Niveau am Schulanfang und Rechtschreibleistung am Ende der Klasse 2 (n = 287)			
Lautsprachliches Niveau	Rechtschreibleistung		
	gut	ausreichend	schwach
Gruppe A (n = 209)	163 (78,0%)	38 (18,2%)	8 (3,8%)
Gruppe B (n = 78)	41 (52,6%)	23 (29,5%)	14 (17,9%)

Tab. 18: Beziehungen zwischen lautsprachlichem Niveau am Schulanfang und Rechenleistung am Ende der Klasse 2 (n = 287)			
Lautsprachliches Niveau	Rechenleistung		
	gut	ausreichend	schwach
Gruppe A (n = 209)	168 (80,4%)	33 (15,8%)	8 (3,8%)
Gruppe B (n = 78)	41 (52,6%)	23 (29,5%)	14 (17,9%)

Zwischen dem lautsprachlichen Niveau am Schulanfang und dem späteren Schulerfolg sind folgende Tendenzen zu erkennen:

1. Die Beziehungen ähneln sich in allen drei Grundlagenfächern (Lesen, Rechtschreibung, Rechnen) in auffallender Weise. Lautsprachliche Lernvoraussetzungen wirken sich also nicht nur auf den Erwerb der Schriftsprache aus, sondern auch auf die Aneignung mathematischer Grundfertigkeiten. Das unterstreicht die Grundlagenfunktion lautsprachlicher Grundfertigkeiten.
2. Der Vergleich der Gruppen A und B unterstreicht, dass ein schwaches lautsprachliches Niveau am Schulanfang als Risikofaktor für erfolgreiches Lernen anzusehen ist. Deshalb sollten Schwachstellen frühzeitig aufgedeckt werden.
3. Die Gruppe A zeigt in der Beziehung Lautsprache – Schulerfolg ein homogenes Bild. Rund 97% der Kinder dieser Gruppe haben in allen drei Fächern ausreichende bis sehr gute Leistungen. Der Anteil unerwarteter Lernschwierigkeiten ist in dieser Gruppe sehr gering, er beträgt zwischen 1,4 und 3,8%. Die betroffenen Kindern tendieren fast immer zu einer Teilleistungsschwäche.
4. In der Gruppe B dagegen zeigt sich in der Beziehung Lautsprache – Schulerfolg ein heterogenes Bild. Der Anteil von Kindern mit massiven Lernschwierigkeiten ist hier um ein Vielfaches höher. Er beträgt 18%. Der Anteil ausreichender Leistungen folgt diesem Trend.

5. Etwa die Hälfte der Kinder, die mit einer schwachen lautsprachlichen »Mitgift« in die Schule kommen, erfüllen die Lernanforderungen gut. Die Gründe dafür sind vielfältig. Bei einigen Kindern ist es die Begegnung mit den neuen sprachlichen Anregungsbedingungen der Schule, die ihre latenten Entwicklungspotenzen freisetzen. Da diese Schüler erfolgreich lernen, besteht keine Veranlassung ihr lautsprachliches Niveau zu überprüfen.

Die Untersuchung mit dem KVS kann zu verschiedenen Zeitpunkten durchgeführt werden. Das kann am Anfang des letzten Vorschuljahrs geschehen oder während des ersten Schuljahrs, etwa drei bis vier Monate nach Schulbeginn. Die Untersuchung im Vorschulalter hat prophylaktischen Charakter. Die Untersuchung im ersten Schuljahr dagegen ist mehr symptomorientiert. Sie empfiehlt sich bei Kindern, die wegen ihrer schwachen sprachlichen Leistungen bereits gefördert wurden, um die Auswirkungen der Förderung feststellen zu können.

Beim *prophylaktischem* Ansatz kommt es darauf an, Schwachstellen in der Lautsprache mit dem KVS I schon *vor* Schuleintritt herauszufinden. Es geht vor allem darum, die Kinder zu erkennen, die ohne eine spezielle Förderung Gefahr laufen, ihre Schullaufbahn wegen symptomatisch unauffälliger lautsprachlicher Defizite mit Misserfolgen zu beginnen. Symptomatisch auffällige Kinder (z.B. stammelnde, stotternde, näselnde Kinder) benötigen eine sprachliche Förderung durch den Logopäden.

Neben sprachlich auffälligen Vorschulkindern gibt es aber auch symptomatisch unauffällige Kinder mit allgemein schwachen sprachlichen Voraussetzungen. Sie bleiben relativ unauffällig. Ihre Artikulation und ihr Redefluss weichen nicht von der Norm ab. Sie verfügen aber nur über einen geringen Wortschatz, kommunizieren in Satzfragmenten oder in Kurzsätzen. Längeren sprachlichen Darstellungen vermögen sie nicht zu folgen. Sie wirken sprachlich inaktiv und werden als schüchtern und gehemmt bezeichnet. Ihre sprachliche Zurückhaltung wird als eine charakterliche Eigenart erlebt. Tatsächlich aber ist ein schwaches lautsprachliches Niveau die Ursache für ihre sprachliche Abstinenz. Diese Kinder haben später in der Schule fast immer Schwierigkeiten beim Schreiben- und Lesenlernen. Derartige Sprachschwächen lassen sich mit speziellen Sprachübungen nicht überwinden. Maßgeblich für diese Kinder sind bessere sprachliche Anregungen im Erziehungsalltag der Familie und im Kindergarten. Konkrete Anleitungen können Eltern von großem Nutzen sein.

Beim *symptomorientierten* Ansatz werden mit dem KVS II die lautsprachlichen Lernvoraussetzungen derjenigen Kinder untersucht, die mit dem Lesen- und Schreibenlernen nicht zurechtkommen. Da die Schriftsprache auf der Lautsprache aufbaut, ist das Wissen um spezielle lautsprachliche Defizite für den Pädagogen unumgänglich. Die Überprüfung wird also mit den Schülern durchgeführt, bei denen trotz pädagogischer Bemühungen des Lehrers und der Eltern die Symptome des Versagens nicht überwunden werden können. Diese Kinder benötigen spezielle Fördermaßnahmen.

Anlässe zur Durchführung des KVS I im Vorschulalter sind:

1. *Einschulungsentscheidungen*
   Ein wichtiger Anlass, bei dem differenzierte Kenntnisse des lautsprachlichen Niveaus eines Vorschulkindes benötigt werden, sind Einschulungsentscheidungen. Hat der zuständige Arzt Zweifel, ob ein Kind eingeschult werden kann, sollte er sich auch über dessen Sprachniveau informieren. Wenn dieses unter der Altersnorm liegt, wird eine Einschulung fragwürdig.
   Eine vorzeitige Einschulung ist nur dann zu empfehlen, wenn die lautsprachlichen Leistungen des Kindes der Altersnorm gut gerecht werden.
2. *Kinder mit psychischen Auffälligkeiten*
   Bei gehemmten, schüchternen, unkonzentrierten oder in anderer Hinsicht verhaltensauffälligen Kindern ist die Kenntnis ihrer lautsprachlichen Fähigkeiten hilfreich. Dadurch kann der Gesamtpersönlichkeit des Kindes besser entsprochen werden.
3. *Sprachstörungen*
   Ca. 12–15% der Vorschulkinder werden dem Logopäden vorgestellt. Er hat die Aufgabe, die Sprachstörung genau zu diagnostizieren. Darüber hinaus steht er vor der Aufgabe, das allgemeine sprachliche Leistungsvermögen des Kindes einzuschätzen. Ein Vergleich mit den Leistungen der Altersgruppe ist wichtig für den Therapieplan, besonders für die Kennzeichnung pädagogischer Ansatzstellen für die sprachliche Förderung. Außerdem muss der Logopäde die sprachlichen Entwicklungsmöglichkeiten prognostisch beurteilen sowie Vorschläge für die Art und Dauer der Behandlung unterbreiten.

Anlässe zur Durchführung des KVS II im Schulalter sind:

1. *Unerwartete Lernschwierigkeiten*
   Ein erfahrener Lehrer der ersten Klasse erkennt nach einigen Wochen, welchen Schülern das Lernen besonders schwer fällt. Oft weisen diese Kinder lautsprachliche Schwächen auf
2. *Kinder mit Teilleistungsstörungen*
   Bei Kindern, denen nur das Schreiben- und Lesenlernen schwer fällt, ist ebenfalls eine genaue Kenntnis der lautsprachlichen Voraussetzungen nötig.
3. *Schullaufbahnentscheidungen*
   Wenn Vorschläge für eine Schullaufbahnentscheidung (Lernbehinderung, LRS-Klasse oder andere Sonderschuleinrichtungen) zu begründen sind, kann auf eine differenzierte Einschätzung der lautsprachlichen Möglichkeiten nicht verzichtet werden, auch wenn die Schüler bereits die zweite Klasse besuchen.
4. *Begabtenförderung*
   Informationen über das Niveau der lautsprachlichen Grundfertigkeiten gehören zu den Entscheidungskriterien bei der Beurteilung einer besonderen Begabung.

3.2 Durchführung und Auswertung des KVS

Das KVS ist ein pädagogisch orientiertes Grobsiebverfahren. Sein Anliegen ist es, Defizite im lautsprachlichen Niveau von Kindern in der Zeit des Übergangs vom Vorschulalter zum schulischen Lernen frühzeitig festzustellen, um eine inhaltlich gezielte Frühförderung zu ermöglichen.

Relativ problemlos werden Artikulationsmängel, also Schwächen auf der Lautebene erkannt. Stammelfehler bemerkt auch der Laie. Nur in Ausnahmefällen versäumen es Eltern, einen Logopäden zu konsultieren. In den meisten Fällen gelingt es diesem, die auffälligen Symptome zu beseitigen. Trotzdem haben viele dieser Kinder Probleme mit dem Schreiben- und Lesenlernen, weil sie die Qualität der Laute nicht gut genug erkennen (Weuffen 1984, 1997). Schwachstellen auf der Wort- und Satzebene dagegen bleiben unerkannt. Den Eltern fehlt es an Vergleichsmöglichkeiten. Sie wissen nicht, was für den Wortschatz, das Sprachverstehen, das Sprachgedächtnis und für die Satzbildung alterstypisch ist. In der Kommunikation innerhalb der Familie gibt es keine Probleme, weil z.B. das Sprachverstehen durch Sprechmelodie, durch Mimik und Gebärden sowie durch die konkreten Inhalte der familiären Kommunikationssituation erleichtert wird. Beim Lernen in der Schule fehlen viele dieser unterstützenden Hilfen. Die Eltern passen sich in den Gesprächen mit ihrem Kind unwillkürlich seinem Verständnisniveau an. Vielerlei Reaktionen des Kindes im Dialog steuern die Art und Weise, wie sie mit dem Kind sprechen, wie sie dabei wiederholen und erläutern. Diese direkte Art in der Kommunikation ist im Klassenunterricht nur in Ausnahmesituationen möglich. Die meisten Schulanfänger verstehen, was gesprochen wird, und können sich auch selbst verständlich machen. Bei einigen Schülern reichen jedoch der Wortschatz und die Fähigkeit zur Satzbildung bzw. das Sprachverstehen nicht aus, um den Inhalt entfalteter sprachlicher Gedanken zu erfassen. Das begünstigt das Entstehen von Informationslücken, die Kinder »verlieren den Faden«. Die Folgen davon sind individuell unterschiedliche Reaktionen. Manche Kinder versuchen, durch erhöhte Aufmerksamkeit den Inhalt zu erfassen. Diese Angespanntheit erfordert viel Energie und erschöpft sich bald. Das Kind ermüdet, weil es sein energetisches Potenzial überfordert. Bleiben trotz aller Bemühungen die Lernerfolge aus, schaltet das Kind schließlich ab. Es resigniert, wirkt uninteressiert, wendet sich anderen Dingen zu und beginnt u.U. den Unterricht zu stören. Weil das Kind im Elternhaus eine derartige Frustrationssituation des »Nicht-Mitkommens« nicht erlebt, unterscheidet sich sein Verhalten im Unterricht oft grundlegend von seinem Verhalten im Elternhaus. Auch bei der Erledigung von Hausaufgaben kann es sich ganz anders als im Unterricht verhalten, weil sich die Mutter ganz selbstverständlich dem Sprachniveau anpasst und das Kind damit zur erfolgreichen Aufgabenerledigung führt. Solche situativ bedingten Unterschiede im Lernverhalten und Lernergebnis von Schülern im Anfangsunterricht führen leicht zu

Meinungsverschiedenheiten und unberechtigten Schuldzuweisungen bei Eltern und Lehrern.

Bleibt ein lernmotiviertes Kind im Anfangsunterricht erfolglos, werden seine elementaren psychosozialen Grundbedürfnisse nach Erfolg und Anerkennung, nach Erkenntnisgewinn und Selbstständigkeit permanent nicht erfüllt. Daraus können allmählich Aggressionstendenzen, Neid, Isolierung, Schulunlust usw. entstehen. Kindern mit unerwarteten Lernschwierigkeiten im Anfangsunterricht wird mit Appellen an ihren Fleiß, ihre Aufmerksamkeit und an ihre Anstrengungsbereitschaft nicht geholfen. Ihre Lernmotivation ist anfangs eindeutig positiv, geht aber bald verloren. Nur in Ausnahmefällen liegt der Ausgangspunkt für Lernprobleme im Anfangsunterricht primär in einer mangelnden Lernbereitschaft. Meist sind dafür schwache Sprachwahrnehmungsleistungen und/oder schwache lautsprachliche Lernvoraussetzungen verantwortlich.

In diesen Fällen kann das KVS eine Orientierungshilfe für den praktisch tätigen Pädagogen und für jene Fachexperten sein, die ein Kind in diesem Alter zu unterrichten oder zu begutachten haben. Mit dem KVS lässt sich feststellen, ob die lautsprachlichen Grundfertigkeiten altersentsprechend entwickelt sind oder ob sie Defizite aufweisen.

Das KVS hilft die Frage beantworten, ob eine Förderung notwendig ist. Dieses förderdiagnostische Anliegen (Bundschuh 1980) steht im Mittelpunkt.

Das KVS I dient der Einschätzung des lautsprachlichen Niveaus in der Altersstufe 5;3 bis 6;2 Jahre, das KVS II in der Altersstufe 6;3 bis 7;2 Jahre.

Die Items wurden nach logopädischen und entwicklungspsychologischen Gesichtspunkten konzipiert. Im Interesse des pädagogischen Anliegens des KVS wurde eine dreistufige Bewertung gewählt. Erreicht ein Kind in den geprüften lautsprachlichen Parametern (Artikulation, Wortschatz, Sprachgedächtnis, Sprachverstehen) Leistungen die *besser* als altersentsprechend sind, wird das Ergebnis mit »+« bewertet. Entsprechen die Ergebnisse der Altersnorm, erfolgt eine Bewertung mit »Ø«. Liegen die sprachlichen Leistungen *unter* der Altersnorm, lautet das Ergebnis »–«. Die Ergebnisse Ø und + gelten als altersgerechte und bessere Leistungen.

Die Normwerte für die Bewertung wurden auf dem Prüfstand mehrjähriger Längsschnittuntersuchungen abgesichert. Berndt (1984) und Steffen (1985) bezogen hierfür 328 bzw. 373 Kinder ein. Alle einbezogenen Kinder besuchten vor Schulbeginn mindestens zwei Jahre einen Kindergarten. Berndt überprüfte die lautsprachlichen Grundfertigkeiten der Kinder mit dem KVS I acht Monate vor Schulbeginn, Steffen das der Erstklässler mit dem KVS II nach drei monatigem Schulbesuch. In beiden Untersuchungen wurden die KVS-Ergebnisse mit dem Schulerfolg nach dem Abschluss der Klasse 2 in Beziehung gesetzt. Zum Vergleich wurden u.a. von allen Kindern die Ergebnisse von Leseproben (im Einzelversuch), Kontrolldiktaten, Mathearbeiten und Lehrereinschätzungen herangezogen. Nachfolgend werden das KVS I und das KVS II zum Zwecke ihrer Anwendung beschrieben.

Die Durchführung des KVS erfolgt als Einzeluntersuchung in einem störungsfreien Raum an einem geeigneten Arbeitsplatz und mit folgenden Materialien:
- ein kleiner und ein großer roter Ball;
- ein kleiner und ein großer blauer Ball;
- ein kleiner und ein großer weißer Teddy;
- ein kleiner und ein großer schwarzer Teddy.

Als Austauschmaterialien kommen infrage: Würfel, Teller, Autos, Tiere. Dabei ist zu beachten, dass die Größenverhältnisse deutlich sind und von den gewählten Gegenständen (Teller bzw. Auto usw.) jeweils zwei unterschiedliche Größen in den genannten Farben vorhanden sind.

Der Versuchsleiter (VL) benötigt das vorbereitete Protokollblatt (s. S. 218f), eine Stoppuhr und Schreibzeug. Die Instruktion muss er auswendig beherrschen. Die Untersuchungsergebnisse werden laufend im Protokollblatt bei den einzelnen lautsprachlichen Grundfertigkeiten eingetragen. Die Einzeluntersuchung dauert knapp zwanzig Minuten. Bevor die eigentliche Untersuchung beginnt – in der Regel wird zuerst der Wortschatz überprüft – unterhält sich der VL mit dem Kind und sichert eine freundliche, motivierende Atmosphäre. Schon ein kurzer sprachlicher Kontakt kann Hinweise auf bestimmte Abweichungen in der Artikulation und in der Satzbildung geben.

Bei der nachfolgenden Besprechung der einzelnen lautsprachlichen Parameter werden aus den genannten Längsschnittuntersuchungen Ergebnisse mitgeteilt, um den Pädagogen die Einordnung zu erleichtern. Aufgabe des KVS ist es, pädagogische Konsequenzen für eine Förderung aufzuzeigen.

Die Einschätzung der sprachlichen Fähigkeiten des Kindes endet nicht mit der Diagnose, sie beginnt hier erst.

3.2.1 Prüfung der Lautebene (Artikulation)

Zur Prüfung der Artikulation wurden repräsentative und häufige Artikulationsklippen in Sätze eingebaut. Bei einer Minus-Bewertung kann davon ausgegangen werden, dass eine umfassendere Artikulationsprüfung weitere Stammelfehler offenlegt.

Auf der Lautebene werden von fünf- bis sechsjährigen Vorschulkindern bzw. sechs- bis siebenjährigen Schülern der Klasse 1 folgende Ergebnisse erreicht:

Tab. 19: Ergebnisse der Artikulationsüberprüfung mit dem KVS (Angaben in %)

Bewertung	KVS I (n = 328)	KVS II (n = 373)
+	32,0	60,6
Ø	59,8	33,8
–	8,2	5,6

Das Artikulationsniveau in beiden Altersstufen ist deutlich unterschiedlich. Tabelle 19 zeigt, wie sich die Artikulationssicherheit mit zunehmendem Alter verbessert. Hierin kommt die reifungs- und übungsbedingte Abhängigkeit der Sprechmotorik zum Ausdruck. Deshalb bestehen jetzt günstige Möglichkeiten zur Korrektur fehlerhafter Lautbildungen. Feinere Normabweichungen im sprachlichen Ausdruck herauszuhören erfordert »geübte Ohren«. Im Rahmen einer prophylaktischen Strategie müssen jedoch auch bagatelle Artikulationsmängel rechtzeitig erkannt und durch Frühförderung überwunden werden. Bleiben subtile Artikulationsmängel unerkannt und damit unbehandelt, belasten sie den Erwerb der Schriftsprache in ungeahnter Weise.

Die Prüfsätze werden vom VL umgangssprachlich normal vorgesprochen. Eine besondere Akzentuierung erfolgt nicht. Für beide Altersgruppen werden die gleichen Sätze benutzt. Unterschiedlich ist die Bewertung. Einige Wörter und Wortverbindungen in den Prüfsätzen wirken für den Erwachsenen nicht kindgemäß. Die Wahl der Wörter und Wortverbindungen musste jedoch aufgabenbezogen erfolgen. Bei dieser Aufgabe geht es nicht um die Überprüfung des Sprachgedächtnisses. Deshalb spielt es keine Rolle, wie viel Wörter der einzelnen Sätze hintereinander vor- und nachgesprochen werden. Zuerst werden die Sätze dem Kind einmal ganz vorgesprochen. Zum Nachsprechen werden sie aufgelöst. Je nachdem wie ein Kind reagiert, können es einzelne Wörter oder Wortgruppen sein, die vor- und nachgesprochen werden. Die Auflösung in kleinste Satzeinheiten ist besonders bei sprachlich gehemmten Kindern angebracht. Bei dysgrammatisch sprechenden Kindern ist das Nachsprechen Wort für Wort möglich. Die Instruktion für das Nachsprechen der Prüfsätze lautet:

»Höre gut zu und sprich mir dann nach«. Kurze Pause.

»Hän<u>s</u>el und <u>G</u>retel <u>s</u>ind <u>sch</u>nell au<u>s</u> dem He<u>x</u>enhau<u>s</u> <u>gef</u>lohen.«

»<u>Zw</u>ei <u>k</u>leine Ju<u>ng</u>en la<u>ss</u>en ver<u>gn</u>ü<u>gt</u> einen <u>b</u>lauen <u>Dr</u>a<u>ch</u>en <u>st</u>eigen.«

»Der <u>schw</u>ere <u>Tr</u>a<u>kt</u>or auf der <u>Str</u>aße ma<u>cht</u> <u>gr</u>o<u>ß</u>en <u>Kr</u>a<u>ch</u>.«

»Der <u>Kn</u>abe <u>tr</u>an<u>k</u> au<u>s</u> einer <u>Q</u>uelle <u>fr</u>i<u>sch</u>e<u>s</u> Wa<u>ss</u>er.«

Auf die unterstrichenen Einzellaute und Lautverbindungen ist besonders zu achten. Der VL notiert auf einem gesonderten Blatt alle Artikulationsfehler. Die Anzahl der falsch artikulierten Einzellaute und Lautverbindungen trägt er im Protokollblatt für die jeweilige Altersgruppe in die entsprechende Bewertungsrubrik ein.

Das Artikulationsergebnis wird wie folgt bewertet:

KVS I (5;3–6;2 Jahre)	KVS II (6;3–7;2 Jahre)
+ = Artikulation fehlerfrei	+ = Artikulation fehlerfrei
Ø = Es werden ein bis zwei Einzellaute und/oder bis zu acht Konsonantenverbindungen falsch artikuliert.	Ø = Es werden ein Einzellaut und/oder ein bis zwei Konsonantenverbindungen falsch artikuliert.
– = mehr falsch	– = mehr falsch

Bei der Festlegung des Bewertungsmaßstabes wurde das Alter beachtet, weil die Artikulationssicherheit altersabhängig ist. Um ein Beispiel zu nennen: Ein Vorschulkind kann den Einzellaut »g« nicht korrekt aussprechen, damit kann es meist auch die Verbindungen mit »g« nicht richtig bilden: »gl«, »gr«, »gn«. Für die Gesamteinschätzung würde das ergeben: Ein Einzellaut und drei Konsonantenverbindungen werden falsch artikuliert. Diese Leistung wird für Vorschulkinder mit »Ø« bewertet. Ein Kind der 1. Klasse erhält dafür ein »–«.

Pädagogische Konsequenzen

1. Alle Kinder, deren Artikulationsfähigkeit in diesem Alter mit »–« bewertet wird, benötigen eine logopädische Förderung.
2. Erfolgt eine Bewertung mit »Ø«, dann ist die Vorstellung des Kindes beim Logopäden zu empfehlen, wenn ein Verdacht auf Sigmatismus (S-Laut) besteht. Dieser Stammelfehler ist oft hartnäckig und benötigt eine fachmännische Behandlung. Sonst sind später so genannte »Sprecherberufe« bei der Berufswahl ausgeschlossen.

3.2.2 Prüfung der Wortebene (Wortschatz)

Weil es unmöglich ist, den Gesamtumfang des Wortschatzes eines Kindes in der Spontansprache zu ermitteln, wurde das Prinzip »pars pro toto« angewandt. Mithilfe eines Wortschatzausschnittes wird versucht, den Wortschatz insgesamt zu bewerten. Dem KVS liegt folgende Überlegung zugrunde: So wie sich die innere Beschaffenheit einer Torte bereits zu erkennen gibt, wenn man ein schmales Stück aus ihr herausschneidet, so kann der aktive Wortschatz über einen thematischen Teilbereich des Alltagswissens qualitativ-quantitative Tendenzen repräsentieren. Voraussetzung für diese Methode der Wortschatzüberprüfung ist, dass sozial bedingte Einflüsse auf den Umfang und Inhalt des ausgewählten Teilbereichs möglichst gering sind. Wenn diese Bedingung nicht erfüllt ist, erhält man eine Verteilung des Wortschatzes in Abhängigkeit sozial bedingter Anregungssituationen und nicht die der Normalverteilung in einer Altersstufe.

Nach zahlreichen Voruntersuchungen erwies sich der Erfahrungsbereich »Kleidung« für Kinder diesen Alters als besonders geeignet. Sie verfügen weitgehend über ähnliche Kenntnisse und Erfahrungen. Diese sind verhältnismäßig unabhängig von der sprachlichen Anregungssituation in der Familie, von ökonomischen und anderen Besonderheiten in den Lebensbedingungen der Kinder. Das Sachgebiet »Spielzeug« erwies sich z.B. als ungeeignet, weil dieser Bereich nicht unabhängig von den ökonomischen Verhältnissen der Familie ist. In den Nennungen zum Erfahrungsbereich »Fahrzeuge« schlugen sich dagegen deutlich geschlechtsspezifische Unterschiede zugunsten der Jungen nieder. Dem Bereich »Kleidung« kam der Bereich »Nahrung« (was kann man alles essen und trinken, am Morgen, am Mittag und am Abend?) am nächsten. Er besitzt einen ähnlichen Stellenwert im Leben eines jeden Kindes und damit eine relative Unabhängigkeit von sozialökonomischen Faktoren. Die Wahl fiel deshalb auf den Themenkreis »Kleidung«, weil hier im Unterschied zum Themenkreis »Nahrung« emotional-affektive Beziehungen geringer erschienen.

Auf der Wortebene werden von fünf- bis sechsjährigen Vorschulkindern bzw. sechs- bis siebenjährigen Schülern der Klasse 1 folgende Ergebnisse erreicht:

Tab. 20: Ergebnisse der Wortschatzüberprüfung mit dem KVS
(Angaben in %)

Bewertung	KVS I (n = 328)	KVS II (n = 373)
+	28,4	35,1
Ø	58,5	52,3
–	13,1	12,6

Der Wortschatz hat im Umfang vom letzten Vorschuljahr bis zur Klasse 1 deutlich zugenommen. Von den Vorschulkindern wurden im Durchschnitt 11,7 Kleidungsstücke (bei einer Variationsbreite von 19), von den Schülern der Klasse 1 im Durchschnitt 15 Kleidungsstücke (bei einer Variationsbreite von 23) genannt. Die interindividuellen Unterschiede im Wortschatz haben sich in dieser Zeit vergrößert (Breuer/Weuffen 1998), sie divergieren außergewöhnlich. Für die Unterrichtsgestaltung stellt das eine Herausforderung dar. Der Anteil von 12,6% bei den schwachen Wortschatzleistungen entspricht fast genau dem Anteil derjenigen Schüler, die unerwartet Schwierigkeiten beim Erwerb der Schriftsprache haben (siehe Tab. 17).

Im Unterschied zur Artikulationsfähigkeit ist die Qualität des Wortschatzes ohne Zweifel stärker von den konkreten Anregungsbedingungen des Kindes für Spielen, Sprechen und Denken abhängig.

Durchführung der Wortschatzprüfung

Für die Nennungen stehen dem Kind drei Minuten zur Verfügung. Alle Nennungen hält der VL schriftlich fest. Die Anzahl der richtigen Nennungen wird im Protokollblatt eingetragen. Für die Bewertung werden alle vom Kind genannten Kleidungsstücke herangezogen. Wiederholungen und außerhalb des Themenkreises »Kleidung« liegende Nennungen (wie z.B. Kleiderschrank, Tischdecke usw.) bleiben bei der Ermittlung der Gesamtzahl an Nennungen unberücksichtigt. Sie geben jedoch diagnostische Hinweise auf andere Persönlichkeitsmerkmale: Häufige Wiederholungen können perseverative Konzentrationsmängel (mangelnde Umstellfähigkeit, Sich-nicht-lösen-Können) anzeigen; unadäquate, vom Thema abweichende Nennungen sind entweder als Ausdruck für assoziative Konzentrationsschwächen (die logische Linie wird nicht eingehalten) oder für geistige Retardierungen anzusehen. Nennt das Kind z.B. erst »Mütze«, später »Pudelmütze«, so sind das zwei Nennungen. Als eine Nennung wäre zu werten, wenn gesagt wird »eine rote Mütze, eine blaue Mütze«. In einigen Fällen sagt das Kind »Oberbekleidung und Unterbekleidung« und schweigt dann. Hier fragt der VL: »Und was gehört alles zur Oberbekleidung und zur Unterbekleidung?«

Die Instruktion lautet: »Wir werden uns jetzt einmal an alle möglichen Kleidungsstücke erinnern. Wir überlegen, was man alles anziehen kann. Denke gut nach – Nenne das, was sie anziehen können –
die *Männer* und die *Frauen* und die *Kinder* –
im *Sommer* und im *Winter* –
am *Tag* und in der Nacht –
vom *Kopf* bis zum *Fuß!*«

Der erste Teil der Instruktion wird normal gesprochen, ab »Nenne das, was sie ...« wird deutlich artikuliert, langsam und rhythmisch betont gesprochen. Striche im Text zeigen kurze Pausen an, kursiv gedruckte Wörter sind langsam und betont zu sprechen. Bei der letzten Zeile vollzieht der VL mit der Hand eine Bewegung vom Kopf in die Richtung der Füße. Wenn das Kind nicht zu sprechen beginnt, kann die Aufforderung ab »Nenne das, was....« wiederholt werden. Sobald das Kind beim Aufzählen von Kleidungsstücken eine längere Pause macht, weil es nicht mehr weiterweiß, hilft ihm der VL durch Einwürfe wie: »Was zieht man noch an? Fein, was du alles weißt.« u. Ä. Die Formulierung »Was noch ?« ist als Anregung besonders gut geeignet. Es kann auch wiederholt werden »Die Männer und die Frauen und die Kinder« und nach einiger Zeit »im Sommer und im Winter« usw. Im Bedarfsfall kann die gesamte Instruktion nach 1,5 bis 2 Minuten einmal wiederholt werden, ohne dass sich die Gesamtdauer dadurch ändert.

Es gibt Kinder, die keine Kleidungsstücke nennen, sondern zu erzählen beginnen. Etwa so: »Die Mutti hat mir Schuhe gekauft, und dann sind wir Eis essen gegangen« usw., oder: »Ich habe eine kurze Hose und eine lange und eine blaue und eine braune.« Dann unterbricht der VL freundlich und sagt: »Nenne mir alles, was man anziehen kann.« Manchmal nennt das Kind mitten in der Aufzählung der Kleidungsstücke völlig unadäquate Gegenstände, etwa ein Auto.

Auch in diesem Falle weist der VL daraufhin, das nur Kleidungsstücke genannt werden sollen.

Der Wortschatz wird wie folgt bewertet:

KVS I (5;3–6;2 Jahre)	KVS II (6;3–7;2 Jahre)
+ = 14 Nennungen und mehr	+ = 17 Nennungen und mehr
Ø = 13–9 Nennungen	Ø = 16–12 Nennungen
– = 8 Nennungen und weniger	– = 11 Nennungen und weniger

Auch hier sind bei der Bewertung Tendenzen zu beachten, die sich in der Zahl der Nennungen und im Alter des Kindes äußern.

Pädagogische Konsequenzen

1. Alle Kinder mit schwachen Wortschatzleistungen (Bewertung »–«) sind besonders zu fördern. Bei Vorschulkindern kommt es darauf an, das Sprech- und Fragebedürfnis zu stimulieren. Alle sich bietenden Möglichkeiten sind zu nutzen, die Tätigkeit des Kindes, das von ihm Beobachtete und Erlebte sprachlich zu kommentieren und vom Kind kommentieren zu lassen.
2. Schüler der Klasse 1 mit schwachen Wortschatzleistungen sind vom Lehrer im Unterricht besonders zu beachten, weil sie Mühe haben, dem Unterricht zu folgen. Ihr schwacher Wortschatz erschwert es ihnen, wegen fehlender oder lückenhafter Wissensstrukturen neue Sinnzusammenhänge zu erkennen und zu behalten. Diese Kinder sind auf Veranschaulichungen und permanente Wiederholungen angewiesen.
3. Bei der pädagogischen Auswertung der Minus-Ergebnisse ist das Alter der Kinder zu beachten. Hat z.B. ein 5;4 Jahre altes Kind zehn Kleidungsstücke genannt, so ist dieses Ergebnis natürlich höher zu bewerten als bei einem 6;2 Jahre alten Kind. Die größere Förderbedürftigkeit liegt in diesem Falle beim älteren Kind.

3.2.3 Prüfung der Satzebene (Sprachgedächtnis und Sprachverstehen)

Sprachgedächtnis und Sprachverstehen betreffen logisch-gedankliche, verallgemeinernde Komponenten der Sprache. Sprachlich geleitete Lernprozesse sind u.a. darauf angewiesen, dass das Kind versteht, was der Lehrer und die Mitschüler sagen. Sprachverstehen entscheidet über das Mitdenken und darüber, ob die praktischen und geistigen Aktivitäten im Unterricht entsprechend ablaufen. Schwächen im Sprachverstehen behindern den Lernerfolg. Die Fähigkeit, den Sinn sprachlicher Verbindungen (von Sätzen) zu verstehen und einen Gedanken sprachlich richtig zu formulieren, hängt u.a. davon ab, ob dem Kind die einen bestimmten Sinn ergebenden Satzschemata operational verfügbar sind. Diese Fähigkeit drückt sich u.a. im Umfang und in der Verfügbarkeit, d.h. auch in der rezeptiven und aktiven Beherrschung logischer Schemata (Satzstandards) als Voraussetzung (und Ergebnis) zielgerichteter Handlungsregulationen und Kommunikationen aus. Sätze zu verstehen und eigene Gedanken sprachlich eindeutig zu formulieren macht den ständigen Rückgriff auf die im Langzeitgedächtnis gespeicherten Wissens- und Relationsrepräsentationen erforderlich. Diese individuellen Möglichkeiten und der Wortschatz eines Kindes bringen sein intellektuelles Niveau am deutlichsten zum Ausdruck, weil eine semantisch richtige sprachliche Gliederung Wissen und Logik voraussetzt. Längere Sätze können nur dann (auch kurzzeitig) gespeichert und im Handeln umgesetzt werden, wenn der Sinn des Satzes, seine innere Struktur erfasst wird. Das geht weit über das Verstehen von Wortinhalten hinaus. Aus diesem Grunde müssen bei der Überprüfung des Sprachniveaus der Kinder das Sprachgedächtnis und das Sprachverstehen untersucht werden.

Stärker als der Wortschatz sind die Leistungen auf der Satzebene von sprachphysiologischen Funktionsqualitäten mitbestimmt (Feller 1982; Lehmann 1982). Wenn bei einem Kind im Sprachgedächtnis und im Sprachverstehen Minus-Ergebnisse diagnostiziert werden, finden sich dafür fast immer entsprechende Hinweise in der Anamnese. Außerdem ist es notwendig, auch die Ergebnisse der »Differenzierungsprobe« einzubeziehen Die Sprachwahrnehmungsleistungen weisen in diesen Fällen meist globale Mängel auf. Ihre Überwindung ist eine Vorbedingung für eine erfolgreiche lautsprachliche Förderung.

Kinder, die wegen Dysgrammatismus bereits logopädisch behandelt werden, nehmen an dieser Untersuchung *nicht* teil. Bei ihnen wird das Ergebnis »–« eingetragen.

3.2.3.1 Prüfung des Sprachgedächtnisses

Damit ist in unserem Falle die zur Bildung und zum Verstehen von Sätzen (logischer Einheiten) erforderliche Merkfähigkeit gemeint. Sie wird mittels Nachsprechen von Sätzen geprüft Der VL spricht in normaler Umgangssprache jeweils einen Satz vor und lässt ihn vom Kind wiederholen. Es ist darauf zu achten, dass die Kinder erst dann mit dem Nachsprechen beginnen, wenn der VL den Satz beendet hat. Bricht das Kind den Satz ab, weil es den Text vergessen hat, wiederholt der VL den ganzen Satz und lässt ihn dann nachsprechen. Jeder Satz kann bis zu zweimal wiederholt werden. Der VL protokolliert genau den vom Kind gesprochenen Satz. Nur dann ist eine Auswertung möglich. Der Probesatz wird nicht bewertet.

Die Instruktion lautet: »Wir wollen jetzt Sätze nachsprechen. Ich spreche dir erst einmal einen Satz vor, und du sprichst ihn dann genau so, wie ich ihn gesprochen habe, nach.« Es folgt der Probesatz: »Höre zu: Ich heiße Peter.« (Der Name des Kindes wird gesprochen.) Die folgenden Sätze werden bewertet. Die Sätze für beide Altersgruppen umfassen jeweils 47 Silben. Bei den jüngeren Kindern sind sie auf 4, bei den älteren auf 3 Sätze verteilt.

Die Sätze für Vorschulkinder lauten:

»Ich bin ein großer Junge (großes Mädchen).« 7 Silben
»Bald werde ich ein Schulkind sein.« 8 Silben
»In der Schule lernen alle Kinder schreiben und lesen.« 15 Silben
»Am ersten Tag bekommt jedes Kind eine bunte Zuckertüte.« 17 Silben

Die Sätze für Kinder der 1. Klasse lauten:

»Ich gehe seit September in die Schule.« 11 Silben
»In der Schule lernen die Kinder schreiben, lesen und rechnen.« 16 Silben
»Wenn ich früh zur Schule gehe, packt mir meine Mutter die Frühstücksbrote ein.« 20 Silben

Bewertet wird die Anzahl der richtig gesprochenen Silben. Das ist dann der Fall, wenn die richtige Silbe an der entsprechenden Stelle gesprochen wird. Als Fehler werden Auslassungen von Silben oder Wörtern, Umstellungen und Hinzufügungen gezählt, jedoch keine Artikulationsfehler.

Ein Vorschulkind spricht z.B. beim ersten Satz: »Ich bin ein Mädchen.« Da das Wort »großes« fehlt, werden 2 Silben als Fehler notiert. Der 2. Satz wird richtig gesprochen (0 Fehler). Im dritten Satz werden die Verben »schreiben« und »lesen« vertauscht. Das Kind spricht: »In der Schule lernen die Kinder lesen und schreiben.« Damit sind weitere 4 Silben falsch. Das Bindewort »und« befindet sich an der richtigen Stelle, wird also nicht betroffen. Damit erhöht sich die Fehlerzahl auf 6. Im 4. Satz spricht es: »Am ersten Tag bekommen alle Kinder eine bunte Zuckertüte.« In diesem Falle werden statt »bekommt« »bekommen« (eine falsche Silbe), statt »jedes« »alle« (2 falsche Silben), statt »Kind« »Kinder« (1 falsche Silbe) gesprochen. Damit werden für diesen Satz wiederum 4 Silben abgezogen. Die Anzahl der falschen Silben beträgt 10. Das Kind hätte demnach (47 Silben minus 10 Silben) insgesamt 37 richtige Silben erreicht. Das ist für diese Altersstufe eine durchschnittliche (altersentsprechende) Lösung. Wäre das Kind bereits in der ersten Klasse, dann würde es für 37 richtige Silben ein »–« erhalten.

Artikulationsfehler spielen bei der Bewertung keine Rolle. Wenn also z.B. das Kind statt »September« »Setember« spricht, wird keine Silbe abgezogen.

Das Sprachgedächtnis beim Nachsprechen von Sätzen wird wie folgt bewertet:

KVS I (5;3–6;2 Jahre)	KVS II (6;3–7;2 Jahre)
Bewertung	
+ = 47–45 Silben werden richtig gesprochen	+ = 47–45 Silben werden richtig gesprochen
Ø = 44–35 Silben werden richtig gesprochen	Ø = 44–38 Silben werden richtig gesprochen
– = 34 Silben und weniger werden richtig gesprochen	– = 37 Silben und weniger werden richtig gesprochen

Auswertung der Gedächtnisprüfung
Von fünf- bis sechsjährigen Vorschulkindern bzw. sechs- bis siebenjährigen Schülern der Klasse 1 werden folgende Sprachgedächtnisleistungen erreicht:

Tab. 21: *Ergebnisse der Sprachgedächtnisüberprüfung mit dem KVS* (Angaben in %)		
Bewertung	KVS I Vorschulkinder (n = 328)	KVS II Schulkinder (n = 373)
+	26,6	26,0
Ø	55,5	53,4
–	17,9	20,6

Schwache Sprachgedächtnisleistungen vor Schuleintritt und im frühen Schulalter stellen für die betreffenden Kinder immer ein schweres Handicap für das Lernen dar. Die Beziehungen zwischen Sprachgedächtnis und Schulerfolg sind hochsignifikant und lassen sich für alle Grundlagenfächer nachweisen (Steffen 1985, S. 100; Berndt 1984, S. 65).

Pädagogische Konsequenzen

1. Kinder, deren Sprachgedächtnis im Vorschulalter oder in der ersten Klasse mit »–« bewertet werden musste, können ohne eine besondere Lernförderung die Ziele des Anfangsunterrichts meist nicht erreichen. Sie gehören später fast immer zur Gruppe der leistungsschwachen Schüler. Das Hauptproblem besteht darin, diese Schüler zur aktiven sprachlichen Mitarbeit im Unterricht zu führen.
2. Bei schwachen Sprachgedächtnisleistungen ergibt eine Prüfung mit der DP I bzw. mit der DP II praktisch immer ein schwaches Sprachwahrnehmungsniveau. Sehr häufig ist die rhythmische Differenzierungsfähigkeit betroffen, eine Leistung, die der Erfassung von Ordnungen, Strukturen, Beziehungen usw. dient.

3.2.3.2 Prüfung des Sprachverstehens

Den besten Beweis dafür, ob sprachlich formulierte Gedanken verstanden worden sind, gibt die richtige Umsetzung in entsprechendes Handeln. Dabei zeigt sich ganz konkret die Einheit von Sprechen, Denken und Handeln.

Das Sprachverstehen wird geprüft, indem vom Kind gefordert wird, bestimmte Tätigkeiten auszuführen. Zunächst wird es an die Aufgabe herangeführt. Das Arbeitsmaterial liegt übersichtlich und greifbar in einem flachen, offenen Karton zwischen Kind und VL. Beide sitzen vor einem Tisch. Die Aufforderung des VL an das Kind lautet »Zeige den kleinen Teddy! Den großen Ball! Den schwarzen Teddy! Den kleinen Ball! Den roten Ball! Den großen Teddy! Den blauen Ball! Den weißen Teddy!« Das Kind wird aufgefordert, den jeweiligen Gegenstand zu zeigen. Anschließend nimmt der VL einen Teddy (Teller …) aus dem Karton und setzt ihn – immer mit seiner vorderen (Front-)Seite, damit die Lagebezeichnungen *vor, neben* usw. eindeutig bleiben – vor das Kind auf den Tisch. Er fordert das Kind auf: »Lege deine Hand *vor* den Teddy! Lege sie *neben* den Teddy! Lege sie *hinter* den Teddy!« Von Kindern der ersten Klasse wird gefordert: »Lege die Hand *rechts* neben den Teddy! Lege sie *links* neben den Teddy!« Wenn das Kind eine Lagebestimmung falsch ausführt, legt der VL die Hand des Kindes an die betreffende Stelle und spricht dazu: »Das ist *vor* dem Teddy (hinter, neben, rechts neben, links neben).«

Eine Wiederholung und Bewertung erfolgt nicht. Der Teddy wird in den Karton zurückgelegt und mithilfe eines Probesatzes der Durchführungsmodus veranschaulicht. Dem Kind wird gesagt: »Lege den großen blauen Ball vor den weißen Teddy.« Wichtig ist, dass ein weißer Teddy vom Kind auf dem Tisch so aufgebaut wird, dass genügend Platz bleibt, die Gegenstände anzuordnen. Der Teddy darf also nicht auf der Tischkante sitzen. Wenn das Kind nach dieser Aufforderung aus dem bereitliegenden Spielmaterial falsche Objekte und Lagemodalitäten wählt, wird helfend korrigiert und dann mit den Bewertungsaufgaben begonnen. Es ist mit Fehlleistungen zu rechnen. Verhält sich das Kind abwartend oder unsicher, dann hilft der VL bei der Auswahl und Anordnung der Objekte indem er die Hand des Kindes führt und dabei die Aufforderung sprachlich wiederholt. Diese Einführungsaufgabe kann einmal wiederholt werden. Eine Bewertung erfolgt noch nicht. Nach dieser Einstimmung werden die Objekte zurückgelegt, und es wird mit den Prüfaufgaben begonnen.

Die Instruktion für Vorschulkinder lautet:

»Lege den großen roten Ball vor den schwarzen Teddy.«
»Lege den kleinen blauen Ball hinter den schwarzen Teddy.«
»Lege den kleinen roten Ball neben den weißen Teddy.«

Das Kind holt die benötigten Gegenstände selbst aus dem Kasten, der Teddy wird hingesetzt. Beim Hinsetzen des Teddys kann der VL helfen, sonst nicht. Negative Reaktionen bzw. Korrekturen des VL sind zu unterlassen. Es ist außerdem darauf zu achten, dass das Kind erst nach den Gegenständen greift, wenn der ganze Satz zu Ende gesprochen ist. Es kommt für das Kind darauf an, dass es mehrere Informationen und ihre Beziehungen innerhalb eines Satzes simultan versteht. Bevor mit einem neuen Satz begonnen wird, legt der VL die Materialien zurück.

Die Instruktion für Kinder der Klasse 1 lautet:

(Das Materialangebot und die Einstimmung entsprechen denen bei jüngeren Kindern)
»Lege den großen roten Ball hinter den kleinen schwarzen Teddy.«
»Lege den kleinen blauen Ball rechts neben den großen schwarzen Teddy.«
»Lege den großen roten Ball links neben den kleinen weißen Teddy.«

Das Sprachverstehen wird wie folgt bewertet:

Alles, was das Kind falsch gewählt hat, das betrifft Farben, Größen und Lagemodalitäten, ist als Fehler zu werten und wird vom VL festgehalten. Ein Satz gilt bereits als falsch, wenn ein Fehler gemacht wurde: Statt des kleinen wird z.B. der große Ball, statt des weißen der schwarze Teddy genommen, der Ball wird neben statt hinter den Teddy gelegt usw.

Bewertung des Sprachverstehens:

KVS I (5;3–6;2 Jahre)	KVS II (6;3–7;2 Jahre)
+ = Alle 3 Sätze richtig	+ = Alle 3 Sätze richtig
Ø = In 1 Satz Fehler	Ø = In 1 Satz Fehler
– = In 2–3 Sätzen Fehler	– = In 2–3 Sätzen Fehler

Von fünf- bis sechsjährigen Vorschulkindern bzw. sechs- bis siebenjährigen Schülern der Klasse 1 werden folgende Sprachverstehensleistungen erreicht:

Tab. 22: Ergebnisse der Prüfung des Sprachverstehens mit dem KVS (Angaben in %)

Bewertung	KVS I Vorschulkinder (n = 328)	KVS II Schüler der Klasse 1 (n = 373)
+	55,8	59,2
Ø	28,0	23,1
–	16,2	17,7

Der Anteil schwacher, förderbedürftiger Sprachverstehensleistungen (Bewertung mit »–«) entspricht tendenziell dem Anteil schwacher Leistungen im Sprachgedächtnis und im Wortschatz. Alters- bzw. reifungsbedingte Abhängigkeiten wie in der Artikulation treten auf diesen sprachlichen Ebenen offensichtlich zurück. Kindern mit schwachen Sprachwahrnehmungsleistungen fällt es schwer, entfaltete Gedanken, in denen mehrere Informationen enthalten sind, zu verstehen. Es gelingt ihnen nur teilweise, die zwischen den Informationen bestehenden Beziehungen und Zusammenhänge zu erfassen. Obwohl sie sich u.U. anfangs darum bemühen, die Details einzuordnen, können sie den Gedankenbrücken nicht folgen. Weil sie sich vergeblich anstrengen, ermüden sie bald und ihre Aufmerksamkeit geht verloren. Die Zahl der fehlerhaft realisierten Sätze wird in das Protokollblatt eingetragen.

Pädagogische Konsequenzen

1. Alle Kinder, deren Sprachverstehen mit »–« bewertet wird, sind dem Logopäden bzw. Sprachheilpädagogen vorzustellen. Er prüft, ob eine behand-

lungsbedürftige Sprachstörung vorliegt. Diese Schüler tendieren zu schwachen Lernergebnissen und sind auf eine besondere Förderung angewiesen.
2. Divergieren schwache Sprachverstehensleistungen deutlich mit den übrigen sprachlichen Leistungen, ist meist mit Konzentrationsmängeln oder/und mit motivationalen Problemen beim Lernen zu rechnen.
3. Bei Ø-Lösungen sind die qualitative Tendenz der Ergebnisse und das Alter des Kindes am Untersuchungstag zu beachten.
4. Für Vorschulkinder mit Minus-Ergebnissen ist eine Förderung in Vorschuleinrichtungen zu empfehlen. Im Spiel bieten sich vielfältige Möglichkeiten, unterschiedliche Modalitäten (Form, Lage, Richtung, Intensität, Farbe usw.) aufmerksam zu beachten und zu versprachlichen.

3.2.4 Zusammenfassende Auswertung der Diagnosebefunde

Die ermittelten Ergebnisse zu den einzelnen Bereichen werden während der Untersuchung auf dem Protokollblatt festgehalten.

Nach der Untersuchung wird in der Rubrik »Zusammenfassung der Ergebnisse« für die einzelnen Bereiche das erreichte Ergebnis mit den Symbolen »+«, »Ø«, »–« vermerkt. Damit erhält der VL einen Überblick, wie das lautsprachliche Niveau des Kindes insgesamt entwickelt ist. Nur in Ausnahmefällen werden die Bewertungen in allen vier Bereichen einheitlich ausfallen. Auf den einzelnen sprachlichen Ebenen können abweichende Bewertungen auftreten. Bewegen sich die Bewertungen zwischen »+« und »Ø« ist das lautsprachliche Niveau altersgerecht entwickelt. Eindeutig sind auch jene Fälle, in denen Minus-Bewertungen dominieren. Divergieren die Leistungen zwischen »–« und »+«, dann hängt es von den mit »–« bewerteten Bereichen ab, welche pädagogischen Konsequenzen zu ziehen sind. Nachfolgend einige Beispiele dafür:

Beispiel A	Artikulation	–
	Wortschatz	+
	Sprachgedächtnis	Ø
	Sprachverstehen	Ø

Das »–« in der Artikulation weist auf die Notwendigkeit einer logopädischen Behandlung hin.

Beispiel B	Artikulation	+
	Wortschatz	–
	Sprachgedächtnis	Ø
	Sprachverstehen	Ø

Das »–« im Wortschatz deutet bei dieser Konstellation auf Deprivationsfolgen hin. Bei einer Verbesserung der sprachlichen Angebote ist mit Verbesserungen zu rechnen.

Beispiel C	Artikulation	Ø
	Wortschatz	–
	Sprachgedächtnis	–
	Sprachverstehen	Ø

Diese Konstellation erfordert Zusatzinformationen, um abzuklären, ob Deprivationsfolgen oder/und schwache intellektuelle Voraussetzungen vorliegen. Diese Frage fällt in den Zuständigkeitsbereichs des Schulpsychologen.

Beim Auftreten von »Ø« und Minus-Bewertungen sind die qualitative Tendenz der »Ø«-Bewertungen und das Alter des Kindes am Untersuchungstag wichtig. Liegt die erreichte Leistung (z.B. im Wortschatz oder im Sprachgedächtnis) dicht am Minus-Wert und das Kind gehört zu den ältesten seiner Altersgruppe, weist das auf Schwächen hin.

Bei dominierenden Minus-Tendenzen ist eine Diagnose mit der DP zu empfehlen, um Fördererwartungen zu präzisieren. Wenn z.B. auch in der rhythmischen oder/und in der phonematischen Differenzierungsfähigkeit Entwicklungsrückstände bestehen, ist mit einer langwierigen Fördernotwendigkeit zu rechnen.

Die erste Untersuchung mit dem KVS ergibt, ob ein Kind lautsprachlich förderbedürftig ist. Die zweite Untersuchung gibt Auskunft über die Wirksamkeit der durchgeführten Förderung. In der Regel werden sich die Ergebnisse verbessert haben. Stagnieren die Ergebnisse, dann kann das einmal an der Qualität der Förderung oder an einer schwachen Lernfähigkeit liegen. In diesen Fällen ist mit dem Schulpsychologen Kontakt aufzunehmen, damit eine differenzierte Intelligenzuntersuchung durchgeführt wird. Von deren Ergebnis hängen die weiteren pädagogischen Konsequenzen ab.

Die KVS-Ergebnisse eines Kindes sind, ebenso wie die DP-Ergebnisse, für alle pädagogisch-psychologischen Beurteilungsanlässe eine Bereicherung. Die Ergebnisse sagen nichts darüber aus, warum ein Kind den sprachlichen Normen seiner Altersstufe nicht gerecht wird. Das zu klären bleibt weiteren Untersuchungen vorbehalten.

3.3 Förderung der lautsprachlichen Grundfertigkeiten[*]

Die folgenden Hinweise für Kindergärtnerinnen, Grundschullehrer, Sonderpädagogen, Sprachheilpädagogen, Logopäden und Eltern sollen helfen, Kinder zwischen fünf und sieben Jahren lautsprachlich zu fördern. Es geht vor allem darum, auf Fördermöglichkeiten zu verweisen, die sich im Lebensalltag des Kin-

* Zu dieser Thematik erscheinen laufend Veröffentlichungen und Materialien. Es ist den Autoren nicht möglich, diese Vielzahl ausgezeichneter Hinweise anzuführen. Wir empfehlen, sich in den Programmen der pädagogischen Verlage zu informieren.

des umsetzen lassen. Die spezielle Sprachförderung durch Sprachheilpädagogen und Logopäden bleibt davon unbetroffen.

Es ist ein Unterschied, ob ein Kind bereits im Vorschulalter oder erst nach massiven Misserfolgen in der Schule sprachlich gefördert wird. Einige Hinweise gelten für beide Altersgruppen, andere sind stufenspezifisch.

Werden lautsprachliche Unzulänglichkeiten festgestellt, ist auch das Sprachwahrnehmungsniveau der betreffenden Kinder mit der »Differenzierungsprobe« zu überprüfen. Fast immer finden sich in diesen Fällen auch Defizite in der Sprachwahrnehmung. Sie können partieller oder globaler Art sein. Ausfälle in nur einem Bereich fallen weniger ins Gewicht als Ausfälle in mehreren Bereichen. Mit diesen Unterschieden sind Konsequenzen für die Therapie verbunden.

Die Ziele lautsprachlicher Förderung betreffen die lautreine Artikulation, die Erweiterung des Wortschatzes und die grammatisch korrekte, logisch folgerichtige Satzbildung.

3.3.1 Förderung der Artikulationssicherheit

Das normgerechte Artikulieren gelingt dann, wenn das Kind unterschiedliche, sich ähnelnde Lautmuster hörend zu differenzieren und sprechmotorisch zu realisieren vermag. Sieht man von Hörstörungen ab, haben ca. 15% der Schulanfänger Probleme beim Unterscheiden klangähnlicher Laute oder/und beim koordinierten Vollzug der Sprechbewegungen. Artikulationsfehlern können phonematische oder/und sprechkinästhetische Unzulänglichkeiten zugrunde liegen.

Damit ist die Richtung für die Artikulationsförderung vorgegeben. Ob auditive, phonematische Schwächen bzw. kinästhetisch-motorische Mängel oder andere Sprachwahrnehmungsschwächen für einen Stammelfehler verantwortlich sind, lässt sich aus den Ergebnissen der »Differenzierungsprobe« erkennen. Der Logopäde ermittelt auf diese Weise konkrete Zugriffsstellen für die spezielle Förderung. Für die Förderung im Alltag haben Eltern, Kindergärtnerinnen, Grundschullehrer und Sonderpädagogen Folgendes zu beachten:

- Das Kind eignet sich die Lautsprache im ständigen Kontakt mit seinen unmittelbaren Bezugspersonen an. Deren Sprechweise gibt ihm die Orientierung für die eigene Sprechweise. Das Kind spricht so, wie in seiner Umgebung gesprochen wird.
- Die Lautbildung wird erlernt. Am Anfang gelingt sie nur unvollkommen. Das ist ein normaler Vorgang. Er ist bis etwa zum fünften Lebensjahr abgeschlossen. Einige Kinder sprechen schon viel früher Laute und Lautverbindungen korrekt, anderen gelingt es auch mit sechs Jahren noch nicht.
- Außer den sprachlichen Vorbildern ist auch die Art und Weise der Korrekturen und Sanktionen wichtig. Bei ihnen kommt es darauf an, sie ermunternd und sprechmotivierend vorzunehmen. Das hilft dem Kind, selbst auf seine

Sprechweise zu achten und sie mit der Sprechweise anderer zu vergleichen. Eine bejahende, ermunternde Art der Artikulationskorrektur spornt zum Sprechen an. Eine nörgelnde, ungeduldige Korrektur lässt die notwendige sprachliche Impulsivität und Unvoreingenommenheit versiegen. Das gilt besonders auch für Sprechsituationen im Kindergarten und in der Schule, weil hier das soziale Prestige und damit die Grundbefindlichkeit des Kindes betroffen werden.
- In einzelnen Fällen kommt es vor, dass Eltern mit der kleinkindhaften Sprechweise oder mit einem Lispeln ihres Kindes kokettieren. Sie finden es originell und niedlich. Je früher solche Einstellungen überwunden werden, umso besser für das Kind.
- Leider wird – wie das später auch bei unerwarteten Lernschwierigkeiten im Anfangsunterricht oft der Fall ist – immer noch die irrige Meinung vertreten, Stammelfehler würden mit der Zeit von allein verschwinden, sich gewissermaßen »auswachsen«. Das trifft manchmal zu. Es ist aber besser, wenn Stammelfehler vom Sprachheilpädagogen oder Logopäden bereits im Vorschulalter behoben werden. Sonst belasten sie das Schreiben- und Lesenlernen.
- Für die Überwindung von Stammelfehlern ist eine fachmännische Behandlung durch den Sprachheilpädagogen oder den Logopäden erforderlich. Sie nutzen u.a. optische (Spiegel), taktile (Spateln und Sonden), kinästhetische und andere Hilfen. Vor allem führen sie spezielle Sprechübungen durch. In den meisten Fällen gelingt es, das Stammeln bis zum Schuleintritt zu beheben.
- Kindergärtnerinnen und Eltern können eine Stammlerbehandlung unterstützen, wenn sie mit den Befunden der »Differenzierungsprobe« umzugehen verstehen. Besonders die Übungen zur Förderung der phonematischen und kinästhetischen Differenzierungsfähigkeit sind geeignet, lautsprachliche Basisfunktionen zu verbessern.

3.3.2 Förderung des Wortschatzes

Die Anreicherung des Wortschatzes bedeutet, das Wissenspotenzial zu erweitern. Die Vorratskammer des Verstandes lässt sich in der Jugend am besten füllen. Dabei wird an die natürliche Neugier des Kindes angeknüpft. Sie ist Ausdruck des elementaren psychosozialen Grundbedürfnisses nach Wissenserwerb und Erfahrungsgewinn. Mehr Wissen bedeutet auch für das Kind eine höhere Stufe der Selbstständigkeit, der Selbstsicherheit und der sozialen Anerkennung.

Ein sichtbarer Ausdruck dieses Bedürfnisses sind die charakteristischen Frageperioden in der Entwicklung des Kindes. Sie beginnen mit der »Was ist das?«-Frage, setzen sich mit der »Warum?«-Frage fort und wirken sich als Erlebnisneugier auf die gesamte geistige Entwicklung aus. Der Wortschatz ist sowohl Ergebnis als auch Voraussetzung dieses Prozesses. Er hängt wie keine andere lautsprachliche Grundfertigkeit vom sozialen Umfeld des Kindes ab.

Wenn zu Hause Sprache nur spärlich und eingeengt als Mittel der Verständigung benutzt wird, werden davon vor allem die sprachlichen Grundfertigkeiten des Kindes auf der Wort- und Satzebene betroffen. Für seine Wortschatz- und Denkentwicklung benötigt das Kind ein inhaltlich breites sprachliches Angebot.

- Mit der »Was ist das?«-Frage, normalerweise zwischen dem zweiten und vierten Lebensjahr, ist das Kind unermüdlich darum bemüht, von den Erwachsenen die Namen der Dinge zu erfahren. In der Intensität und Hartnäckigkeit, mit der Kinder auf Antwort bestehen, zeigen sich bereits große Unterschiede. Manche sind dabei sehr hartnäckig, andere bescheiden sich schnell. Ein Vater ist z.B. gut beraten, wenn er es sich nicht anmerken lässt, dass ihm die Fragerei manchmal auf die Nerven geht. Wenn Kinder Frage an Frage reihen, ist das als Chance für die Wortschatzerweiterung anzusehen.
- Bei manchen Kindern diesen Alters ist das Bedürfnis nach Wissenserwerb schwach ausgeprägt. Selten geben sie zu erkennen, dass sie wissen wollen, wie die Dinge heißen. Genau hier setzt eine gelenkte Wortschatzförderung ein. Wichtig ist es zunächst, das Kind spüren zu lassen, dass man sich darüber freut, wenn es Dinge richtig bezeichnen kann. Es erlebt dadurch eine Möglichkeit, wie es die Aufmerksamkeit seiner Eltern gewinnen kann. Bezogen auf das elementare psychosoziale Grundbedürfnis nach Zuneigung und Anerkennung sind solche Erlebnisse eine wichtige Erfahrung. Ähnliche Situationen lassen sich im Alltag jederzeit herbeiführen. Ein positiver Fördereffekt ist erreicht, wenn das Kind von sich aus beginnt zu fragen, wie die Dinge heißen. So einfach diese Zusammenhänge erscheinen, erfolgreich zu verwirklichen sind sie nur in geduldiger Zuwendung. Das gilt für alle Lernvorgänge, auch für schulisches Lernen.
- Eine neue Qualität erreicht die Wortschatzentwicklung mit der »Warum«-Frage. Wenn dem Kind auf diese Frage erklärt wird, warum etwas geschehen ist, so aussieht, so funktioniert usw., werden neue Begriffe vermittelt und bekannte gefestigt. Diese betreffen nicht nur Substantive, also Namen, sondern auch Begriffe für Eigenschaften, Tätigkeiten usw. Außerdem werden Zusammenhänge, Beziehungen, Umstände, kausale Abläufe versprachlicht dargeboten. *Für das Kind bedeuten Antworten auf seine »Warum«-Frage, dass es neben neuen Begriffen auch Denkstrategien und Satzschemata vermittelt bekommt.* Allerdings unter einer Voraussetzung: Die Antworten müssen an die sprachlichen und denkerischen Sprachmöglichkeiten des Kindes anknüpfen. Nur so kann es bisher Bekanntes mit dem Neuen verbinden. Es ist beeindruckend, wie die Kinder mit der Formulierung der Frage den Erwachsenen so lange »zusetzen« und lenken, bis sie die Erklärungen begriffen haben und mit ihnen einverstanden sind.
- Wenn sich die Eltern selbst die »Warum«-Frage im Familienalltag und für Dinge außerhalb stellen und mit ihren Kindern darüber sprechen, bieten sie ganz selbstverständlich gute Möglichkeiten für die Wortschatz- und Denkentwicklung an. Kindern mit einem sehr schwachen Wortschatz fehlen meist

diese anregenden Einflüsse. Für sie ist es von unschätzbaren Wert, wenn sie Vorschuleinrichtungen besuchen können.

- Durch die Lerninhalte in der Schule wird der Wortschatz ständig erweitert. Das geschieht allerdings nur, wenn das Kind den Stoff verstanden hat. Eine Voraussetzung hierfür ist der bereits verfügbare Wortschatz. Fehlen Bausteine, lässt sich ein neuer Inhalt nur undeutlich verstehen und mitteilen. Wenn ein Kind über den Lerninhalt mit eigenen Worten sprechen kann, hat es diesen wirklich verstanden. Deshalb sollten im Unterricht möglichst oft auch jene Kinder aufgerufen werden, die sich nicht melden bzw. die keine Bereitschaft zur aktiven sprachlichen Mitarbeit bekunden. Der Umgang mit diesen Schülern setzt Fingerspitzengefühl voraus, weil sie jeder sprachliche Misserfolg zunehmend verstummen lässt.
- Wortschatzbereicherung gelingt nur, wenn dem Kind die Scheu vor dem Sprechen genommen wird. Diese innere Barriere ist weiter verbreitet, als landläufig angenommen wird. Weil bereits jüngere Schulkinder ein feines Gespür dafür haben, dass sprachliche Äußerungen ein Ausdruck für die Klugheit und das Ansehen sind, ist die Angst, sich vor den Mitschülern der Klasse zu blamieren, oft eine Ursache für sprachliche Abstinenz. Sie führt zur Blockade in der Wortschatzentwicklung und zum Zurückbleiben im Unterricht. Dieser Teufelskreis in Kommunikationssituationen kann nur in einer Atmosphäre der Anerkennung und Toleranz durchbrochen werden. Dabei kommt es im hohen Maße auf die gegenseitige Achtung in Kindergruppen an.
- Das Kind verbessert die Klarheit und Präzision des freien Sprechens, wenn es über möglichst viele synonyme Begriffe zu einem Sachverhalt verfügt. Letztere unterstützen einen flüssigeren Redeablauf. Diese Zusammenhänge werden z.B. in der Stottertherapie erfolgreich genutzt.
- Zur Erweiterung des Wortschatzes lassen sich – auch im Rahmen des Unterrichts – spezielle Übungen durchführen. Dazu einige Beispiele. Es werden Bezeichnungen gesucht für:
  - ➪ Möbel (Tisch, Stuhl, Bett …),
  - ➪ Kleidung (Hose, Kleid, Schuhe …),
  - ➪ Werkzeuge (Hammer, Zange, Säge …),
  - ➪ Lebensmittel (Brot, Wurst, Apfel …),
  - ➪ Spielzeug (Puppe, Ball, Eisenbahn …),
  - ➪ Familienmitglieder (Vater, Schwester, Oma …),
  - ➪ Fahrzeuge in der Luft (Flugzeug, Hubschrauber, Ballon …),
  - ➪ Fahrzeuge im Wasser (Schiff, Dampfer, U-Boot …),
  - ➪ Fahrzeuge auf dem Lande (Auto, Fahrrad, Bus …),
  - ➪ Wörter mit einer bestimmten Vorsilbe (z.B. GE: Gedicht, Geruch, Gebet …)
  - ➪ Wörter mit einem bestimmten Anfangsbuchstaben (z.B. M: Maus, Mama, Musik …),

- ➪ Raum-Lage-Beziehungen (oben, hinten, neben …),
- ➪ Farben (blau, rosa, grün …),
- ➪ Fortbewegungen (laufen, rennen, gehen …),
- ➪ Geschmacksnuancen (süß, sauer, bitter …),
- ➪ Geräusche (knallen, scharren, quietschen …),
- ➪ Kontraste (groß – klein, viel – wenig, dick – dünn …).

Solche und ähnliche Übungen erfordern wenig Zeit und beleben den Unterricht. Außerdem machen sie den Kindern auch als Hausaufgabe Spaß. Oft hilft die ganze Familie dabei. Thematische Wiederholungen zeigen, dass derartige Übungen besonders auch den lautsprachlich schwachen Kindern nutzen.

- Mit dem Schreiben- und Lesenlernen bieten sich neue Chancen für die Wortschatzbereicherung. Jetzt werden die Wörter nicht nur gesprochen, sondern auch gelesen und geschrieben. Das unterstützt das Sprachgedächtnis, weil eine multisensorielle Beziehung das Einprägen erleichtert. Vor dem Schreiben- und Lesenlernen dominieren beim Spracherwerb akustische und sprechkinästhetische Wahrnehmungen. Mit der Schriftsprache werden zusätzlich motorische und optische Wahrnehmungen einbezogen.
- Anfangs, wenn das Kind die Kulturtechniken Lesen und Schreiben erlernt, freut es sich, wenn es die Namen für bekannte Dinge schreiben bzw. lesen kann. Mit zunehmender Sicherheit möchte das Kind mit diesen Fertigkeiten Neues in Erfahrung bringen. Dabei spielt das Lesen eine unschätzbare Rolle. Wer mit Freude liest, stößt ständig in die Welt des Unbekannten vor und wird zu Fragen angeregt. Damit ist eine eigenaktive Erweiterung des Wortschatzes verbunden. Dafür setzt der Lehrer im Anfangsunterricht entscheidende Impulse. Von ihnen geht eine Langzeitwirkung aus. Jugendliche, die von sich aus zum Buch greifen, haben einen deutlichen Vorsprung im Umfang ihres Wortschatzes.

3.3.3 Förderung des Sprachgedächtnisses und des Sprachverstehens

Alle bisher zur Förderung der lautsprachlichen Grundfertigkeiten vorgeschlagenen Maßnahmen wirken sich positiv auch auf das Sprachgedächtnis und das Sprachverstehen aus.

Das Sprachgedächtnis und das Sprachverstehen widerspiegeln intellektuelle Voraussetzungen. Von ihnen hängt es ab, wie das Kind lernt, wie es sich von der sinnlich-anschaulichen Ebene löst und zur sprachlich-abstrahierenden gelangt. Denken als innersprachliches Handeln ist immer darauf gerichtet, Probleme zu lösen. Dazu dienen die Denkoperationen des Vergleichs, der Analyse und Synthese, der Abstraktion und der Verallgemeinerung. Sie vollziehen sich innersprachlich auf der Grundlage historisch entstandener, konventioneller Satzschemata. Diese erwirbt das Kind im Vorschulalter. Sprachverstehen bedeutet, dass das Kind die innersprachlichen Mittel beherrscht, mit deren Hilfe Vergleiche durchgeführt, Beziehungen erfasst, Verallgemeinerungen usw. vorgenommen werden. Das geht weit über das Verstehen einzelner Wortinhalte und von Satzfragmenten hinaus. Sprachgedächtnis und Sprachverstehen betreffen also vor allem verallgemeinernde, logisch-gedankliche Komponenten der Sprache.

Schwächen eines Kindes auf der Satzebene werden mitunter erst spät erkannt. Meist sind sie verbunden mit einer fehlerhaften Artikulation und einem schwachen Wortschatz. Die Kinder lernen verspätet sprechen. Weil sich die Artikulationsfähigkeit allmählich verbessert, hoffen die Eltern, dass sich auch die richtige Satzbildung bald einstellen wird. Ist diese bis zum Schuleintritt nicht erreicht, stellt das ein schweres Handicap für das Lernen dar. Viele Eltern wenden sich deshalb im letzten Vorschuljahr an Sprachheilpädagogen, Logopäden oder Ärzte, weil sie Schwierigkeiten in der Schule voraussehen und diese rechtzeitig abwenden wollen.

Die nachfolgenden Hinweise sind als Anregungen zu verstehen, wie schwache Leistungen im Sprachgedächtnis und Sprachverstehen zu behandeln sind. Sie beziehen sich auf alle Kinder, bei denen

1. im KVS das *Sprachverstehen* oder/und das *Sprachgedächtnis* mit »–« bewertet wurde,
2. eine logopädische Diagnose die Sprachstörung »Dysgrammatismus«* und
3. eine audiologische Diagnose »Hörstörungen« ausgeschlossen haben.

- Die Förderung auf der Satzebene unterstützt das Kind, sich sprachliche Mittel anzueignen, mit deren Hilfe Beziehungen aller Art ausgedrückt werden. Dazu gehören Flexionen (lautliche Abwandlungen der Wörter, durch die Verhältnisse und Beziehungen zum Ausdruck gebracht werden), die Stellung der Wörter im Satz sowie Hilfswörter.
- Diese sprachlichen Mittel erwirbt das Kind unter dem direkten Einfluss seines sprachlichen Umfeldes. Wortbildungen, Wortveränderungen, Satzschemata lernt es in dem Maße, wie dafür Angebote, Möglichkeiten, Hilfen, ermunternde Sanktionen für sein Tun und Sprechen im Alltag bestehen. Auf dem Wege zur selbstständigen und kreativen Anwendung der Satzbildungsregeln können Verzögerungen und Schwierigkeiten verschiedenster Art auftreten (Schöler u.a. 1998). Das spiegelt sich im intellektuellen Niveau und damit in der Art des Lernens wieder.
- Die Entwicklung sprachlicher Fähigkeiten hängt nicht nur von den Funkti-

* Nach Franke (1991) handelt es sich beim Dysgrammatismus um die »Störung der Fähigkeit, Gedanken durch deklinatorisch und konjugatorisch richtig gebrauchte Wörter auszudrücken …«. Schöler weist auf die Definitionsproblematik hin. Er betont: »Besonders beeinträchtigt scheint dabei das Lernen und der Gebrauch sprachlich-strukturellen Könnens«; »Der Spracherwerb ist von seinen frühesten Stadien der Entwicklung an beeinträchtigt.« Er spricht deshalb von »spezifischen Sprachentwicklungsstörungen« (Schöler, Fromm, Kany 1998).

onsqualitäten des zentralen Nervensystems (ZNS) ab, sondern auch davon, wie das Kind die Sprache als Mittel der Kommunikation und des Denkens in den ersten Lebensjahren erlebt und ausformen kann. Entscheidend sind immer die direkten und stimulierenden Anregungen für Spielen, Sprechen und Problemlösen, der erlebte Kontext des eigenen Tuns.

- Mit dem Eintritt in die Schule verändern sich die Bedingungen für die Förderung. Schulische Misserfolge haben Einfluss auf das soziale Prestige des Schülers und sein Selbstwertgefühl (Krause 1997), weil Lernerfolge für den Schulanfänger Lebenserfolge mit allen damit verbundenen Konsequenzen für seine physische und seine psychische Gesundheit sind (Breuer/Weuffen 1990).
- Im Mittelpunkt des Unterrichts in den ersten beiden Schuljahren steht das Schreiben- und Lesenlernen. Das stellt einerseits neue Anforderungen an die Lautsprache, andererseits profitiert von Fortschritten beim Erwerb der Schriftsprache die Lautsprache. Sprache wird z.B. nicht nur über das Ohr, sondern auch durch das Auge und die Motorik wahrgenommen. Die Umsetzung vom Wort in Schrift und umgekehrt ist mit Denkprozessen verbunden. Jeder Schritt in die Schriftsprache wirkt positiv auf die Lautsprache und umgekehrt.

Das Kind erweitert seinen Wortschatz, es erlebt Sprache bewusster, sein sprachlicher Ausdruck wird flüssiger und gewandter. Sobald ein Kind zu erkennen gibt, dass ihm das Schreiben- und Lesenlernen besonders schwer fällt, sollten die lautsprachlichen Grundlagen mit der »Differenzierungsprobe« (DP) und die lautsprachlichen Grundfertigkeiten mit dem »Kurzverfahren zur Überprüfung des lautsprachlichen Niveaus« (KVS) untersucht werden. Liegen Sprachwahrnehmungsmängel vor, sind Übungen zu empfehlen, die im Abschnitt 2.3. dargestellt sind. Bei Schwächen in den lautsprachlichen Grundfertigkeiten sind die Hinweise in diesem Abschnitt zu beachten.

- Es ist für einen Lehrer nicht einfach, Schüler mit lautsprachlichen Schwächen aktiv in den Unterricht einzubeziehen und damit ihr Zurückbleiben zu verhindern. Für eine integrative Förderung im Unterricht wird dem Lehrer empfohlen:

  ➪ In kurzen und einfachen Sätzen sprechen. Es ist besser, wenn entfaltete Gedanken und Erläuterungen in mehrere Sätze mit Detailangaben aufgelöst werden. Lange Satzgefüge mit vielen Informationen erschweren das Satzverstehen.
  ➪ Nicht schnell und hastig sprechen, deutlich artikulieren und viel Mimik und Gebärden einsetzen. Dadurch wird der Inhalt besser verstanden. Intonatorische und rhythmische Akzentuierungen heben semantische Höhepunkte hervor und unterstützen die Synchronie des Mitdenkens.
  ➪ Oft wiederholen lassen. Jede sprachliche Wiederholung wirkt dem Vergessen entgegen und fördert die Festigung von Satzschemata.

- ➪ Anschauungsmittel gezielt einsetzen. Diese sollten vor allem Typisches hervorheben.
- ➪ Bei der Auswahl von Lese- und Schreibtexten die unterschiedlichen Voraussetzungen der Schüler beachten. Nur der Erfolg des Schülers sichert seine Bereitschaft, Tätigkeiten zu wiederholen. Nur die Wiederholung führt zur Verbesserung.
- ➪ Kurze spielerische Übungen in den Unterricht einbauen. Dadurch wird der Eindruck von Nachhilfe vermieden.
- ➪ Die Kinder anregen, ihr Tun kommentierend zu begleiten und ihre inneren Gedanken zu entäußern. Die Verbindung von Tun und Sprechen fördert die gesamte Sprach- und Denkentwicklung.
- ➪ Bei der Bearbeitung neuer Stoffgebiete kleinschrittig vorgehen. Das zwingt zu einfachen Sätzen und erleichtert die Erfassung von Zusammenhängen.
- ➪ Einfache Kinderreime, kurze Gedichte und das tägliche Lied nutzen, um Satzschemata zu festigen.
- ➪ Den Kindern die Freude am Lesen vermitteln, ihnen vorlesen und die Bücher zeigen. Wenn ein Kind von sich aus liest, nutzt das seiner Lautsprache.
- ➪ Bei den Mitschülern für Akzeptanz sorgen. Sprechhemmungen erschweren die aktive Unterrichtsbeteiligung und fördern die soziale Isolierung in der Klasse. Positive emotionale Befindlichkeit resultiert aus den Gefühlen der Zugehörigkeit, des Angenommenseins und aus erfolgreicher Aktivität.

4. Literatur

Affolter, R.: Wahrnehmungsprozesse, deren Störung und Auswirkung auf die Schulleistung, insbesondere Lesen und Schreiben. Ztschr. f. Kinder- u. Jugendpsychiatrie, 3, S. 223, 1975.

Albrecht, E.: Sprache und Erkenntnis. Berlin 1967.

Ananjew, B.G.: Psychologie der sinnlichen Erkenntnis. Deutscher Verlag der Wissenschaften, Berlin 1963.

Arnold, G.: Die Sprache und ihre Störungen. Springer Verlag, Wien/New York 1970.

Atzesberger, M.: Legasthenie – ein weltweites psychologisch-pädagogisches Problem. In: Ebel, V. (Hrsg.): Legasthenie. Bundesverband Legasthenie. Bonn 1978, S. 97–107.

Atzesberger, M.: Prävention und Intervention bei Lese-Rechtschreibversagen und Lese-Rechtschreibschwäche. Verlag Dürrsche Buchhandlung, Bonn/Bad Godesberg 1981.

Augustin, A.: Ergotherapie bei hyperaktiven Kindern. In: Franke, U. (Hrsg.): Aggressive und hyperaktive Kinder in der Therapie. Springer Verlag, Berlin/Heidelberg/New York 1988.

Ayres, A.J.: Lernstörungen, Sensorisch-Integrative Dysfunktionen. Berlin: Springer, 1979.

Ayres, A.J.: Bausteine der kindlichen Entwicklung. Springer Verlag, Berlin 1984.

Becker, K.P.: Komplexe Sprachstörungen, ihre Differentialdiagnose und sprachheilpädagogische Beeinflussung. In: Kaiser/Kramer (Hrsg.): Komplexe Sprachstörungen. Verlag Hans Huber, Bern/Stuttgart/Wien 1974.

Becker, K.P./Sovak, M.: Lehrbuch der Logopädie. Verlag Volk und Gesundheit, Berlin 1975.

Becker, K.P.: Rehabilitative Spracherziehung. Verlag Volk und Gesundheit, Berlin 1983.

Becker, R.: Die Lese-Rechtschreib-Schwäche aus logopädischer Sicht. Verlag Volk und Gesundheit, Berlin 1977.

Becker, R.: Zur Problematik der Frühbehandlung sprachgestörter Kinder unter besonderer Berücksichtigung der Motorik. Diss. Humboldt-Univ. Berlin, 1975.

Behm, A.: Psychometrische Haupt- und Nebenkriterien des prophylaktisch-förderdiagnostischen Verfahrens Differenzierungsprobe für die mittlere Gruppe des Kindergartens von Breuer und Weuffen. Unv. Diss., E.-M.-Arndt-Universität, Greifswald 1982.

Behrndt, S.M./Steffen, M. (Hrsg.): Lese-Rechtsscheibschwäche im Schulalltag. Europäischer Verlag der Wissenschaften, Frankfurt 1996.

Behrndt, S.M./Steffen, M./Becker, M. (Red.): Schulversuch LRS-Intensivförderung 1995–1999. Hrsg. Ministerium für Bildung, Wissenschaft und Kultur des Landes Mecklenburg-Vorpommern, Parchim 1999.

Behrndt, S.M.: Verbosensomotorische Defizite und Schulbewährung bei Kindern im Anfangsunterricht. Diss. E.-M.-Arndt-Universität, Greifswald 1985.

Bergk, M./Meiers, K. (Hrsg.): Schulanfang ohne Fibeltrott. Klinkhardt-Smoch, Bad Heilbrunn 1984.

Berndt, S.: Die Bedeutung lautsprachlicher Parameter für ein prophylaktisches Förderkonzept. Unv. Diss., E.-M.-Arndt-Universität, Greifswald 1984.

Bombowski,H.: Lautsprachlicher Parameter als Zusatzinformation für eine prophylaktische Förderung verbosensomotorischer Defizite. Unv. Diss., E.M.Anrdt-Universität Greifswald 1983.

Breuer, H.: Ergebnisse aus Längsschnittuntersuchungen zur Früherfassung verbo-sensomotorischer Voraussetzungen für den Laut- und Schriftspracherwerb. In: Dummer-Smoch (Hrsg.): Legasthenie 1988, Hannover: Bundesverband Legasthenie e.V., 1988, S. 151.

Breuer, H.: Methodologische Aspekte prophylaktischer Diagnosen in pädagogischen Normalgruppen. Psychologie für die Praxis, 2, 1983.

Breuer, H./Weuffen, M.: Zur Problematik der Lese- und Rechtschreibschwäche (LRS). Heilpädagogische Rundschau, 7, 1976.

Breuer, H.: Zur prophylaktischen Einschränkung von Lernschwierigkeiten im Anfangsunterricht. In: Beiträge zur Pädagogik, Bd. 29, 1982, S. 30.

Breuer, H./Lehmann, W./Steingart, K.M./Weuffen, M.: Früherkennung – Voraussetzung für erfolgreiche Förderung. Die Sonderschule, 4, 1977.
Breuer, H./Gentes, F.: Differenzierungsprobe Breuer/Weuffen im Aufnahmeverfahren der Hilfsschule. In: Die Sonderschule Heft 2/78, Berlin, 1978.
Breuer, H./Kasten, M.: Zur emotionalen Grundstimmung von weniger erfolgreichen Schulanfängern. In: Beiträge aus der Arbeit der Erziehungsberatungsstelle Greifswald 6, 1984, S. 30ff.
Breuer, H./Petschaelis, H.: Das vorschulische vs-Niveau von Schülern mit besonders gutem Schulerfolg. In: Beiträge zur Pädagogik, Bd. 29, Berlin 1982, S. 95.
Breuer, H./Ruoho, K. (Hrsg.): Pädagogisch-psychologische Prophylaxe bei 4- bis 8-jährigen Kindern. University of Iyväskyla 1989.
Breuer, H./Schober, C.: Physiopolygraphische Untersuchungen und prophylaktische Diagnostik. Probleme und Ergebnisse der Psychologie 72, 1980.
Breuer, H./Weuffen, M.: Zum Schereneffekt in der Wortschatzentwicklung. Die neue Sonderschule, 6, 1998.
Breuer, H./Weuffen, M.: Verbosensomotorik, Sprache und Schulerfolg bei Kindern mit Agrammatismus. Wiss. Ztschr. E.-M.-Arndt-Univ. Greifswald, 1977.
Breuer, H./Weuffen, M.: Ergebnisse und Schlussfolgerungen aus Langzeit-Katamnesen bei Stotterern. In: Die Sprachheilarbeit, H. 28, 1983, S. 153–161.
Breuer, H./Weuffen, M.: Gut vorbereitet auf das Lesen- und Schreibenlernen. Deutscher Verlag der Wissenschaften, Berlin 1990.
Breuninger, H./Betz, D.: Jedes Kind kann schreiben lernen. Beltz Verlag, Weinheim/Basel, 1991.
Bundschuh, K.: Einführung in die sonderpädagogische Diagnostik. Reinhardt Verlag, München/Basel 1980.
Busemann, A.: Angeborene Leseschwäche (Legasthenie). In: Schule und Psychologie 1, 1954.
Dummer, L.: Teilleistungsschwächen als Ursache von Lese-Rechtschreibschwierigkeiten. In: Dummer, L./Atzesberger, M. (Hrsg.): Legasthenie, Bericht über den Fachkongress 1980, Bonn 1980, S. 122–133.
Dummer, L./Hackethal, P.: Kieler Leseaufbau. Veris-Verlag, Kiel 1984.
Dummer, L.: Schullaufbahn von Legasthenikern. In: Legasthenie. Bericht über den Fachkongress 1986, Hannover 1986, S. 48ff.
Dummer-Smoch, L./Hackethal, R.: Handbuch zum Kieler Leseaufbau und Rechtschreibaufbau Verlag Veris, Kiel 1996.
Dummer-Smoch, L.: Mit Phantasie und Fehlerpflaster – Hilfen für Eltern und Lehrer legasthenischer Kinder. Reinhardt Verlag, München/Basel 1989.
Eder, A.: Zur Frühdiagnose von lese-rechtschreibschwachen Kindern. Diss., E.-M.-Arndt-Universität, Greifswald 1976.
Eggert, D.: Psychomotorisches Training. Beltz Verlag, Weinheim/Basel: 1975.
Esser, G.: Störungen der Wahrnehmung. In: Remschmidt, H./Schmidt, H. (Hrsg.): Neuropsychologie des Kindesalters, S. 206–218, Verlag Enke, Stuttgart: 1981.
Esser, G. (Hrsg.): Auditive Wahrnehmungsstörungen und Fehlhörigkeit bei Kindern im Schulalter. In: Stimme – Sprache – Gehör 11, 1987.
Feller, C.: Physiopolygraphische Untersuchungen und verbosensomotorische Entwicklung. In: Zur prophylaktischen Einschränkung von Lernschwierigkeiten im Anfangsunterricht. Beiträge zur Pädagogik, Bd. 29, 1982.
Firnhaber, M.: Legasthenie. Fischer Verlag, Stuttgart 1990.
Franke, U.: Artikulationstherapie bei Vorschulkindern. Reinhardt Verlag, München/Basel 1987.
Franke, U.: Logopädisches Handlexikon. Reinhardt Verlag, München 1991.
Franke, U.: Prävention von Kommunikationsstörungen. Fischer Verlag, Stuttgart 1997.
Franke, U.: Aggressive und hyperaktive Kinder in der Therapie. Springer Verlag, Berlin 1988.

Frostig, M./Müller, H.: Teilleistungsstörungen, ihre Erkundung und Behandlung bei Kindern. Urban und Schwarzenberg, München 1981.
Gentes, F.: Zu einigen Problemen verbosensomotorischer Fähigkeiten bei debilen Schülern. Beiträge aus der Arbeit der Erziehungsberatungsstelle, Greifswald, 1976.
Gentes, F.: Zu Fragen der Debilitätsdiagnostik im Rahmen der diagnostischen Tätigkeit in der Erziehungsberatungsstelle Greifswald. Beiträge aus der Erziehungsberatungsstelle Greifswald 8, 1988.
Gentzsch, St.: Methoden zur Förderung der rhythmischen Differenzierungsfähigkeit im Kindergarten. Unv. Diplomarbeit, Humboldt-Universität Berlin 1978.
Gieseler, Ch.: Möglichkeiten zur Förderung der kinästhetischen Differenzierungsfähigkeit im Kindergarten. Unv. Diplomarbeit, Humboldt-Universität Berlin 1978.
Göllnitz, G./Meyer-Probst, B.: Das leicht hirngeschädigte Kind in der aktuellen Diskussion. In: Göllnitz, G./Rössler, F. (Hrsg.) Psychologische Untersuchung zur Entwicklung hirngeschädigter Kinder. Berlin 1975.
Graichen, J.: Zum Begriff der Teilleistungsstörung. In: Lempp, R.: Teilleistungsstörungen im Vorschulalter. Verlag Hans Huber, Basel/Stuttgart/Wien 1979.
Grimm, H./Schöler, H.: Sprachentwicklungsdiagnostik. Hogrefe Verlag, Göttingen/Toronto/Zürich 1985.
Grimm, H.: Prävention von Sprachentwicklungsstörungen. Franke, U. (Hrsg.) Prävention von Kommunikationsstörungen, Fischer Verlag, Stuttgart 1997.
Grimm, H./Schöler, H.: Heidelberger Sprachentwicklungstest (H-S-E-T). Braunschweig 1979.
Grissemann, H.: Prävention von Teilleistungsschwächen und Stützung teilleistungsschwacher Schüler im Grundschulunterricht. In: Legasthenie (Hrsg.) Bundesverband Legasthenie e.V. Hannover, 1986.
Grissemann, H.: Förderdiagnostik von Lernstörungen. Verlag Hans Huber, Bern/Stuttgart/Toronto 1991.
Große-Thie, B.: Zur psychometrischen Qualität der Differenzierungsprobe BREUER/WEUFFEN. Wiss. Ztschr. E.-M.-Arndt-Univ., Greifswald 1977.
Große-Thie, B.: Zur psychosomatischen Fundierung der Differenzierungsprobe BREUER/WEUFFEN, unv. Diss., E.-M.-Arndt-Universität, Greifswald 1976.
Grüning, Th.: Das innere Wörterbuch – Die Ordnung der Sprache in den Gestalten der Schrift. Pädagogische Lesungen, Wortspiegel train media, Berlin 1999.
Guggenmoos, J.: Gesundheitsbericht über 5jährige Kindergartenkinder und Längsschnittstudie (4- und 5jährige) sowie Einschulkinder. Gesundheitsamt Münster, 1997.
Guggenmoos, J.: Kinder- und Jugendgesundheitspflege, Gesundheitsbericht über entwicklungsauffällige und behinderte Kinder und Jugendliche in Münster. Gesundheitsamt Münster, 1996.
Gutezeit, G.: Projektions-tachiskopisches Übungsprogramm für lese- und rechtschreibschwache Kinder. Die Medizinische Welt, 7, 1980, S. 271.
Guthke, J.: Über den diagnostischen Wert von Nachsprechproben bei Schulanfängeruntersuchungen. Ärztl. Jugendkunde, 5/6, 1964.
Haase, P. (Hrsg.): Schreiben und Lesen, sicher lehren und lernen. verlag modernes lernen, Dortmund 2000.
Haby, K.-D.: Zur Qualität der Früherkennung und Frühförderung verbo-sensomotorischer und lautsprachlicher Fähigkeiten durch die Kindergärtnerin. Diss., E.-M.-Arndt-Universität, Greifswald 1989.
Hensle, U.: Einführung in die Arbeit mit Behinderten. Verlag Quelle & Meyer, Wiesbaden 1997.
Hoffman, A./Koschay, E.: Erarbeitung einer LRS-spezifischen Lesehilfe für Kinder mit einer Lese-Rechtschreibschwäche. In: Behrndt/Steffen (Hrsg.) Lese-Rechtschreibschwäche im Schulalltag. Europäischer Verlag der Wissenschaften, Frankfurt 1996.

Hofmann, W.: Das Mund-Hand-System nach Schubeck-Hofmann, in: Lehren und Lernen, Neckar-Verlag, Villingen/Schwenningen 1975.
Horsch, U./Döring, H.: Sensomotorisches Vorschulprogramm für behinderte Kinder. Gross Verlag, Heidelberg 1978.
Ingenkamp, K.: Lese-Rechtschreibschwäche bei Schulkindern. Beltz Verlag, Weinheim/Basel 1970.
Johnson, D.J./Myklebust, H.R.: Lernschwächen. Hippokrates-Verlag, Stuttgart 1971.
Kamper, G.: Analphabetismus trotz Schulbesuchs, Arbeitskreis Orientierungs- und Bildungshilfe e.V., Berlin 1990.
Kasielke, F.: Zur Diagnostik des sprachlichen Entwicklungsstandes von Vorschulkindern. Z. f. Psychol. 1-3, 1977.
Keller, G./Thewalt, B.: So helfe ich meinem Schulkind. Verlag Quelle & Meyer, Wiesbaden 1986.
Kemenyne-Gyimes, E.: Verbosensomotirische Voraussetzungen und Erfolg beim Fremdsprachenerwerb bei ungarischen Vorschulkindern. In: Breuer/Ruoho (Hrsg.) Pädagogisch-psychologische Prophylaxe bei vier- bis achtjährigen Kindern. Jyväskylä 1989.
Kemmler, L.: Erfolg und Versagen in der Grundschule Hogrefe Verlag, Zürich 1975.
Kemmler, L.: Schulerfolg und Schulversagen. Hogrefe Verlag, Zürich 1976.
Kipper, H.: Möglichkeiten zur Förderung der optischen Differenzierungsfähigkeit im Kindergarten. Unv. Diplomarbeit, Humboldt-Universität Berlin 1978.
Kleine Enzyklopädie. Die deutsche Sprache. Bd. 2, S. 1118.: Bibliogr. Institut, Leipzig 1970.
Klicpera, C./Gasteiger-Klicpera B.: Lesen und Schreiben, Entwicklung und Schwierigkeiten. Verlag Hans Huber, Bern 1993.
Kossakowski, A.: Wie überwinden wir die Schwierigkeiten beim Lesen- und Schreibenlernen, insbesondere bei Lese-Rechtschreibschwäche? Berlin: Verlag Volk und Wissen, 1972.
Kossow, H.J.: Zur Therapie der Lese-Rechtschreibschwäche – Aufbau und Erprobung eines theoretisch begründeten Therapieprogramms. Deutscher Verlag der Wissenschaften, Berlin 1975.
Kossow, H.-J.: Zum Rostocker Wahrnehmungstraining. In: Behrndt/Steffen (Hrsg.) Lese-Rechtschreibschwäche im Schulalltag. Europäischer Verlag der Wissenschaften, Frankfurt 1996.
Kraft, W.: Mit Bewegung und Farbe zum Lesen und Schreiben, Lehrbegleitheft Teil 2. Verlag Riehwesel, Hamburg.
Krause, Ch.: Die Entwicklung des schul- und lernbezogenen Selbstbildes in den ersten Schuljahren. In: Ruoho/Steffen (Hrsg.) Pädagogische Prophylaxe, Aspekte, Perspektiven, Möglichkeiten. Joensuu 1997.
Krause, Ch.: Das emotionale Grunderlebnis Schule – eine Determinante für Lern- und Lebenserfolg. In: Beiträge aus der Arbeit der Erziehungsberatungsstelle Greifswald, Heft 9, 1990.
Kürsten, F./Schöler, H.: Arbeitsbericht aus dem Forschungsprojekt Dysgrammatismus, Bericht Nr. 15, Diskriminieren und Nachahmen von Rhythmen: ein Vergleich zwischen sprachauffälligen und -unauffälligen Kindern. In: Ärztl. Jugendkunde 71, Heft 2, 1991, S. 139ff.
Kuhrt, E.: Motometrische Entwicklungsdiagnostik. Deutscher Verlag der Wissenschaften, Berlin 1978.
Lehmann, W.: Beziehungen zwischen Entwicklungsbesonderheiten, Verbosensomotorik und sprachphysiologischen Parametern. In: Zur prophylaktischen Einschränkung von Lernschwierigkeiten im Anfangsunterricht. Beiträge zur Pädagogik, Bd. 29, Verlag Volk und Wissen, Berlin 1982.
Lempp, R.: Teilleistungsstörungen im Kindesalter. Verlag Hans Huber, Bern/Stuttgart/Wien 1979.
Linder, M.: Über Legasthenie. Z. f. Kinder- und Jugendpsychiatrie. Verlag Hans Huber, Bern 1951.
Lotzmann, G.: Aspekte auditiver, rhythmischer und sensomotorischer Diagnostik, Erziehung und Therapie. Reinhardt Verlag, München/Basel 1979.

Luchsinger, R./Arnold, G.E.: Lehrbuch der Stimm- und Sprachheilkunde. Springer Verlag, Heidelberg/Wien/New York 1970.
Lückert, H.R.: Behandlung und Vorbeugung von Leseschwierigkeiten, Schule und Psychologie, 13, 1966.
Luria, A. R.: Sprache und Bewußtsein. Beiträge zur Psychologie, Heft 12, 1982.
Luria, A.R.: Die höheren kortikalen Funktionen des Menschen und ihre Störungen bei örtlichen Hirnschädigungen. Deutscher Verlag der Wissenschaften, Berlin 1970.
Luther, St.: Zur Früherkennung und Frühförderung mathematischer Begabungen. Unv. Dissertation, E.-M.-Arndt-Universität, Greifswald 1988.
Malmquist, E.: Eine Untersuchung von Faktoren, die mit Lesestörungen bei Kindern des ersten Schuljahres verbunden sind. In: Valtin, R.: Einführung in die Legasthenieforschung. Beltz Verlag, Weinheim/Basel 1973.
Monroe, M.: Children who cannot read. The University of Chicago Press, Chicago 1946.
Naegele, I.M./Haarmann, D.: Darf ich mitspielen? Beltz Verlag, Weinheim/Basel 1991.
Naegele, I.M./Valtin, R.: LRS in den Klassen 1–10. Beltz Verlag, Weinheim/Basel 1989.
Nasarowa, L.K.: Die Rolle der kinästhetischen Sprechreize beim Schreiben. Beiträge zur Anwendung der Lehre Pawlows auf Fragen des Unterrichts. Verlag Volk und Wissen, Berlin 1955.
Petermann, G.: Vorschulkinder lernen Sprachlaute differenzieren. Verlag Volk und Wissen, Berlin 1986.
Piaget, J.: Das Erwachen der Intelligenz beim Kinde. Klett Verlag, Stuttgart 1969.
Pischner, E.: Koblenzer Ergebnisse mit der Differenzierungsprobe von Breuer und Weuffen. In: Dummer-Smoch, L. (Hrsg.): Legasthenie, Bericht über den Fachkongress 1988, Hannover, 1988, S. 172–179.
Portmann, R.: Förderdiagnostik beim Lesen und Rechtschreiben. In: Naegele, J.M./Valtin, R. (Hrsg.): LRS in den Klassen 1–10, 1989.
Radigk, W.: Kognitive Entwicklung und zerebrale Dysfunktionen. Verlag modernes Lernen, Dortmund 1986.
Rauls, H.R.: Elemente der Montessoripädagogik in der Legasthenieförderung. In: Dummer-Smoch, L.: Legasthenie, S. 441–450, Bericht über den Fachkongress 1988, Bundesverband der Legasthenie e.V. Hannover, 1988.
Regelein, S.: Lernspiele für die Grundschule. Oldenbourg Verlag, München 1990.
Reuther-Liehr, C.: Behandlung der Lese-Rechtschreibschwäche nach der Grundschulzeit. Z. f. Kinder- und Jugendpsychiatrie, 21, 1993.
Rösler, A./Scheibel, H.: Die fröhliche Sprechschule. Verlag Marhold, Halle 1954.
Rubinstein, S.L.: Grundlagen der allgemeinen Psychologie. Verlag Volk und Wissen, Berlin 1977.
Rungwitz, A.: Möglichkeiten zur Förderung der phonematischen Differenzierungsfähigkeiten im Kindergarten. Unv. Diplomarbeit, Humboldt-Universität 1978.
Ruoho, K.: Zum pädagogischen Screening im Alter von 4 bis 7 Jahren mit den finnischen Differenzierungsproben nach BREUER/WEUFFEN. In: Ruoho/Steffen (Hrsg.) Pädagogische Prophylaxe, Aspekte, Perspektiven, Möglichkeiten. Joensuu 1997.
Ruoho, K.: Zum Stellenwert der Verbo-Sensomotorik im Konzept prophylaktischer Diagnostik der Lernfähigkeit bei finnischen Vorschulkindern im Alter von sechs Jahren. Joensuu: University of Joensuu, 1990.
Sachsenweger, R.: Sehübungen – ein Bilderbuch. Barth Verlag , Leipzig 1974.
Schaal, S.: Ergebnisse einer Längsschnittuntersuchung zum Zusammenhang Verbosensomotorik und Schulerfolg, in: Zur prophylaktischen Einschränkung von Lernschwierigkeiten im Anfangsunterricht. Beiträge zur Pädagogik, Bd. 29, Berlin 1982.
Scheerer-Neumann, G.: Entwicklunsprozesse beim Lesenlernen. Tübinger Reihe, 1989.

Scheerer-Neumann, G.: Lesen und Leseschwäche psychologisch gesehen. In: Ebel (Hrsg.), Legasthenie, Bericht über den Fachkongress 1978 des Bundesverbandes Legasthenie e.V. Bonn 1979.
Scheerer-Neumann, G.: Rechtschreibschwäche im Kontext der Entwicklung. In: Naegele/Valentin (Hrsg.) LRS in den Klassen 1 bis 10. Beltz Verlag, Weinheim/Basel 1993.
Scheerer-Neumann, G.: Zur Klassifikation von Lösungsmethoden im Rechtschreibunterricht. In: Dummer, L.: Legasthenie, Bericht über den Fachkongress 1984, Bundesverband Legasthenie, Hannover 1984, S. 329–343.
Schenk-Danzinger, L.: Handbuch der Legasthenie im Kindesalter. Beltz Verlag, Weinheim/Basel: 1975.
Schenk-Danzinger, L.: Notwendigkeiten, Ziele und Grenzen der Legastheniediagnose. In: Legasthenie (Hrsg. Dummer, L.), Hannover: Eigenverlag des Bundesverbandes Legasthenie e.V., 1986, S. 319.
Schenk-Danzinger, L.: Legasthenie, zerebral-funktionelle Interpretation, Diagnose und Therapie. München/Basel: Reinhardt, 1991.
Schilling, A./Schäfer, H.: Beiträge zur Prüfung der partiellen akustischen Lautagnosie bei stammelnden Kindern mit einem Agnosieprüfverfahren, Archiv Ohr-, Nasen- und Kehlkopf-Heilkunde, 1962, 2.
Schmidt-Kollmer, E.: Der Einfluß der Lebensbedingungen auf die Entwicklung der Kinder im Vorschulalter. Verlag Volk und Gesundheit, Berlin 1969.
Schmidt-Kollmer, E./Neubert, U.: Kinder- und Jugendgesundheitsschutz. Verlag Volk und Gesundheit, Berlin 1975.
Schöler, H./Fromm, W./Kany, W.: Spezifische Sprachentwicklungsstörungen und Sprachlernen. Universitätsverlag Winter, Heidelberg 1998.
Seitz, I.: Möglichkeiten zur Förderung der melodischen Differenzierungsfähigkeit im Kindergarten. Unv. Diplomarbeit, Humboldt-Universität Berlin, 1978.
Sommer-Stumpenhorst, N.: Lese-Rechtschreibschwierigkeiten: vorbeugen und überwinden. Cornelsen/Scriptor, Frankfurt 1991.
Soremba, E.-M.: Legasthenie muß kein Schicksal sein. Herder/Spektrum, Freiburg 1995.
Spitz, R. A.: Angeboren oder erworben? Beltz Taschenbuch 45, Weinheim/Basel 2000.
Stamm, M.: Frühlesen und Frührechnen als soziale Tatsachen. Institut für Bildungs- und Forschungsfragen im Schulbereich, Schlußbericht, Aarau 1998.
Stapelfeld, L.: Beschäftigungsmaterial zur Förderung der Wahrnehmungs- und Differenzierungsfähigkeit. Unveröff. Material 1991.
Steffen, M.: Lautsprachliches Niveau und Lernerfolg bei Schulanfängern – ein Beitrag zur Frühförderung von Kindern mit Lernschwierigkeiten im Anfangsunterricht. unv. Diss., E.-M.-Arndt-Universität, Greifswald 1985.
Steffen, M.: Zum lautsprachlichen Niveau im Vorschulalter bei Kindern mit Leseschwierigkeiten im Anfangsunterricht. In: Breuer, H./Ruoho, K. (Hrsg.): Pädagogisch-psychologische Prophylaxe bei 4- bis 8jährigen Kindern. S. 68, Jyväskylän Uliopisto 1989.
Strasser, U.: Wahrnehmen, Verstehen, Handeln – Förderdiagnostik für Menschen mit einer geistigen Behinderung. Bd. 6, Heilpädagogisches Seminar, Zürich 1997.
Suchodoletz, v. W.: 100 Jahre LRS-Forschung – was wissen wir heute?. Z. f. Kinder- und Jugendpsychiatrie, 27, 1997.
Tamm, H.: Die Betreuung legasthenischer Kinder. Beltz Verlag, Weinheim/Basel 1971.
Teumer, J.: Möglichkeiten zur Erfassung und Entwicklung von sensomotorischen Wahrnehmungsleistungen bei sprachgestörten Kindern im Vorschulalter. Sonderpädagogik 2, 1977.
Teumer, J.: Möglichkeiten zur Erfassung und Entwicklung sensomotorischer Wahrnehmungsleistungen bei sprachgestörten Kindern. Sonderpädagogik, 1988, S. 53–73.
Theiner, C.: Untersuchungen zur phonematischen Differenzierungsfähigkeit. Die Sonderschule, 1. Beiheft, 1968.

Thewalt, B.: Ist eine Prävention von Lese-Rechtschreibproblemen möglich? Lehren und Lernen, 16, 1979.

Thewalt., B.: Zur Prävention von Lese- und Rechtschreibproblemen: Untersuchungen an Vorschul- und Schulkindern mit der Differenzierungsprobe von Breuer und Weuffen und Evaluation der Fördererfolge. Diss. E.-M.-Arndt-Univ., Greifswald 1991.

Thiele: zitiert bei Kainz, F., 1954, Psychologie der Sprache. Enke Verlag, Stuttgart 1928, S. 114f.

Tomblin, J.B./Quinn, M.A.: The contribation of perceptual learning to performance on the repetition. In: Journal of Speel and Hearing Research, 26, 1983, S. 368–378.

Triebel, H./Maday, W.: Handbuch der Rechtschreibübungen. Beltz Verlag, Weinheim 1982.

Valtin, R.: Legasthenie – Theorien und Untersuchungen. Beltz Verlag, Weinheim 1970.

Valtin, R.: Empirische Untersuchungen zur Legasthenie. Schroedel Verlag, Hannover 1972.

Valtin, R.: Einführung in die Legasthenieforschung. Beltz Verlag, Weinheim/Basel 1975.

Valtin, R.: Legasthenie – ein überholtes Konzept. In: Schwartz, E.: Neues Legastheniekonzept und Richtlinienrevision. Die Grundschule, 11, 1977, 147.

Warnke, A.: Umschriebene Lese-Rechtschreibschwäche aus kinder- und jugendpsychiatrischer Sicht. In: Behrndt/Steffen (Hrsg.) Lese-Rechtschreibschwäche im Schulalltag. Europäischer Verlag der Wissenschaften, Frankfurt 1996.

Weigt, R.: Zur Auswahl von Schülern in LRS-Klassen. Berlin 1980.

Weinschenk, C.: Die erbliche Lese-Rechtschreibschwäche und ihre sozialpsychiatrischen Auswirkungen. Verlag Hans Huber, Bern 1965.

Wendt, H./Kummer, R./Tuchscheerer, G.: Spieltherapiekatalog. Thieme Verlag, Leipzig 1981.

Weuffen, M.: Aspekte des Zusammenhangs zwischen Verbosensomotorik, Laut- und Schriftsprache. In: Die Sonderschule, 3, 1980.

Weuffen, M.: Die diagnostische Überprüfung lautsprachlicher Fähigkeiten. In: Die Sonderschule, 2, 1986, S. 93–99.

Weuffen, M.: Sensomotorisches Differenzierungsniveau im Vorschulalter und der Schulerfolg sprachgestörter Kinder. In: Die Sonderschule, 2, 1975, S. 89–96.

Weuffen, M.: Über den Zusammenhang von verbosensomotorischen Basisleistungen der Laut- und Schriftsprache und dem Lernerfolg im Anfangsunterricht. In: Ruoho/Steffen (Hrsg.) Pädagogische Prophylase – Aspekte, Perspektiven, Möglichkeiten. Joensuu 1997.

Weuffen, M.: Untersuchungen sensomotorischer Voraussetzungen bei aphasischen Patienten mit Hilfe eines Kurzverfahrens. In: Badania lingwistyczne nad afazja, Nadbitka, Ossolineum: Warschau, 1978.

Weuffen, M.: Subgruppen der LRS. Bericht über den 12. Fachkongress 1998, Hannover 1998.

Weuffen, M.: Zur diagnostischen Überprüfung lautsprachlicher Fähigkeiten in einer Sonderpädagogischen Beratungsstelle, In: Die Sonderschule, 2, 1984, S. 93–99.

Wurm-Dinse, U.: Verbosensomotorische Fähigkeiten von zentral fehlhörigen Kindern. Unv. Diss., E.-M.-Arndt-Universität, Greifswald 1992.

Wurm-Dinse, U.: Zusammenhänge zwischen zentraler Fehlhörigkeit und auditiven Wahrnehmungsstörungen. In: Plath (Hrsg.) Zentrale Hörstörungen. Bd. 10, 1994.

Wurm-Dinse, U., Schmidt, R., Winter, K., Tesch-Römer, C.: Untersuchungsergebnisse zur zentralen Fehlhörigkeit bei lese-rechtschreibschwachen Kindern. In: Schulversuch LRS-Intensivförderung 1995 bis 1999, Parchim 1999.

Wurm-Dinse, U. und Esser, G.: Zentrale Fehlhörigkeit bei Kindern – Auswirkungen auf die Entwicklung von Laut- und Schriftsprache. In: Behrndt/Steffen (Hrsg.) Lese-Rechtschreibschwäche im Schulalltag. Verlag Lang, Frankfurt 1996.

Wygotszki, L. S.: Denken und Sprechen. Berlin 1964.

Zimmer, D. E.: So kommt der Mensch zur Sprache. Verlag Haffmans, Zürich 1988.

5. Protokollblätter

Protokollblatt zur Differenzierungsprobe (DP 0) nach Breuer/Weuffen

Name: Vorname: geb.: Alter: ; Jahre

Bemerkungen:

1. *Optisch-graphomotorische Differenzierung* — Ergebnisse

⊢	Γ	Λ	(

2. *Akustisch-phonematische Differenzierung*

Probe: Keller – Teller

Prüfaufgaben:

Kopf – Topf			Kanne – Tanne	
Tanz – Gans			Uhr – Ohr	
Bahn – Bein			Kamm – Kahn	
Hose – Hase			Tasche – Tasse	
backen – baden			Wache – wasche	

3. *Kinästhetisch-artikulatorische Differenzierung*

Blitz-ableiter	
Wasch-wasser	
Aqua-rium	

4. *Melodische Differenzierung*

5. *Rhythmische Differenzierung*

Probe: • • – •

Prüfungsaufgaben:

1. Aufgabe: – • –	
2. Aufgabe: • – • –	
3. Aufgabe: ta-tüü - ta-taa	

Zusammenfassung der Ergebnisse:

Optisch	Phonematisch	Kinästhetisch	Melodisch	Rhythmisch

Datum: Unterschrift:

Protokollblatt zur Differenzierungsprobe (DP 1) nach Breuer/Weuffen

Name: Vorname: geb.: Alter: ; Jahre
Bemerkungen:

1. *Optisch-graphomotorische Differenzierung* — Ergebnisse

						Ergebnis

2. *Akustisch-phonematische Differenzierung*
Probe: Keller – Teller
Prüfaufgaben:

						Ergebnis
Kopf – Topf			Kanne – Tanne			
Tanz – Gans			Nagel – Nadel			
Sack – satt			Kamm – Kahn			
krank – trank			Tasche – Tasse			
backen – baden			Wache – wasche			

3. *Kinästhetisch-artikulatorische Differenzierung*

		Ergebnis
Post-kutsche		
Alu-minium		
Schell-fisch-flosse		

4. *Melodische Differenzierung*

Ergebnis

5. *Rhythmische Differenzierung*
Probe: • • – •
Prüfungsaufgaben:

		Ergebnis
1. Aufgabe: – • •		
2. Aufgabe: • – • •		

Zusammenfassung der Ergebnisse:

Optisch	Phonematisch	Kinästhetisch	Melodisch	Rhythmisch

Datum: Unterschrift:

Name: Vorname: geb.: Alter: ; Jahre

Bemerkungen:

Ergebnisse

1. *Optische Differenzierung*

   1. Probeaufgabe  2. Probeaufgabe 

   Prüfaufgaben

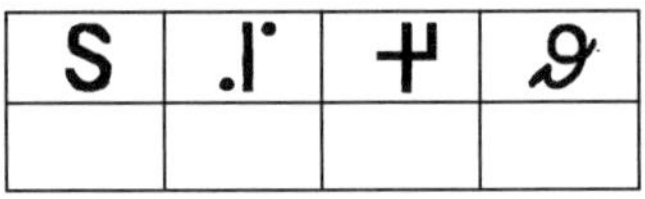

2. *Phonematische Differenzierung*

   1. Probeaufgabe: Haus – Maus 2. Probeaufgabe: Vogel – Vogel

   3. Probeaufgabe: Bein – Wein

   Prüfaufgaben:

Petra	–	Peter			Seife	–	Seife	
Tür	–	Tier			acht	–	acht	
bemühen	–	bemühen			Postkutsche	–	Potzkusche	
graben	–	traben			Nagel	–	Nadel	
Konsum	–	Komsum			dem	–	den	

3. *Kinästhetische Differenzierung*

Konsumgenossenschaft	
Krambambuli	
Elektrizität	

4. *Melodische Differenzierung*

1. Probeaufgabe:

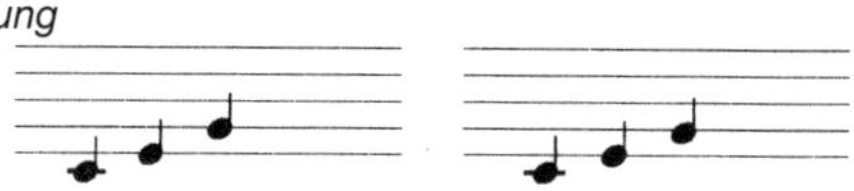

2. Probeaufgabe:

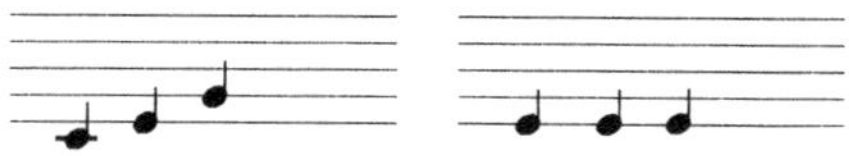

Prüfungsaufgaben:

5. *Rhythmische Differenzierung*

Probe: • – • •

Prüfungsaufgaben:

1. Aufgabe: • • – •	
2. Aufgabe: • • – • •	

Zusammenfassung der Ergebnisse:

Optisch	Phonematisch	Kinästhetisch	Melodisch	Rhythmisch

Datum: Unterschrift:

Protokollblatt zum Kurzverfahren zur Überprüfung des lautsprachlichen Niveaus für fünf- bis sechsjährige Vorschulkinder (KVS I) nach Breuer/Weuffen

Name: Vornameֹ: geb.:

Tag der Untersuchung: Alter am Untersuchungstag:

Anlass der Untersuchung:

Untersuchungsergebnisse

1. Artikulation	
+ fehlerfrei	
Ø 1–2 Einzellaute, bis 8 Konsonantenverbindungen falsch	
– mehr falsch	

2. Wortschatz	
+ 14 Nennungen und mehr	
Ø 13–9 Nennungen	
– 8 und weniger Nennungen	

3. Sprachgedächtnis	
+ 47–45 Silben richtig	
Ø 44–35 Silben richtig	
– 34 und weniger Silben richtig	

4. Sprachverstehen	
+ alle Sätze ohne Fehler	
Ø 1 Satz mit Fehlern	
– in mehr Sätzen Fehler	

Zusammenfassung der Ergebnisse

1. Artikulation	
2. Wortschatz	
3. Sprachgedächtnis	
4. Sprachverstehen	

Bemerkungen:

Datum: Unterschrift:

Protokollblatt zum Kurzverfahren zur Überprüfung des lautsprachlichen Niveaus bei Schülern der 1. Klasse (KVS II) nach Breuer/Weuffen

Name: Vorname: geb.:
Tag der Untersuchung: Alter am Untersuchungstag:
Anlass der Untersuchung:

Untersuchungsergebnisse

1. Artikulation	
+ fehlerfrei	
Ø 1 Einzellaut, bis 2 Konsonantenverbindungen falsch	
– mehr falsch	

2. Wortschatz	
+ 17 Nennungen und mehr	
Ø 16–12 Nennungen	
– 11 und weniger Nennungen	

3. Sprachgedächtnis	
+ 47–45 Silben richtig	
Ø 44–38 Silben richtig	
– 37 und weniger Silben richtig	

4. Sprachverstehen	
+ alle Sätze ohne Fehler	
Ø 1 Satz mit Fehlern	
– in mehr Sätzen Fehler	

Zusammenfassung der Ergebnisse

1. Artikulation	
2. Wortschatz	
3. Sprachgedächtnis	
4. Sprachverstehen	

Bemerkungen:

Datum: Unterschrift:

6. Bildtafeln

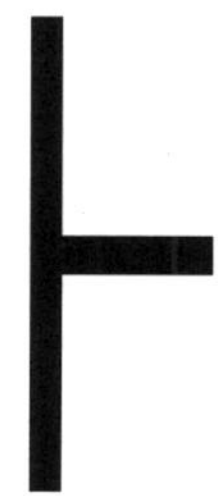

DP 0
Zeichen 1

DP 0
Zeichen 2

DP 0
Zeichen 3

DP 0
Zeichen 4

DP I
Zeichen 1

DP I
Zeichen 2

DP I
Zeichen 3

Z

DP I
Zeichen 4

S

DP I
Zeichen 5

DP 0
Probeaufgabe

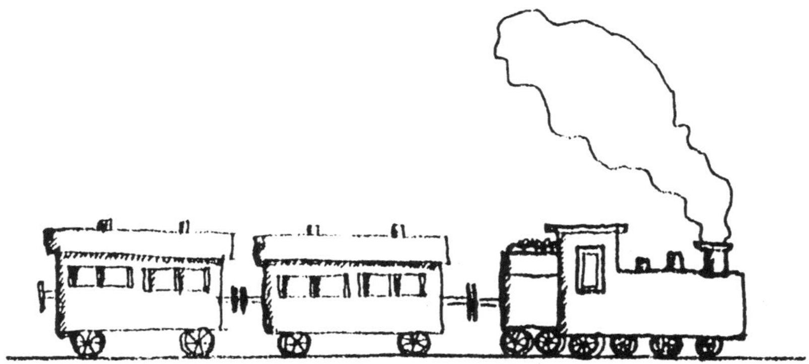

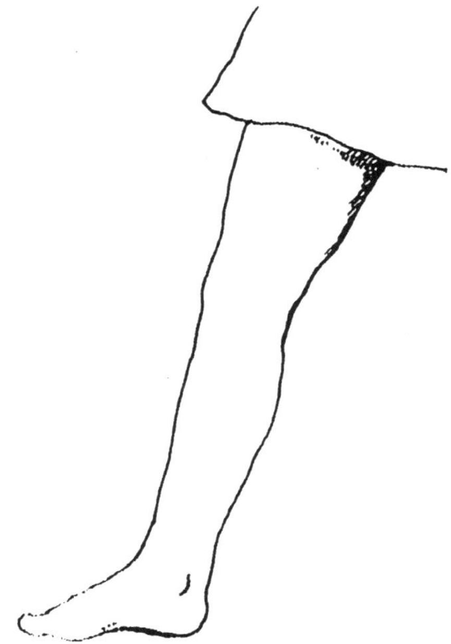

DP 0
Phonemvergleich 3

DP 0
Phonemvergleich 4

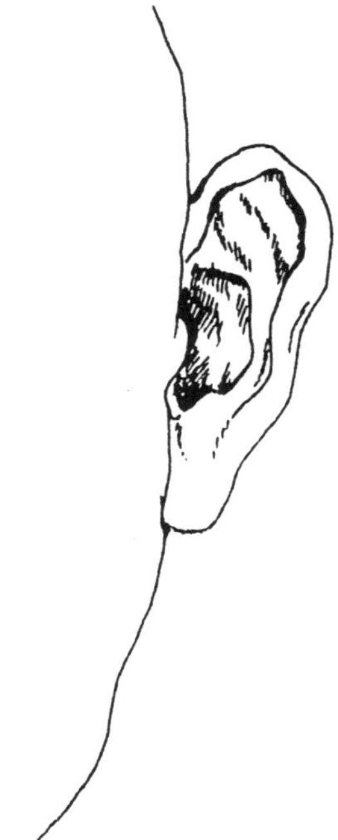

DP 0
Phonemvergleich 7

DP I
Probeaufgabe

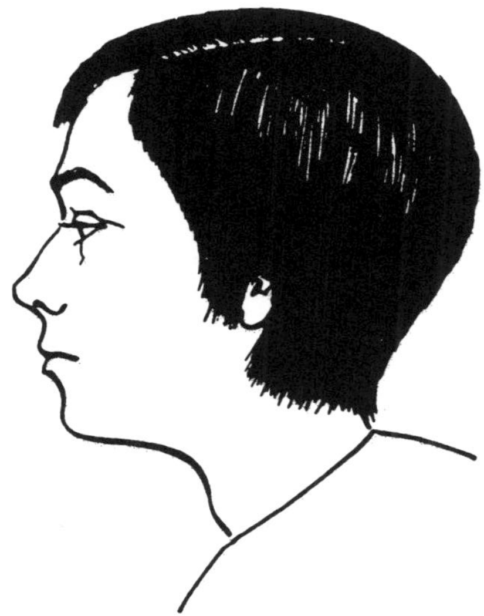

DP 0 und DP I
Phonemvergleich 1

DP 0 und DP I
Phonemvergleich 2

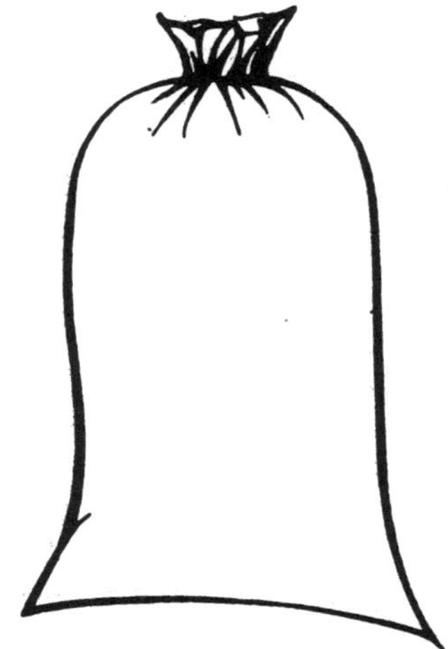

DP I
Phonemvergleich 3

DP I
Phonemvergleich 4

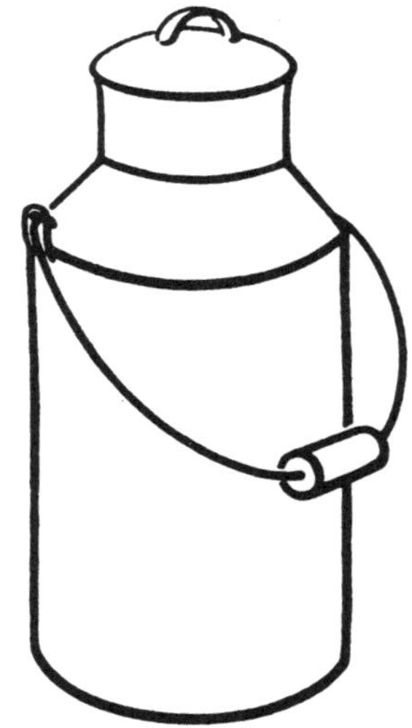

DP 0 und DP I
Phonemvergleich 6

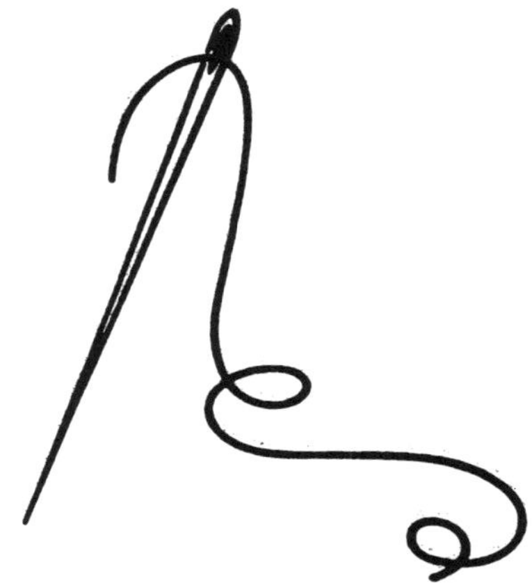

DP I
Phonemvergleich 7

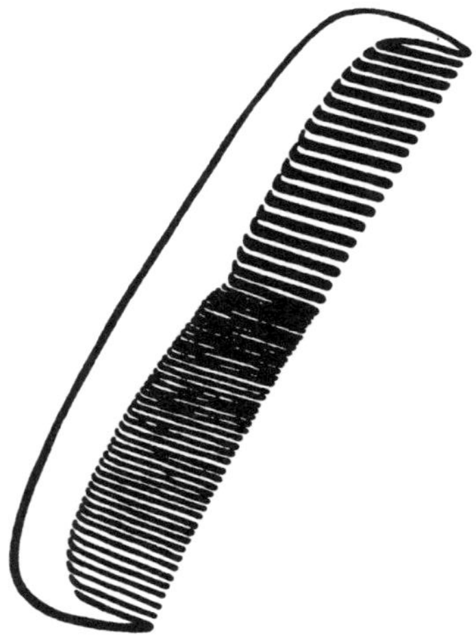

DP 0 und DP I
Phonemvergleich 8

DP 0 und DP I
Phonemvergleich 9

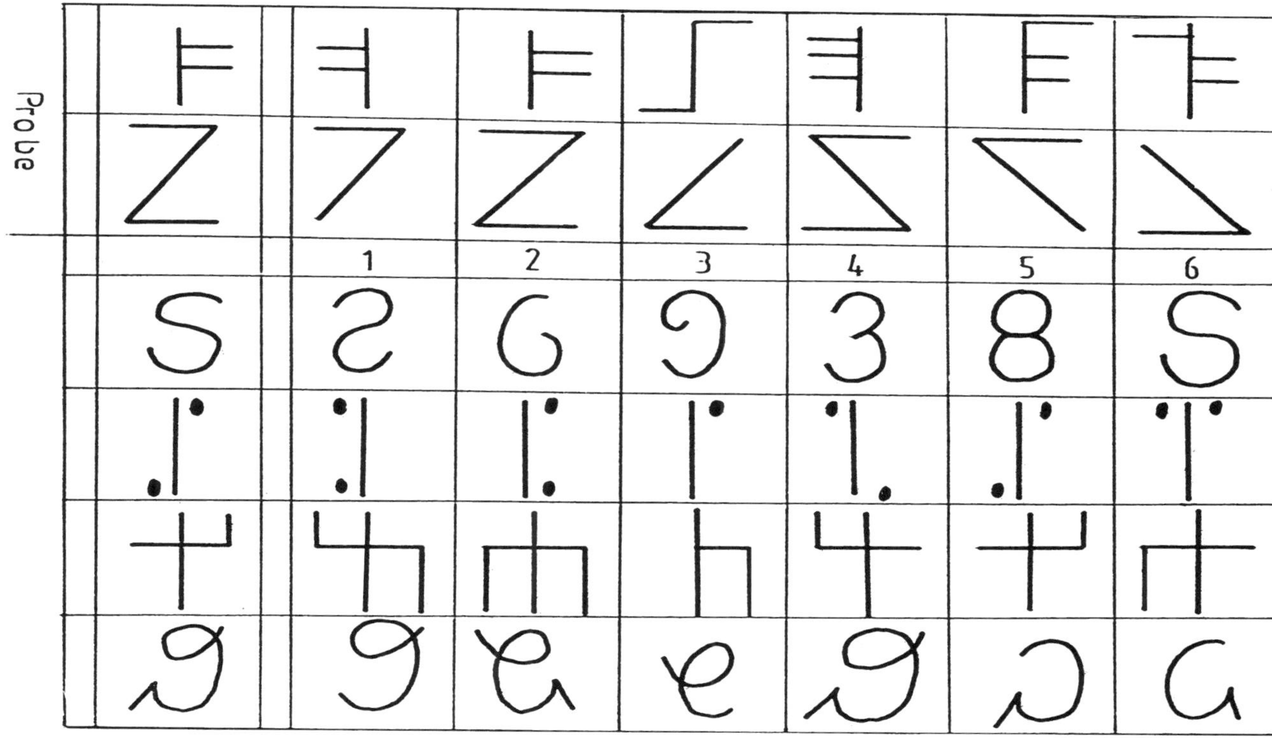

DP II